Toskana

HIGHLIGHTS | GEHEIMTIPPS | WOHLFÜHLADRESSEN

»Liebe ist blind, aber sie sieht von Weitem«.

Sprichwort aus der Toskana

BRUCKMANN

Toskana

Zeit für das Beste!

Katharina Zimmermann
Udo Bernhart
Julia Lorenzer
Fabian Marcher

BRUCKMANN

Sportlich durch die Toskana

Die mittelalterlichen Häuser von Volterra

DER WESTEN

DIE MITTE

Seite 1: In Florenz ist die große Kunst allgegenwärtig.
Seite 2/3: Bei San Quirico d'Orcia
Rechts: Alabasterbearbeitung in Volterra

MEHR WISSEN

Impression aus der Maremma

MEHR ERLEBEN

DER SÜDWESTEN

TOSKANISCHES WEINWUNDER

Links: Weintrauben beim Trocknen
Rechte Seite: Wer träumt nicht von einem Landhaus in der Toskana?
Seite 8: Die Piazza del Campo in Siena

THERMENREGION

Chefin des Restaurants La Bogetta del 30, Villa a Sesta

REISEINFOS

DAS SOLLTEN SIE SICH NICHT ENTGEHEN LASSEN

1 Die Traumvilla im Grünen (S. 54 f.)
Die Villa Torrigiani in der Nähe von Lucca ist der perfekte Ort, um sich in die Blütezeit des Barock versetzen zu lassen. Am Ende einer schier endlosen Zypressenallee wird eine Epoche lebendig, in der sich begüterte toskanische Familien außerhalb des städtischen Rummels prachtvolle Landsitze errichten ließen. Ein Spaziergang durch den streng symmetrischen Barockgarten mit seinen Wasserspielen und dem umliegenden englischen Landschaftspark wirkt faszinierend und entspannend zugleich.

2 Leonardos Reifeprüfung (S. 78 ff.)
Wer die Uffizien in Florenz besucht, wird dort viele weltberühmte und unsterbliche Kunstwerke sehen. Darunter befindet sich auch ein Bild, das man getrost mit »Geburt eines Genies« betiteln könnte: die *Taufe Christi* von Andrea del Verrocchio. Einen der beiden Engel, die die Taufszene andächtig betrachten, hat der junge Leonardo da Vinci gemalt. Mit der meisterhaften Technik, die er dabei bereits zur Schau stellte, soll er seinen Lehrmeister endgültig überflügelt haben.

3 Der Balestro del Girifalco (S. 139)
Die Toskana feiert gern! Und nicht nur beim Palio in Siena (s. S. 168 ff.) gehen die traditionellen Festlichkeiten mit Umzügen in historischen Kostümen und mittelalterlichen Wettkämpfen einher – auch beim Balestro del Girifalco in Massa Marittima sorgen zwei Mal pro Jahr Gaukler und Fahnenträger für ein buntes Spektakel. Und wo bekommt man heute sonst schon einen echten Armbrustschützenwettbewerb zu sehen?

4 Über den Dächern von Siena (S. 162 ff.)
Auch außerhalb von Pisa ist die Toskana an eindrucksvollen Türmen nicht arm. Den spektakulärsten Ausblick bietet dabei die Torre del Mangia in Siena. Nicht nur den einzigartigen Marktplatz, sondern die gesamte Stadt betrachtet man von hier oben aus einer völlig neuen Perspektive. Außerdem breitet sich bei schönem Wetter vor jedem, der die mehr als 400 Stufen bis ganz nach oben auf

Die Villa Torrigiani bei Lucca

Der berühmte Pecorino

sich nimmt, die herrliche Landschaft der Crete Senesi aus.

5 Strandvergnügen in Castiglione della Pescáia (S. 198 ff.)
Mit seinen zahlreichen bestens ausgestatteten *bagni* steht dieser Ort für Sonne, Strand und Meer – aber auch für eine äußerst sehenswerte Stadt zwischen ausgedehnten Pinienwäldern und den einsamen, savannenartigen Steppen der Maremma. Wer sich nahe der unberührten Natur erholen und dabei auf ausgelassenen Badespaß am Meer nicht verzichten möchte, der ist hier bestens aufgehoben!

6 Im Herzen des Chianti (S. 212 f.)
Greve in Chianti ist eine der vielen toskanischen Ortschaften, die für Weingenuss allererster Güte stehen. Doch es ist nicht nur der viel gerühmte, von den umliegenden Weingütern stammende Rebensaft, der einen Besuch in Greve unbedingt empfehlenswert macht. Der wunderschöne, von Arkaden gesäumte Marktplatz mit seinen netten Cafés und kleinen Spezialitätengeschäften sorgt auf jeden Fall für ein unvergleichliches Toskana-Gefühl!

7 Käse vom Feinsten (S. 232)
Pecorino, also Schafskäse, gibt es überall in Italien. Doch der wohlschmeckendste kommt aus der Toskana – genauer gesagt aus der Gegend rund um das Renaissance-Musterstädtchen Pienza. Und das ist natürlich der beste Ort, um sich diese Spezialität bei einem Picknick am Panoramaweg mit atemberaubendem Blick über das Val d'Orcia schmecken zu lassen. Ob jung (*fresco*), halbgereift (*semistagionato*) oder vollreif (*stagionato*) – *il pecorino di Pienza* ist für Genießer ein Muss!

8 Das Bilderbuchstädtchen San Quirico d'Orcia (S. 236 ff.)

Dieses mittelalterliche Städtchen liegt eingebettet in eine der schönsten Landschaften der Toskana, die mit einsamen Landgütern und zypressenbestandenen Hügeln jedem Klischee entspricht. Inmitten der geschichtsträchtigen Mauern des Ortes gibt man sich ausgesprochen entspannt und gelassen, trotzdem sorgen die gemütlichen Bars und Trattorien sowie die vielen individuell bestückten kleinen Läden jederzeit für einen kurzweiligen Aufenthalt.

9 Himmlischer Gesang in Sant'Antimo (S. 251)

Die Geschichten von berühmten Heiligen wie Katharina von Siena oder Franz von Assisi bezeugen die spirituelle Tradition der Toskana. Dazu gehört auch eine Reihe von sehenswerten Klosteranlagen wie etwa Monte Oliveto Maggiore oder La Verna. Ein wahrhaft unvergessliches Erlebnis bietet ein Besuch in der über 800 Jahre alten Klosterkirche von Sant'Antimo, wenn die dortigen Mönche die Sonntagsmesse mit gregorianischen Chorälen begleiten.

10 Wellness unter freiem Himmel (S. 264 ff.)

Sich zurücklehnen in warmem und wohltuendem Thermalwasser, das den ganzen Körper entspannt und die Haut regeneriert – das klingt nach Luxus, oder? An einigen Orten der Toskana gibt es dieses Wellness-Erlebnis völlig kostenlos und dazu noch inmitten der Natur. Die wohl eindrucksvollsten Quellen dieser Art befinden sich bei Satúrnia, wo das dampfende, schwefelhaltige Wasser über terrassenartig angeordnete, natürliche »Pools« fließt.

Badevergnügen in Satúrnia

WILLKOMMEN in der Toskana

Landschaften von einzigartiger Schönheit, eine wechselvolle Geschichte, die bahnbrechende Kunstwerke und erstaunliche Architekturwunder hervorgebracht hat – und nicht zuletzt eine traditionsbewusste Genusskultur, die längst zum weltweiten Markenzeichen geworden ist: Die Toskana wird Sie verzaubern!

Toskana – Ort der Sehnsucht

Bei vielen Italien-Kennern funktioniert es wie ein Reflex: Denken sie an die Toskana, läuft ein kleiner Film vor ihrem inneren Auge ab, in dem saftig-grüne Hügel, blutroter Chianti, stramme Zypressen und einsame Landgüter vorkommen. Über Jahrzehnte hinweg haben Reiseführer und Fremdenverkehrsbüros ein fast schon klischeehaftes Idealbild der Toskana in unsere Köpfe gezaubert. Doch wer aufbricht, um das gelobte Land, in dem Wein und Olivenöl fließen, zu erkunden, der wird bald erkennen, dass in der Toskana Traum und Wirklichkeit tatsächlich nahe beieinander liegen.

Herbstliche Weinlese

Nur das Beste ist gut genug

Dieses Buch soll Ihr Begleiter zu den schönsten Orten in dieser facettenreichen Region sein. Nehmen Sie sich »Zeit für das Beste«, und sammeln Sie Ihre ganz persönlichen Toskana-Erlebnisse – unsere Tipps unterstützen Sie dabei. Handverlesene Trattorien, Osterien, Ristoranti und Bars führen Sie zu kulinarischen Höhenflügen, bei denen Sie auch preislich keine Bauchlandung erleben. Die 50 sorgfältig ausgewählten Highlights von Carrara bis Pitigliano sind die absoluten Hotspots in der Toskana.

Toskana – ein Lebensgefühl

Egal, ob Sie vom luftigen Fiesole (Highlight 13) auf die Kunstmetropole Florenz (Highlights 10–12) herabblicken, sich in den etruskischen Felsengräbern bei Chiusi (Highlight 48) an diese längst vergangene Hochkultur erinnern oder es sich in den »Adler Thermae« in Bagno Vignoni (Highlight 44) so richtig gut gehen lassen: Die Toskana vereint großartige Geschichte mit unvergleichlicher Kunst, ansteckende Lebensfreude mit kulinarischen Genüssen.

Genießen Sie einen Cappuccino an der abschüssigen Piazza Grande in Arezzo

Die Toskana, wie man sie mag – Trattoria »del Neni« in Lucca

(s. S. 119), oder lassen Sie sich vom Dampf des Thermalwassers in den Bagni San Filippo (s. S. 254 f.) umspielen, und finden Sie heraus, warum das natürlich gewachsene Thermalbad auch »Balena bianca« (»Weißer Wal«) genannt wird. Die Toskana besteht aus viel mehr als nur den klassischen Reisezielen wie dem Schiefen Turm von Pisa (s. S. 60 ff. und 66 f.) oder dem Palio auf dem muschelförmigen Hauptplatz von Siena (s. S. 154 ff.). Nehmen Sie sich die Zeit, genau hinzusehen, und lassen Sie sich vom morgendlichen Licht bezaubern, das die Crete Senesi wachküsst, beobachten Sie die Landarbeiter, die in den Colle Lucchesi Oliven für das berühmte »Olio extra vergine« pflücken; begleiten Sie einen Trüffelsucher mit seinen speziell ausgebildeten Hunden in San Miniato (s. S. 94 f.), oder erkunden Sie die Marmorbergwerke

Nächtliche Szene in Greve in Chianti

in den Apuanischen Alpen bei Carrara (s. S. 26 ff.). Aber auch in den kleinen, alltäglichen Freuden wie dem Eis, das man sich bei Sonnenuntergang in Lucca (s. S. 38 ff.) gönnt, um damit durch die magisch beleuchtete Stadt zu schlendern, oder dem »Bagno Italia« am Strand von Viaréggio (s. S. 35 ff.), wo man sich nach seinen eigenen Wünschen ein Panino belegen lassen kann, steckt der Geist der Toskana.

Es gibt sie noch, die lauschigen Orte, an denen man in sich gekehrt auf eine fast magisch erscheinende Szenerie blickt und darin vielleicht sogar auch ein Stück seiner selbst wiederentdeckt. Zum Beispiel mitten auf einer von roten Mohnblüten gesprenkelten Wiese zwischen dem kleinen Dorf Vinci (s. S. 98 f.) und dem Geburtshaus des großen Visionärs Leonardo da Vinci, dawo man sich in der Frühlingszeit zu einem Picknick niederlassen und Pecorino und frisches toskanisches Brot genießen kann.

Selbst das tagsüber von Touristen überschwemmte San Gimignano (s. S. 176 ff.) hält so einige Überraschungen bereit. Bei Nacht zeigt es sich von einer ganz anderen, persönlichen und zauberhaften Seite. Die Toskana ist eben doch ein »paese delle meraviglie« – ein »Land der Wunder«.

Was hinter der Magie steckt

Was für einen Außenstehenden gottgegeben und vollkommen natürlich wirkt, ist in Wirklichkeit genau konzipiert und geplant, wie die Gärten der Villen um Lucca (s. S. 54f.). Es ist kein Zufall, dass die alten Höfe oder Fattorien hier um einen Tick schöner instand gehalten sind als in den umliegenden Regionen. Wie eine Komposition des großen Sohnes der Toskana, des genialen Musikers Giacomo Puccini, wirkt die ganze Natur mit ihren Zypressen und einsamen Gehöften, mit ihren Alleen und Pinienwäldern.

Der Zufall spielte hier keine große Rolle – das ließen die Einheimischen mit ihrem ausgeprägten Hang zur Ästhetik nicht zu. Ein Beispiel: Zypressen sind in Italien gar nicht heimisch, sie wurden aus Afghanistan eingeführt. Sie bilden einen klaren Kontrast zu den Olivenbäumen, die sich mit ihren silbrig flirrenden Blättern beinahe in der Luft aufzulösen scheinen. Mit ihrer kompakten Form stehen die Zypressen wie Zinnsoldaten in der Landschaft und schützen vor Wind oder sehen einfach nur schön aus.

Viele Pinienwälder stammen aus der Antike: Die Römer wollten damit den Meereswind und das raue Klima an den Küsten vom Landesinneren fernhalten. Dieser Wille zur Gestaltung macht auch vor den Bauernhöfen nicht halt. Mit ihrer typischen Architektur, ihren geraden Linien und der einfachen Form wurden sie nicht ohne Hintergedanken wie selbstverständlich direkt auf die Hügelkuppen gesetzt.

Das Wort »Kultur« wird vom Lateinischen »colere« abgeleitet, was sowohl »bebauen, bestellen« als auch »pflegen, wahren« bedeutet. In diesem Sinne ist die Toskana ein echtes »Kulturland«. Die Etrusker, nach denen die Region benannt ist (früher »Tuscien«), fingen damit an zu planen und zu gestalten. Ihnen folgten die Römer, dann die Langobarden und schließlich die Mönche der Zisterzienser aus Frankreich, die ihre beeindruckenden Klöster mit dazugehörender Peripherie errichteten. Vor allem aber ist das heutige Antlitz der einzigartigen Landschaft einem Mann zuzuschreiben: Pietro Leopoldo (1747–1792), als Leopold II. Großherzog der Toskana, ein hochgebildeter Physiokrat, der seine Gedanken und Konzepte in der Toskana in die Tat umsetzte.

Tradition auf dem Tisch

Die toskanische Küche hat ihren Triumphzug rund um den Erdball angetreten, dabei ist sie im Grunde genommen ein einfaches Arme-Leute-Essen, wobei viel Wert auf Tradition gelegt wird. Wie schon ein toskanisches Sprichwort besagt: »Wie deine Mutter zu kochen, ist gut, wie deine Großmutter zu kochen, ist besser«.

Pasta mit Trüffeln

Weinkeller im Chianti

Kunstvoll beleuchteter Fasskeller in Suvereto

Anders als in anderen Regionen Italiens steht hier bei den Beilagen weder Pasta noch Reis an erster Stelle. Die erste Geige spielt eindeutig das Brot, das zu fast jedem Essen gereicht wird. Es ist traditionell und bewusst ungesalzen. Das *pane* der Toskana schmeckt deshalb auf den ersten Bissen ungewöhnlich. Doch wenn es mit Pesto bestrichen als *crostini* oder als Beilage zu Fleisch, Wurst und Käse serviert wird, glänzt es in aller Bescheidenheit im Schatten des Hauptgeschmacksträgers. Auch Hülsenfrüchte wie Linsen, Bohnen und Erbsen spielen eine große Rolle. Egal, ob frisch im Sommer oder getrocknet im Winter, eines ist sicher: Sie enthalten viel Eiweiß, sind billig und waren deshalb für lange Zeit Hauptnahrungsmittel der ärmeren Bevölkerung, die sich Fleisch nicht leisten konnte.

Wer hat Angst vor Innereien?

Die Filetstücke waren ehemals nur den Allerreichsten vorbehalten, für den Rest der Bevölkerung blieben hauptsächlich die Eingeweide übrig, was den Toskanern auch heute noch sehr spezielle Traditionsgerichte beschert. Lampredetto (ein Gericht aus Kutteln), Pasto (Kombination aus Rinderlunge und Kartoffeln) oder Cibrèo (Eintopf aus Hühnerherz, -leber, -nieren sowie Hahnenkamm) sind keine Seltenheit auf toskanischen Speisekarten. Doch auch für jene, die Eingeweide kategorisch ablehnen, hält die Toskana einige Schmankerl bereit, wie zum Beispiel die berühmte Bistecca Fiorentina.

Fisch, Pasta & Co.

Oft vergisst man angesichts all der geschwungenen Hügel, dass die Toskana auch am Meer liegt, und somit gehört frischer Fisch zur regionalen Küche: Vor allem der Cacciucco (Eintopf aus fünf verschiedenen Fischsorten) ist das Probieren wert. In der Toskana heimische Fischarten sind zum Beispiel der Zitterrochen oder der Stöcker. Langsam finden sie wieder auf die Speisekarten zurück.

Typische Pasta gibt es auch: Zum Beispiel in Form von Pici – das sind handgerollte, dicke Spaghetti – und Maccheroni oder Pappardelle, die als erster Gang *(primo)* nach der Vorspeise bzw. Suppe serviert werden. Ein besonderer Genuss ist zweifellos der Verzehr der weißen oder schwarzen Knospen der heimischen Trüffel, die vor allem rund um San Miniato gefunden werden. Der Pecorino (Schafskäse) aus der Gegend von Pienza ist im ganzen Land für sein Aroma bekannt. Doch auch das Olivenöl, das aus der Toskana kommt, hat allerhöchste Qualität und wird deswegen meist in der kalten Küche verwendet – etwa zum Auftunken mit Brot oder für das Verfeinern von Salaten.

Das Frühstück *(colazione)* fällt meist etwas dürftig aus: Ein Cappuccino mit Cornetto (Croissant) in der Bar um die Ecke muss genügen. Eine weitere Gepflogenheit in italienischen Restaurants ist, dass das *coperto* (Gedeck) extra berechnet wird. Pro Gast muss man mit 1,50 bis 3 € rechnen.

Reben erleben

Eine große Rolle für die toskanische Identität und auch den Tourismus spielen die Weine, die hier gekeltert werden. Bei den vielen Arten und Qualitätsbezeichnungen verliert man schnell den Überblick! Es gibt allerdings ein Gebot, das im Restaurant beinahe immer zutrifft: Wer den Hauswein bestellt, kann im Prinzip nichts falsch machen. Mehr als 6 € kostet ein Liter selten, und man genießt trotzdem immer einen ausgezeichneten Tropfen, der hervorragend zum Essen passt. Dieses ausgezeichnete Preis-Leistungs-Verhältnis rührt daher, dass bei der Produktion der Tafelweine komplizierte Vorschriften und aufwendige Verfahren umgangen werden – was jedoch die Qualität meist kaum mindert.

Der Weg ins Herz der Weinregionen führt entweder über eine Buchung in einem Agriturismo-Betrieb oder eine Fahrt auf einer der 14 Weinstraßen der Toskana. Die »Strade del vino« sind gut beschildert und führen über wenig befahrene Nebenstraßen, vorbei an Weinkellern und Weinbergen. Immer wieder kann man in den Betrieben einkehren und sich durch die Weine kosten sowie einige Flaschen mitnehmen.

Natur und Geografie

Zwei Drittel der etwa 22 990 Quadratkilometer großen mittelitalienischen Region sind hügelig oder sogar gebirgig. Im Osten trennen die Apenninen die Toskana von der Emilia. Die Apuanischen Alpen an der Küste im Nordwesten der Toskana sind vor allem für ihre Marmorvorkommen weit über die Grenzen Italiens bekannt. So viele schroffe Gipfel es auch gibt, die sanft geschwungenen Hügel der Crete Senesi und des Chianti-Gebiets begeistern auf ihre ganz eigene Weise. Felder, Waldflecken, kurvige Straßen, da und dort einige Zypressen oder Alleen prägen das Bild der Hügellandschaft. Dazwischen streuten frühere Generationen silbrige Olivenhaine.

Der längste Fluss der Region ist der Arno mit 240 Kilometern. Er entspringt am Monte Falterona, von wo aus er südwärts bis Arezzo und weiter in Richtung Florenz fließt, wo er das Stadtbild prägt. Nachdem er auch Pisa durchquert hat, mündet der Arno schließlich ins Ligurische Meer.

Die Strände und ihre bagni

Oft vergisst man, dass die Toskana nicht nur unbegrenzte Möglichkeiten für Kultur- und Städteurlauber bereithält, sondern auch mit zauberhaften 330 Küstenkilometern aufwartet. Viele davon sind sehr schöne Sandstrände; manche, wie etwa Punta Ala in der Maremma, muten sogar etwas karibisch an. Auf jeden Fall kann man in der Toskana durchaus einen entspannten, klassischen Badeurlaub verleben.

Bagni heißen die Strandbäder, bei denen man für seine Liegestühle sowie für den Sonnenschirm zahlt. Dafür bieten sie allerlei Annehmlichkeiten, wobei Dusche und WC nur die Grundausstattung darstellen. Im Bagno »La Valetta« in Castiglione della Pescàia gibt es sogar eine Handy-Aufladestation, Mini-Safes, eine kleine Bibliothek und alles, was das Badeherz begehrt.

Flora und Fauna

Kein Wunder, dass sich das Wildschwein auf den meisten toskanischen Speisekarten wiederfindet: Auf dem Land wimmelt es förmlich von den haarigen Gesellen. Doch keine Angst: Man begegnet ihnen selten, denn sie sind ziemlich scheu. In den Wäldern und Feldern der Toskana streifen auch Kaninchen, Füchse, Marder, Wiesel, Feldhasen und Eichhörnchen herum. Zu den eher seltenen Arten gehören Wildkatzen und Wölfe, deren Bestände stark dezimiert wurden.

Geschichte im Überblick

Um 900 v. Chr. Die Etrusker erobern das Gebiet der heutigen Toskana, ursprünglich stammen sie mit großer Wahrscheinlichkeit aus Kleinasien.

351 v. Chr. Der Großteil des Etruskerreiches ist bereits unter römischer Herrschaft.

568 Tuscien wird zur Markgrafschaft der Langobarden erhoben, mit Lucca als Hauptstadt.

774 Die Ländereien der Langobarden werden von Karl dem Großen erobert und zu fränkischen Markgrafentümern.

1215 Die kirchentreuen Guelfen kämpfen gegen die kaisertreuen Ghibellinen.

1338 Florenz wird zur reichsten Stadt in ganz Europa.

1434 Cosimo de' Medici kommt an die Macht. Damit wird eine 300 Jahre lange Herrschaft des Hauses Medici eingeläutet.

1494 Die Medici werden kurzzeitig von ihrer Machtposition vertrieben, an ihre Stelle rückt der Dominikaner Savonarola, der eine religiös-fundamentalistische Republik errichtet. Er wird jedoch schon vier Jahre später hingerichtet.

1737 Der letzte Medici, Gian Gastone, stirbt; nun ist Österreich-Lothringen in der Region tonangebend.

1808 Der Franzose Napoleon erobert das Gebiet der Toskana.

1861 Die Toskana wird Teil des Italienischen Königreiches.

1865–1871 Florenz ist Italiens Hauptstadt.

1940 Italien tritt in den Zweiten Weltkrieg ein.

September 1943 Italien kapituliert. Beim Rückzug der deutschen Wehrmacht werden Dörfer und Städte in der Toskana geplündert und zerstört.

1946 Italien wird Republik.

1966 Der Arno überflutet die Innenstadt von Florenz, eine epochale Katastrophe, die viel historische Bausubstanz zerstört.

2012 Das Kreuzfahrtschiff »Costa Concordia« verunglückt am 13. Januar mit mehr als 4200 Menschen an Bord vor der Insel Giglio an der toskanischen Küste.

2014 Matteo Renzi, ehemaliger Bürgermeister von Florenz, wird Ministerpräsident. 2016 tritt er zurück.

Seit dem Mittelalter eine Einkaufsstraße – Ponte Vecchio

Die einzige in der Toskana heimische Giftschlange ist die Viper – gut zu erkennen an ihrer Zeichnung, die der Form eines Diamanten ähnelt.

Vor allem in der Zeit zwischen November und März machen viele Zugvögel Station in den Naturschutzgebieten an der Küste. Für Vogelfreunde ein guter Grund, sich zur Beobachtung der etwa 140 Arten, die zu dieser Zeit durch die Lüfte schweben, aufzumachen, denn es ist durchaus keine Seltenheit, einen Bussard, Falken, Habicht oder auch Eisvogel, Zaunkönig oder Wiedehopf auf Ästen sitzen zu sehen oder beim Sturzflug zu beobachten.

Wer die Toskana in ihrer vollen Blüte erleben möchte, sollte im Frühling dorthin fahren. Dann leuchtet in den Bergen die alpine und subalpine Blütenpracht, in den Niederungen strahlen die Blüten des roten Mohns um die Wette. Heimische Bäume sind neben Korkeichen, Kiefern, Buchen oder Eichen vor allem der Kastanienbaum, dessen Früchte im Herbst gesammelt und dann bei großen Kastanienfesten geröstet und verspeist werden.

Brunelleschis Domkuppel in Florenz

Geschichte

Wo sie herkamen, das weiß niemand so genau. Im Grunde genommen ist alles, was uns bis heute von den Etruskern geblieben ist, der Weinanbau in Italien, einige Grabstätten und das Wissen darüber, dass sie gern Wildschwein aßen (zahlreiche Artefakte belegen dies). Die Herrschaft der Etrusker währte einige Jahrhunderte, dann begannen die Römer mit ihren ausgeprägten Erfahrungen in der Kriegsführung und Infrastruktur, die etruskischen Hochburgen zu erobern und die alte Kultur zu verdrängen.

Schließlich waren es die Langobarden, die ab 568 die Macht in der Toskana an sich rissen. Das Mittelalter war eine turbulente Zeit, ständig wechselten die Herrscher, viele der Städte wurden eigenständige »Kommunen«, im Land jagte eine Katastrophe die nächste: Pest, Tyrannei und Kleinkriege – zum Beispiel zwischen den königstreuen Ghibellinen und den papsttreuen Guelfen – beherrschten den Alltag der Menschen und rotteten beinahe zwei Drittel der Bevölkerung aus. Es grenzt an ein Wunder, dass sich Florenz von dieser Misere so schnell erholen konnte und zu einer Geburtsstätte der Renaissance, des wichtigsten Einschnittes in der Geschichte der Toskana, werden konnte. Eng verbunden mit dem Aufstieg von Florenz ist die Familie der

Sonnenbad am Strand von Viaréggio

Medici, ein Adelsgeschlecht, das schon sehr früh eine große Affinität zur Kunst und Architektur entwickelt hatte. Der Beginn ihrer Herrschaft läutete eine blühende Zeit der schönen Künste ein, in der Florenz zu einer der mächtigsten und reichsten Städte Europas aufstieg.

Als der letzte männliche Herrscher der Medici starb, kamen die Habsburger zum Zug, die der Toskana einige Reformen bescherten: Unter anderem führten sie Schulbildung für alle und mehr Rechte für die Bauern ein. Nur unterbrochen durch ein kurzes Intermezzo Napoleons blieben sie bis zum vereinten Königreich Italien (1861) die Herren über die Toskana.

Im Zweiten Weltkrieg wurden zahlreiche Städte der Toskana durch Luftangriffe der Alliierten zerstört. Gegen Kriegsende wüteten deutsche Truppen in vielen Dörfern und Städten. Die Wunden im Stadtbild lassen sich teilweise heute noch ausmachen, und in manchen Orten herrscht aus diesem Grund ein architektonischer Stilmix.

Politisches Farbenspiel

Seit der Gründung der Republik nach dem Zweiten Weltkrieg 1946 war die Region immer eher rot, also kommunistisch gefärbt – vor allem nach dem faschistischen Regime durch Benito Mussolini hatten die Toskaner die Nase voll von rechter Politik und wurden zu eisernen Links-Wählern. Heute gibt sich die Toskana nicht mehr so extrem, sondern vertritt eine eher neutrale politische Gesinnung. Bis 2016 war der ehemalige Bürgermeister von Florenz Matteo Renzi, der dem Partito Democratico angehört, italienischer Ministerpräsident.

Michelangelos Pietà Palestrina, Museo del Duomo in Florenz

Kunst und Literatur

Die erste Form von Kunst, die man in dem Gebiet der heutigen Toskana findet, wurde vor etwa 2800 Jahren geschaffen. Zu dieser Zeit bewohnten die Etrusker die Ebenen und Hügel Mittelitaliens und machten die Erde urbar. Vor allem ihr Totenkult ermöglicht heute viele Rückschlüsse auf das Leben dieser Hochkultur, denn ihre Gräber sind die einzigen erhaltenen Zeugnisse ihrer Existenz.

Romanik und Gotik

Die Romanik, wie sie uns heute in Italien begegnet, ist ein Mischstil zwischen römischer und langobardischer Architektur. Der schlichte Stil zeichnet sich durch klare Formen und Rundbögen aus. Keine Verspieltheit, sondern formale Strenge und Klarheit regierten diese Zeit. Trotzdem erlaubte es das ästhetische Bedürfnis der Toskaner damals nicht, die Architektur gänzlich schmucklos zu halten, wie die berühmten Gotteshäuser von Lucca und Pisa beweisen. Die überwältigenden Dome von Siena und Florenz sind herausragende Beispiele für die dann folgende Epoche der italienischen Gotik.

Renaissance

Doch bald entstand in Florenz ein neuer Stil, der im Rückblick als einer der größten Entwicklungsschritte der Kunst überhaupt gilt: Das Zeitalter der Renaissance wurde eingeläutet. Nach der Pestwelle blühte der Textilhandel, der einen wirtschaftlichen Aufschwung und damit verbunden einen unvergleichlichen Bauboom einleitete. Glücklicherweise waren zu dieser Zeit die kunstsinnigen Medici an der Macht, die als große Mäzene in die Geschichte eingingen. Von diesen idealen Voraussetzungen ließen sich auch die Künstler inspirieren und fingen an, perspektivisch zu zeichnen und Darstellungsformen zu entwickeln, die der Realität immer näher kamen. Neue Techniken wurden erprobt wie Sgraffito – dabei wird Putz von der Wand abgekratzt, um damit einen dreidimensionalen Effekt zu erzielen – oder Fresko, bei dem auf eine dünne, frische Gipsschicht gemalt wird. Immer mehr Privatleute gaben Aufträge an die Künstler, und so entwickelte sich die Kunst weg von ausschließlich religiösen Darstellungen.

Steckbrief Toskana

Lage: Die Toskana liegt in Mittelitalien. Im Norden grenzt sie an die Regionen Ligurien und Emilia-Romagna, im Osten an die Marken und Umbrien, im Süden an Latium.

Fläche: knapp 23 000 km²

Flagge: Die Flagge der Toskana zeigt zwei rote Horizontalstreifen auf weißem Grund.

Beide Farben waren bereits im Mittelalter mit dem Großherzogtum Toskana verbunden. Der Pegasus im Zentrum der Flagge war 1943/44 das Symbol des toskanischen Teils der Widerstandsbewegung »Resistenza«.

Amtssprache: Italienisch

Einwohner: In der Toskana leben rund 3,74 Millionen Menschen. In der Provinz Grosseto wohnen nur 50 Einwohner pro km², in der dicht besiedelten Provinz Prato sind es 693.

Wirtschaft: Die Beschäftigungsquote und das Bruttoinlandsprodukt der Toskana liegen leicht über dem italienischen Durchschnitt. Mehr als 70 % der Arbeitnehmer sind im Dienstleistungs- und Tourismusbereich beschäftigt. Prato ist Zentrum der Textilindustrie, Livorno wichtigster Industriehafen. Der Agrarsektor macht einen relativ geringen Teil der Wirtschaftskraft aus, trotzdem prägen die Produktion von Wein und Olivenöl sowie der Getreideanbau die toskanische Landschaft und das Image der Region.

Geografie: Die Gebirgslandschaften der Apuanischen Alpen und des Apennin machen ein Viertel der Fläche der Toskana aus. Höchster Berg ist der Monte Prado (2054 m). 66,5 % der Region bestehen aus den charakteristischen Hügellandschaften, nur in der Maremma im Südwesten existieren ausgedehnte Ebenen. Vielerorts findet man Landschaftsformen vulkanischen Ursprungs, vor allem rund um den erloschenen Vulkan Monte Amiata (1734 m). Die Festlandsküste ist 397 km lang, sie grenzt an das Ligurische und an das Tyrrhenische Meer. Neun Inseln gehören zum Toskanischen Archipel, die größte davon ist Elba. Der längste Fluss der Toskana ist der Arno (241 km).

Verwaltung: Die Hauptstadt der Toskana ist Florenz. Die Region ist in die neun Provinzen Massa-Carrara, Lucca, Pisa, Livorno, Pistoia, Prato, Arezzo, Siena und Grosseto sowie die Metropolitanstadt Florenz (bis 2014: Provinz Florenz) gegliedert.

Stadt der Türme – San Gimignano

DER NORD-WESTEN

1 Carrara

Weißer Marmor und mehr

Carrara verfügt über einen Schatz, der seit Jahrtausenden geborgen wird, auf der ganzen Welt begehrt ist und noch lange nicht zu versiegen droht. Die Stadt lebt vom weißen Gold der Apuanischen Alpen. Entsprechend bietet sich auch das Stadtbild dem Auge dar: Marmor im Überfluss. Vom Dom bis zu den Fensterbänken der Häuser trägt Carrara gern Weiß.

Der Anblick von Carrara mit beeindruckendem Bergpanorama im Hintergrund stiftet zunächst Verwirrung: Sind die Gipfel der Apuanischen Alpen tatsächlich mit Schnee überzuckert? Wurde die Toskana von einem plötzlichen Wintereinbruch heimgesucht? Keineswegs, denn die bis zu 2000 Meter hohen Berge, die hinter Carrara schroff und steil in den blauen Himmel ragen, tragen keine Schneekappen. Vielmehr bestehen die weißen Flächen aus fast unwirklich hellem Marmor, dem berühmten Bianco di Carrara.

GUT ZU WISSEN

AUF SCHMALEN WEGEN ZUM ZIEL

Wer zu den Steinbrüchen auf der Strada del Marmo gelangen möchte, braucht vor allem viel Geduld. Die Straße, die Carrara mit der Küste verbindet, ist äußerst schmal und verläuft auf der ehemaligen Trasse der alten Marmorbahn. An Überholen ist nicht zu denken, der Weg führt durch schmale Tunnel und über zierliche Brücken und ist oft schon für ein Fahrzeug viel zu eng. Um voll beladene und entsprechend langsame Marmorlaster zu vermeiden, sollte man möglichst den Sonntag für diesen Ausflug einplanen.

Seite 24/25: Auf dem Campo dei Miracoli sind die Highlights versammelt – Dom und Campanile verkörpern die Pisaner Romanik.
Mitte: Wo der Marmor gebrochen wird – Valle di Colonnata, Carrara
Unten: Im Carrara-Museum

Weltberühmter Marmor

Auf Entdeckungsreise in die Steinbrüche Carraras zu gehen, ist wahrlich ein Abenteuer. Schon die Anfahrt von der Küstenstraße ist spektakulär, doch noch viel eindrucksvoller präsentieren sich die »steinreichen« Hotspots: In Colonnata, Fantascritti und Ravaccione können die Besucher sehen, wie Marmor geborgen wird. Insgesamt verteilen sich über 150 Steinbrüche rund um Carrara. Imposante Bauten und Kunstwerke wie das Pantheon in Rom, die Grande Arche in Paris und Michelangelos »David« wurden aus diesem Stein gefertigt, der als berühmtester Marmor der Welt gilt. Selbstverständlich hat ihm die Stadt auch ein Museum eingerichtet. Das faszinierende Museo del Marmo enthält Marmor in allen Schattierungen und erteilt alle nötigen Hintergrundinformationen über den Abbau. Ein Besuch ist daher auf jeden Fall ratsam (Viale XX Settembre, Tel. 0585/845746).

Schon die Römer entdeckten den kostbaren Stein in den Apuanischen Alpen. Die baulustigen Vorfahren der Italiener entwickelten eine ausgeklügelte Hebeltechnik zum Marmorabbau. Für einen Block brauchten sie etwa sechs Monate, heute lösen die Bergarbeiter die gigantischen Quader binnen drei bis vier Tagen aus dem Berg. Zuerst werden Löcher in den Fels gebohrt, dann Spalten hineingesägt, danach kommen mit Industriediamanten besetzte Stahltrossen zum Einsatz: Sie schneiden Scheibe für Scheibe vom Berg ab, später werden die haushohen Blöcke gestürzt und in kleinere Würfel zerlegt.

Ideal für Kunst und Industrie

Es ist kein Wunder, dass ein Fünftel der weltweiten Marmorproduktion aus Carrara kommt, denn der Bianco di Carrara hat eine einzigartige Beschaf-

Nicht verpassen

LIVE DABEI

Wer wissen möchte, wie Skulpturen hergestellt werden, der sollte an einer Führung in den Laboratori Nicoli teilnehmen. Seit 1863 ist der renommierte Betrieb Treffpunkt zwischen Kunst und spezialisiertem Kunsthandwerk. Zeitgenössische Künstler aus der ganzen Welt kommen hierher, um ihre Skulpturen realisieren zu lassen. Doch auch hochkarätige Kopien der klassischen Skulpturenkunst werden hier mit viel Eifer und Präzision gefertigt: Es ist nicht ungewöhnlich, hier auf einen täuschend echten Michelangelo, Bernini oder Canova zu treffen, denn die hiesigen Kunsthandwerker sind absolute Profis! Bei der Tour durch das Studio ist man hautnah am Geschehen dran und kann zwischen weißem Staub und lauten Motorengeräuschen der Kunstbearbeitung auf hohem Niveau zusehen.

Studi Nicoli. Piazza XXVII Aprile 8/E, 54033 Carrara, Tel. 0585/700 79, www.nicoli-sculptures.com

Im Studi Nicoli, seit 1863 Treffpunkt von Kunst und Kunsthandwerk

Oben: Blick auf die weiße Stadt Carrara Colonnata
Unten: Marmorstudio »Palla« in Pietrasanta

fenheit: Kein anderer ist so weiß, so glänzend, so fein gekörnt und gleichzeitig außergewöhnlich hart. Für Bildhauer eignet er sich ideal, da er nicht so leicht bricht wie andere Steine, wenn er mit Hammer und Meißel bearbeitet wird. Darum waren Generationen von bildenden Künstlern Fans des toskanischen Gesteins.

Doch Carrara-Marmor findet auch Verwendung in Zahnpasta (als Scheuermittel), satiniertem Papier, Badezimmerfliesen, Fußböden oder homöopathischen Pulvern. Pro Jahr werden rund fünf Millionen Tonnen abgebaut, die weniger prominenten Sorten wie Bianco Chiaro Ordinario, Bianco Porcellano, Bardiglio, Paonazzo, Fior di Pesca und Verde Cipollino Apuano eingerechnet.

Die weiße Stadt

Carrara ist eine der ältesten Industrieregionen der Welt, und trotzdem oder gerade deswegen hat sich die Stadt ihren Charme bewahrt. Fast ganz Carrara besteht aus Marmor, auch Treppen, Straßen, Fassaden und Fenstersimse in der Stadt wurden aus Marmor gefertigt. Selbstverständlich besteht das bedeutendste Bauwerk, die zwischen dem 12. und 14. Jahrhundert erbaute Kathedrale, aus Marmor. Beeindruckend ist die Rosette über dem Portal, die aus einem einzigen großen Marmorblock gehauen wurde. Der schlichte Innenraum präsentiert sich in unverfälschter Romanik.

Am Domplatz findet man das Haus, in dem Michelangelo bei seinen Besuchen in Carrara wohnte: Der Künstler ließ es sich nicht nehmen, seinen Marmor persönlich vor Ort auszuwählen. Auf den Plätzen der Stadt findet alle zwei Jahre ein Skulpturenwettbewerb statt. Daher prägen Werke von Joan Miró, Louise Bourgeois, Fernando Botero und Henry Moore das Straßenbild.

Infos und Adressen

ESSEN UND TRINKEN

Osteria della Contrada. Bodenständiges italienisches Essen, bei dem das Preis-Leistungs-Verhältnis stimmt. Via Giuseppe Ulivi 2a, Tel. 0585/77 69 61.

Ristorante Roma. Zuvorkommender Service und gute Küche, die frische Zutaten der Saison verwendet. Ein Tipp sind die Gerichte mit Meeresfrüchten! Piazza Cesare Battisti 1, Tel. 0585/706 32.

Locanda Apuana. Wer auf den Spuren des weißen Steins unterwegs ist, braucht früher oder später eine Stärkung. Hierfür eignet sich diese Trattoria ideal. Probieren Sie Lardo di Colonnata, einen hauchdünn geschnittenen Speck, in Kräutern und Öl mariniert. Via Communale 1, Colonnata, Tel. 0585/76 80 17, www.locandaapuana.com

EINKAUFEN

L'Angolo del Buongustaio. Alteingesessener Feinkostladen, in dem man die regionale Spezialität *Torta di riso* genießen und als Souvenir erwerben kann. Die Süßspeise wird an jedem Festtag in der Versilia gegessen. Via Lunese 35, Marina di Carrara, Tel. 0585/78 75 55.

Gastronomia Maggiani. Feines Delikatessengeschäft im Zentrum, dessen Spezialität Wurstwaren sind. Unbedingt probieren sollte man *Salami d'oca* (Gänsesalami) oder Latticini (apulisches Bries), doch auch alle anderen für die Toskana typischen Delikatessen sind hier appetitlich angerichtet. Via VII Luglio 16, Tel. 0585/716 09.

ÜBERNACHTEN

Hotel Morgana. Nettes Hotel in Strandnähe. Via Cristoforo Colombo 12, Marina di Carrara, Tel. 0585/78 55 45, www.hotelmorgana.it

VERANSTALTUNGEN

Biennale di Carrara. In geraden Jahren finden von Juni bis Okt. Ausstellungen, Diskussionen, Kinofilme und weitere Programmpunkte rund um Kunst und Marmor statt. www.biennalecarrara.it

Simposio di Scultura. Im Sommer von ungeraden Jahren arbeiten junge Künstler auf den Plätzen an Skulpturen. Bei diesem Spektakel kann man den Bildhauern über die Schulter sehen.

INFORMATION

Piazza Cesare Battisti 1, Tel. 0585/64 14 22, www.aptmassacarrara.it

Fernando Boteros »Il Guerriero« in Pietrasanta

Mitte: Strand von Marina di Massa mit Bergpanorama von Forte dei Marmi
Unten: Coole Jungs an der Versilia

2 Marina di Massa und Forte dei Marmi

Luxus und Meer

Die Badeorte an der toskanischen Riviera haben ihr ganz eigenes, nobles Flair, das von Art déco und Jugendstil geprägt ist. Entlang der Küste reiht sich ein architektonisches Juwel an das andere: Sinnbilder der langen touristischen Tradition dieser versilianischen Badeorte. Vor dem malerischen Hintergrund der Apuanischen Alpen, mit Blick auf den Sonnenuntergang über dem Ligurischen Meer, lässt sich ein eleganter Urlaub verbringen.

Im Sommer bietet sich an den Sandstränden von Marina di Massa und Forte dei Marmi ein einmaliges Schauspiel: Je höher die Temperaturen klettern und je mehr sich das Mittelmeer erwärmt, umso bunter färbt sich der Strand. Die Rede ist natürlich von den schier unendlichen Reihen an Sonnenschirmen und -liegen, die in den Sommermonaten an den Stränden der Versilia aufgestellt werden. Im Schatten der Pinienwälder lässt es sich dagegen herrlich entspannen, schlemmen und auch Sport treiben.

GUT ZU WISSEN

IN DER SAISON WIRD'S ENG

Forte dei Marmi ist einfach ein Traum, vorausgesetzt man fährt im Mai, Juni oder Sept. an die Versilia-Küste. Dann ist auch der Markt am Mittwochvormittag entspannend, und man kann einige Schnäppchen erstehen. Wer sich nicht an brechend vollen Stränden unter die sprichwörtlichen Ölsardinen einreihen möchte, sollte die Hochsaison im Juli und August meiden.

Marina di Massa – Blick auf die Marmorberge

Der Ursprung der beiden Städtchen steht in enger Verbindung mit den immensen Marmorvorkommen der Apuanischen Alpen und dem berühmten Marmor aus Carrara. Marina di Massa lebt neben dem Tourismus von der Verarbeitung dieses Steins, was an den zahlreichen Schleifereien und Bildhauerwerkstätten zu erkennen ist. Von frühem Wohlstand künden herrschaftliche Gründerzeitvillen. Kitschläden säumen die Straßen, in denen man garantiert schwergewichtige Souvenirs aus Marmor für Haus und Garten, aber auch kleine Mitbringsel wie Aschenbecher oder Vasen findet. Einen traumhaften Blick auf die spektakulären Marmorgipfel hat man vom ehemaligen Landungssteg in Marina di Massa aus, der früher Teil des Hafens war. Am schmalen Sandstrand des bezaubernden Städtchens kann es in den Sommerferien eng werden.

Forte dei Marmi – Marmorhafen

Seit über 2000 Jahren wird in Carrara Marmor abgebaut, und lange Zeit war der Transport der schweren Steinblöcke ein gewichtiges Problem. So beauftragte Papst Leopold X. den Renaissance-Bildhauer und -Maler Michelangelo Buonarroti, eine Straße von den Marmorbrüchen bis ans Meer zu planen. Teile der im 16. Jahrhundert gebauten Straße, deren Endpunkt der 300 Meter weit ins Meer ragende Steg in Forte dei Marmi bildet, sind noch immer zu sehen. Dort, wo heute Sommerurlauber und Einheimische gleichermaßen romantische Sonnenuntergänge genießen, wurden früher Marmorblöcke auf Schiffe verladen. Das Wahrzeichen der Stadt, Il Fontino (»kleine Festung«), wurde im Jahr 1788 von Großherzog Leopold I. in Auftrag gegeben.

Nicht verpassen

DAS LÄNGSTE FESTIVAL EUROPAS

Beim alljährlichen Versiliana-Festival geht am 20 Kilometer langen Küstenstreifen der Versilia von Mitte Juni bis Ende August rund um die Uhr die Post ab! Bei mehr als 100 Veranstaltungen wie Ausstellungen, Theateraufführungen, Kabarett, Musicals und auch traditionellen Opern treten etwa 300 Künstler auf. Kurz, das Versiliana-Festival bietet ein abwechslungsreiches Nonstop-Programm, das für jeden etwas bietet. Auch Weltstars wie Catherine Deneuve kommen im Sommer hierher und machen die Versilia zu einem Zentrum der anspruchsvollen Unterhaltung.

Mehr Infos unter
www.versilianafestival.it

Engelsgleiche Schönheit – für immer in Stein geschlagen

Oben: Baywatch auf Italienisch
Mitte: Die Villa Agnelli war Anfang des 20. Jh. Treffpunkt der Künstler und Intellektuellen.
Unten: Morgenstimmung in Marina di Massa

Künstlertreff

Schon zu Beginn des 20. Jahrhunderts kamen viele Künstler, Adelige und Intellektuelle aus ganz Europa, um ihren Sommer in Forte dei Marmi, der »Perle am Meer«, zu verbringen. Unter ihnen waren der italienische Autor Gabriele D'Annunzio, der britische Schriftsteller Aldous Huxley und auch Thomas Mann, der an der Versilia-Küste angeblich das Vorbild für den Zauberer Cipolla und auch für die ganze Szenerie seiner Novelle »Mario und der Zauberer« gefunden hat. In den 1950er-Jahren entdeckten auch die italienischen Industriellen die Versilia-Küste als Sommerparadies und sorgten für einen weiteren touristischen Aufschwung. Natürlich sind beide Orte heute auch für Normalverdiener erschwinglich, allerdings hat der florierende Tourismus seine Schattenseiten. Um etwa gut und typisch essen zu gehen, sollte man nicht unbedingt die Lokale an den Hauptstraßen und in der Fußgängerzone wählen, sondern sich lieber abseits der Touristenorte orientieren, wo man auch auf Einheimische trifft.

Nach wie vor sind Forte dei Marmi und Marina di Massa beliebte Badeorte, in denen sich auch die High Society gern aufhält. Dementsprechend liegt man dort in gepflegtem Luxus unter Sonnenschirmen am penibel gesäuberten Strand.

Zum Shoppen eignet sich am besten das Karree um die Kreuzung der Via Roma mit der Via Eugenio Barsanti. Dort warten Edelboutiquen wie »Swarovski« oder »Patrizia Pepe« auf zahlungskräftige Kunden. Jeden Mittwochvormittag wird im Zentrum, nicht weit von der Strandpromenade entfernt, auch ein großer Wochenmarkt abgehalten. Mit etwas Glück kann man hier auch traumhaft günstig Markenschuhe und -kleidung kaufen – von »Ralph Lauren« bis zu »La Martina« ist alles im Angebot.

Infos und Adressen

ESSEN UND TRINKEN

Pizzeria da Valè. Hier gibt es Pizza und Focaccia am Tisch oder auf die Hand. Die gute Qualität und der angemessene Preis sorgen dafür, dass man sich hier fast immer in eine lange Schlange einreihen muss. Dabei gilt es, die Augen offen zu halten – denn das Lokal ist auch bei Promis beliebt! Piazza Garibaldi 4, Forte dei Marmi, Tel. 0584/89361.

L'Orsa Maggiore. An einem der exklusivsten Strände in Forte dei Marmi gelegen, serviert das Restaurant »Die Große Bärin« in freundlicher, maritimer Atmosphäre feine Gourmetküche. Via Arenile 29, Forte dei Marmi, Tel. 0584/82219, www.ristorantelorsamaggiore.com

Osteria del Mare. Pasta und Pizza aus frischen Zutaten gibt's im gemütlichen, sehr grünen Gastgarten. Viale Franceschi 4, Forte dei Marmi, Tel. 0584/83661, www.marcodavid.com

Lorenzo. Früher eine simple Osteria, heute ein sehr beliebtes und trendiges Restaurant. Die Küche legt vor allem Wert auf den Eigengeschmack der Zutaten. Somit wird das Essen im Lorenzo für jeden Fischfan zum Genuss. Via Carducci 61, Forte dei Marmi, Tel. 0584/87030, www.ristorantelorenzo.com

Ristorante Bagno Marconi. Hervorragendes Restaurant, das zu einem *bagno* gehört. Was gibt es Schöneres, als frischen Fisch oder hausgemachte Pasta direkt am Strand zu genießen? Reservierung empfohlen, nur im Sommer geöffnet. Via Arenile 33, Forte dei Marmi, Tel. 0584/82900.

ÜBERNACHTEN

Lilly Mare Ostello Residence. Sehr nahe am Strand gelegen, ist diese Unterkunft perfekt für Familien. Die gesamte Anlage, inklusive Kinderspielplatz und Pool, ist in ein grünes Gärtchen eingebettet. Marina di Massa, Tel. 0585/242483, www.lillymare.com

California Park Hotel. Die geschmackvoll und modern eingerichteten Zimmer sorgen gleich für ein Zuhause-Gefühl. Das stilvolle Vier-Sterne-Haus ist zwar etwas vom Strand entfernt, man kann aber problemlos zu Fuß dorthin gehen.
Via Colombo 32, Forte dei Marmi,
Tel. 0584/787121, www.californiaparkhotel.com

INFORMATION

Marina di Massa, Lungomare Vespucci 24,
Tel. 0585 240063, www.aptmassacarrara.it
Forte dei Marmi, Via Franceschi 8b,
Tel. 0584/80091, www.fortedeimarmi.it

Marina di Massa

3 Viaréggio
Seebad mit Tradition

Mitte: Jugendstilfassaden – wie am Viale Regina Margherita – bestimmen viele Straßen Viaréggios. **Unten:** Mit etwas Glück ergattert man einen kostenlosen Strandplatz und nimmt teil am großen italienischen Strandtheater.

Tiefblaues Meer, goldbrauner Sandstrand, blau-weiße Sonnenschirme – Viaréggio wird auch die »Perle der Versilia-Küste« genannt. Wenn man die Augen schließt und versucht, sich die perfekte Kulisse für einen italienischen Strandurlaub vorzustellen, dann kommt Viaréggio diesem Traumbild sehr nahe. Zudem hat es die richtige Mischung aus Eissalons, schicken Strandshops und sehenswerten Jugendstilgebäuden.

Die Hauptdarsteller der Strandszenerie sind die Kinder: Quietschvergnügt bauen sie Strandburgen, planschen mit Schwimmflügeln im seichten Meer und panieren sich danach ihre Füße mit Sand. Die Nebendarsteller können sich aber auch sehen lassen: Männer mit gebräunter Haut, wie sie nur Italiener bekommen können, und Frauen, die sicherlich so viele Strandoutfits haben, wie die Woche Tage zählt. Routiniert zelebrieren sie die italienische Strandkultur mit allem, was dazugehört.

GUT ZU WISSEN

DIE GROSSE AUSNAHME

Generell gilt für den Strand und rund um die Promenaden Viaréggios, dass die Preise zwar in Ordnung sind, man aber nur mittelmäßige Qualität für sein Geld bekommt. Darüber hinaus sind die Lokale notorisch überlaufen. Die Ausnahme bildet das »Bagno Italia« im Viale Regina Margherita 85, in dem man sich unbedingt ein Panino holen sollte. Warum? Die frischen Zutaten dafür kann man sich selbst zusammenstellen – einfach buonissimo!

Flaniermeile Viale Regina Margherita

Im Bagno

Wer einen gepflegten Strandtag im *bagno* verbringen möchte, mietet sich eine Liege, zu der ein blau-weiß gestreifter Sonnenschirm gehört, Benutzung von Dusche und WC inbegriffen. Dafür wird man oft ganz schön zur Kasse gebeten, und doch ist es erst die halbe Miete. Um einen friedlichen Aufenthalt zu genießen, muss man vor allem eines: sich an die Regeln des *bagno* halten. Wer nackt badet, Abfall auf den Boden wirft oder sich gar auf eine freie Liege legt, die er nicht bezahlt hat, macht sich schnell unbeliebt und kann sich sogar einen *bagno*-Verweis einhandeln. Doch wer die Regeln achtet und sich innerhalb seiner vier bezahlten Quadratmeter aufhält, dem kann quasi nichts passieren.

Baden mit (Jugend-)Stil

Obwohl Viaréggio, das etwa 60 000 Einwohner zählt, als quirliger Badeort bekannt ist, hat es doch seine große Zeit hinter sich. Zu Beginn des 20. Jahrhunderts bis in die Goldenen Zwanziger ging es auf der Promenade hoch her. Künstler aus aller Welt gaben sich ein Stelldichein, und auch die Haute-

Geheimtipp

FAHRRAD-FREUDE!

Um in Viaréggio am besten von A nach B zu gelangen, bieten sich Fahrräder an, die man sich an der Promenade ausborgen kann. Für wenig Geld bekommt man hier einen fahrtüchtigen Drahtesel, der einen von *bagno* zu *bagno* bringt. Kühlender Fahrtwind ist selbstverständlich inklusive!

Surfers Paradise all'italiana – hier in Viaréggio

Oben: Jugendstildetail an der Flaniermeile von Viaréggio
Unten: Giacomo-Puccini-Statue am Lungomare von Viaréggio

volee der italienischen Gesellschaft kam zum Sehen und Gesehenwerden nach Viaréggio. Nachdem die Bretterpromenade und die aus Holz erbauten Chalets 1917 in Flammen aufgegangen waren, wurde die gesamte Strandpromenade im edlen Jugendstil wieder aufgebaut und Viaréggio schnell als internationales Seebad bekannt. Mit wachsendem Tourismus nach dem Zweiten Weltkrieg kamen die Reichen und Schönen allerdings immer seltener. Heute erinnern vor allem die feinen Jugendstilgebäude an die frühere Exklusivität – ebenso wie die Strandpromenade mit den monumentalen Bauten des »Teatro Eden«, das »Gran Caffè Margherita« mit seinen Türmen oder das »Grand Hotel Royal«.

Abstecher zum Puccini-Haus

Wenn man einem der treuesten Fans des Badeorts, dem Komponisten Giacomo Puccini, bis nach Hause folgen möchte, muss man nach Torre del Lago fahren. Hier sieht man, wie Puccini gelebt hat – der Großteil der Zimmer ist noch im Originalzustand erhalten, und überall findet man Erinnerungsstücke wie Porträts, Fotos oder Dokumente (15 Autominuten im Süden von Viaréggio, Belvedere Puccini 266, www.giacomopuccini.it).

Karneval und Literatur

Heute ist Viaréggio nicht nur als Badeort bekannt, sondern auch für seinen Karneval, der schon seit 1873 stattfindet und dem ein Museum gewidmet ist (Via Santa Maria Goretti). In der Città del Carnevale kann man farbenprächtige Karnevalswagen im Original besichtigen (Piazza Giuseppe Mazzini). An fünf Wochenenden sitzt den Einwohnern von Viaréggio der Schalk im Nacken, wenn sie auf Triumphwagen aus Pappmaschee durch die Stadt fahren. Dieses grandiose Spektakel bringt der Stadt selbst im Winter einigen Besucherrummel.

Infos und Adressen

WICHTIGSTE SEHENSWÜRDIGKEITEN

Musei Civici Villa Paolina (mit drei Sammlungen: Archäologie, Musik und Musikinstrumente, moderne Kunst von Lorenzo Viani), Via Macchiavelli 2, www.comune.viareggio.lu.it

Villa Museo Puccini (Besuch des Wohnhauses des Komponisten, s. S. 36)

ESSEN UND TRINKEN

Romano. Franco Checchi serviert feine Fischküche in angenehmer Atmosphäre. Via Mazzini 120, Tel. 0584/313 82, www.romanoristorante.it

Gran Caffè Margherita. Das Kaffeehaus/Restaurant liegt an der Strandpromenade. Schon Puccini war dort Gast. www.ristorantemargherita.info

L'Oca Bianca. Eines der feinsten Restaurants der Stadt. Wer einen der wenigen Tische ergattert, kann in vorzüglicher Fischküche mit fangfrischen Zutaten schwelgen! Ebenfalls zu empfehlen sind die Weizen-Gnocchi auf Seemannsart oder die Scampi in Sauce – ein Gedicht! Via Aurelia 312, Tel. 0584/672 05.

Gusmano. Traditionelle Fischgerichte gemischt mit Köstlichkeiten der Region machen dieses Restaurant gegenüber dem alten Wachturm zu etwas ganz Besonderem. Für das Dessert *Sfogliatina di mele calde* (Blätterteig mit Äpfeln) sollte man unbedingt noch Platz lassen. Via Regia 58/64, Tel. 0584/312 33, www.gusmano.it

Montecatini. Schon seit mehr als 50 Jahren erfreut dieses Restaurant die Gemüter von Besuchern und Einheimischen gleichermaßen. Bei der Auswahl aus der reichhaltigen Weinkarte steht ein Sommelier mit Rat und Tat zur Seite.
Viale Manin 8, Tel. 0584/96 21 29.

Grom. Die viel gerühmte italienische Bio-Eisdielenkette ist auch in Viaréggio vertreten –, und zwar direkt hinter der Strandpromenade!
Viale Marconi 77, www.grom.it

ÜBERNACHTEN

Plaza e de Russie. Wer einen stilvollen Strandurlaub verbringen will, der sollte sich für dieses wunderschöne und sehr zentral gelegene Hotel entscheiden. Gegründet 1871, bietet es gediegenes nostalgisches Flair. Piazza D'Azeglio 1, Tel. 0584/444 49, www.plazaederussie.com

INFORMATION

Piazza Cesare Battisti 1, Carrara,
Tel. 0585/64 14 22, www.aptmassacarrara.it

»Grand Hotel Royal« in Viaréggio

Mitte: Antike Säulen bestimmen das Innere von San Frediano.
Unten: Die Piazza Napoleone im Stadtzentrum

4 Lucca – die Stadt
Die Grande Dame

Lucca ist eine wahre Dame unter den italienischen Städten. Mit ihren buttergelben Häusern, mediterranen Plätzen, lieblichen Blumenarrangements vor Hauseingängen und ihrer lebhaften Innenstadt altert sie in aller Pracht. Obwohl nur 20 Kilometer nördlich von Pisa gelegen, machen nur wenige Touristen einen Abstecher in dieses mittelalterlich geprägte Kleinod. Dabei ist Lucca im Grunde die reizvollste Stadt der Toskana.

Die Geburtsstadt Puccinis

Kommt man zur richtigen Tageszeit nach Lucca, scheint es, als würde man eine andere Welt betreten: Die letzten Sonnenstrahlen rücken die ehrwürdigen Gebäude des Stadtzentrums jeden Abend aufs Neue ins rechte Licht, die Platanen auf der Piazza Napoleone schimmern golden, und auf der Piazza Giglio liegt ein Hauch von Oper in der Luft, wenn die Sänger des nahe gelegenen Opernhauses proben. Schnell wird klar: In der Geburtsstadt Giacomo Puccinis hatten schon immer Musik und Kunst die Hauptrollen inne. Lucca ist wegen seines Reichtums an Geschichte, seiner Kirchen und der vielen exzellenten Restaurants prädestiniert für Liebe auf den ersten Blick.

Passeggiata zur Abendstunde

Bei der romantischen *passeggiata* in der Abenddämmerung spaziert man durch ein Labyrinth aus engen Gassen mit ehrwürdigen Palästen und anmutigen Plätzen. Dabei ist man doch stets nur einen Katzensprung von trendigen Cafés und

Shops entfernt. Je dunkler es wird, desto mehr Leben erfüllt die schmalen Gassen. Im Nachtleben zeigt man sich gern von seiner schönsten Seite. Die Schaufenster beginnen sich strahlend von den dunklen Mauern abzuheben und geben der Stadt einen neuen, unwirklich schönen Touch. Schon ist Essenszeit: Aus dem Ristorante »Buca di Sant'Antonio« in der Via della Cervia dringt ein unwiderstehlicher Geruch nach lucchesischen Maccheroni und der berühmten *minestra alla garfagnina.* Die gehaltvolle Gemüsesuppe wird hier schon seit mehr als 300 Jahren nach überliefertem Rezept zubereitet. Man setzt ganz auf Tradition - warum sollte man heute etwas anderes kochen als zu Puccinis Zeiten?

Gründung durch Etrusker

Dass aus der kleinen Etruskersiedlung einmal eine so stattliche Dame werden würde, hätten sich die Stadtgründer kaum gedacht. Der Name der Stadt kommt vom etruskischen *luk* (»Sumpf«) und wurde im Laufe der Jahre zu *Lucca*. Im Jahr 180 v.Chr. übernahmen die Römer das Ruder und machten die Stadt zu ihrer Kolonie, die sich prächtig entwickelte. Im Mittelalter stieg Lucca sogar zeitweise zur Hauptstadt der Toskana auf. Ab dem 12. Jahrhundert konnte sich die Stadt als *commune* bezeichnen, was bedeutet, dass sie sich selbst verwaltet hat. Dies war vor allem durch den Wohlstand möglich, den sich die Einwohner mit dem Seidenhandel erarbeitet hatten. 1314 fiel sie an Pisa, um dann vom einheimischen Abenteurer Castruccio Castracani degli Antelminelli wieder in die Unabhängigkeit geführt zu werden. Auch nach seinem Tod blieb Lucca weitere 500 Jahre eine unabhängige Republik. Das Ende dieser glanzvollen Zeit brachte ein Franzose namens Napoleon, der sich die Stadt 1805 unter den Nagel riss und seine Schwester Elisa als Fürstin einsetzte.

Infos und Adressen

DER GROSSE SOHN PUCCINI

Am 22.12.1858 bekam die Musikerfamilie Puccini einen Sohn, der den Namen unsterblich machen sollte. Aus dem Spross Giacomo Antonio Domenico Michele Secondo Maria Puccini wurde ein bedeutender Komponist. Insgesamt hat er zwölf Opern geschrieben, die bekanntesten sind »La Bohème« (1896), »Tosca« (1900) und »Madame Butterfly« (1907). In seinem Geburtshaus aus dem 15. Jahrhundert findet man Zeugnisse seines Lebens – Briefe, Fotografien, Skizzen und das Klavier, auf dem er seine letzte, unvollständige Oper »Turandot« komponierte. Auf der Piazza Cittadella erinnert eine in Bronze gegossene Statue an den Maestro. Mit 22 Jahren ging Puccini zum Musikstudium nach Mailand.

WEITERE INFORMATIONEN

Casa di Puccini. Corte San Lorenzo 9, Tel. 0583/58 40 28.

Celle di Puccini. 24 km entfernt von Lucca entlang der S12 in Richtung Norden befindet sich das Haus, in dem der Komponist einen Großteil seiner Jugend verbrachte.

In der Corte San Lorenzo steht die Bronzestatue des Opernkomponisten Giacomo Puccini (1858–1924) vor seinem Geburtshaus.

Oben: Glänzt golden auch noch nach Jahrhunderten: das Fassadenmosaik von San Frediano
Mitte: Der Aufstieg auf die Torre dei Guinigi (um 1400) lohnt vor allem im Abendlicht.
Unten: Junges Mädchen auf einer Vespa

Lucca – die Stadt der Frauen

Doch Elisa Bonaparte war nicht die einzige Frau, die in der jungen Geschichte Luccas eine wichtige Rolle spielte. Ihre Schwester Pauline, die als »die verrückte Borghese-Prinzessin« bezeichnet wurde, verbrachte ihre letzten Tage in einer Villa unweit von Lucca. Der bauwütigen Französin mit dem Spitznamen »Semiramis von Lucca« folgte Marie-Louise von Bourbon. Ihr ist ein Standbild auf der Piazza Napoleone gewidmet, weil das Herzogtum nach dem Sturz Napoleons (1815) an das Haus Bourbon-Parma fiel. Diese Herrschaft hielt, bis Lucca Teil des Königreichs Italien wurde. Die (Bau-)Epochen Luccas lassen sich hervorragend in der Via Fillungo nachvollziehen.

In den Straßen Luccas

Faszinierend sind nicht nur die zahlreichen roten Backstein-Palazzi, sondern auch das typische Gitternetz der Straßen Luccas, das auf den Grundriss der römischen Kolonie zurückgeht. Schon damals schnitten sich die geradlinigen Gassen im rechten Winkel, mündeten in große Plätze, an denen die wichtigsten Bauten standen. Ebenfalls auf die Römerzeit geht die bezaubernde Piazza dell' Anfi-

GUT ZU WISSEN

OLIVENÖL KAUFT MAN IN LUCCA

Wenn Sie die Gelegenheit haben, ein Olivenöl aus Lucca beziehungsweise aus den Lucchesischen Hügeln zu erstehen, nützen Sie sie! Vielfach wird berichtet, dass das beste Olivenöl Italiens aus der Weingegend komme. Das Öl aus Lucca ist aber um einen Hauch besser, denn Klima und Bodenqualität in dieser Gegend sind ideal für den Olivenbaum. Entsprechend erstrahlt die Landschaft von silbergrau glänzenden Olivenbaum-Plantagen. Die Erntezeit der Oliven ist im November.

teatro zurück. Wie der Name des oval geformten Platzes schon sagt, stand hier früher das Amphitheater. Entsprechend bietet sich dort auch heute wieder ein Schauspiel, denn in Straßencafés und Restaurants spielt sich frei nach dem Motto »Das Leben ist eine Bühne« jeden Tag das Luccheser Schaulaufen ab.

Der kleine Vatikan

Die vielen Kirchen und Kapellen haben der Stadt den Spitznamen »der kleine Vatikan der Toskana« eingebracht. Unter den prunkvollen Gebäuden sticht der Dom San Martino hervor: Mit seiner detaillierten Schaufassade ist er nicht nur der Stolz der Luccheser, sondern auch ein Höhepunkt der romanischen Bau- und Dekorationskunst sowie einer der schönsten Sakralbauten der Toskana. Der obere Teil der Reliefs wurde von Guidetto da Como (1204) gestaltet, der untere stammt von Nicola Pisano. Ungeachtet aller Kunstfertigkeit wirkt die Fassade bei genauerer Betrachtung asymmetrisch und gedrungen. Der zinnenbekrönte Campanile (Glockenturm) existierte schon vor dem eigentlichen Dom und wurde während der Bauphase in das Gesamtkunstwerk integriert.

Im Inneren der Kirche tritt die Romanik in den Hintergrund. Sie gab im 14. und 15. Jahrhundert der Gotik Raum. Die Kanzel wurde vom in Lucca geborenen Bildhauer Matteo Civitali gefertigt, der den Großteil seines Lebens mit der Arbeit an Kirchen und Villen in und um Lucca verbrachte. Er war einer der führenden Vertreter einer strengen Renaissancekunst. Auch der Tempietto (»Tempelchen«) im Nordschiff stammt von ihm. Hier befindet sich die Interpretation des »Letzten Abendmahls« vom großen Tintoretto. Ebenfalls im Inneren der Kirche findet man das Grabmal

Einfach gut!

LA CAPPELLA

Bevor sich die Gräfin Maria Ludovica Ceschi a Santa Croce den Gemäuern des ehemaligen Klosters aus dem 17. Jahrhundert widmete, war sie Visagistin in Mailand. Wahrscheinlich ist ihr mit dem gemütlichen und stilvollen Bed & Breakfast hoch auf einem Hügel bei Lucca ihr Meisterwerk gelungen. In diesem Kleinod des Wohlgefühls duftet es nach Rosen, Jasmin, Oleander- und Orangenblüten. Das Schönste ist aber die fantastische Sicht auf die roten Dächer der Stadt.

La Cappella. Via dei Tognetti 469, Ponte del Giglio, Tel. 0583/39 43 47, www.relaislacappella.com

Der Chef des Restaurants »Buca di Sant'Antonio«

Hotel San Marco
Locanda Buatino
V. Batoni
Ple. Martiri d. Libertà
Viale Carlo d. Prete
Porta S. Maria
Via Buiamonti
Porta Jacopo
Baluardo C. Battisti
Viale Guglielmo Marconi
Urbane
Pza. S. Maria
Via M. Rosi
Baluardo S. Frediano
Mura
Passeggiata
Via
dei
delle
Bacchettoni
Mura
Via del Fosso
Via della Zecca
V. S. G. Galgani
Fillungo
Basilica San Frediano
F
Baluardo S. Croce
Passeggiata
Palazzo Pfanner
E
C. Battisti
S. Francesco
Via d. Quarquonia
Baluardo S. Salvatore
Pza. d. Mercato
Via
Via della Stufa
S. Giorgio
Museo Nazionale di Villa Guinigi
G
Porta S. Donato
Via Antonio Mordini
Lazzaro Papi
Tassi
Municipio
Pza. del Carmine
Torre Guinigi
H
Via B. Paoli
Pinacoteca Nazionale e Museo di Pal. Mansi
Via S. Giustina
Via
Fillungo
Via S. Andrea
Via Guinigi
Via del Fosso
Via S. Chiara
Casa Puccini
D
Piccolo Hotel Puccini
Torre delle Ore
C
Baluardo S. Donato
Via di Poggio
S. Michele in Foro
S. Cristoforo
Piazzale G. Verdi
Via S. Paolino
Galli
Pal. Bernardini
Via
Elisa
Pza. Elisa
Porta Elisa
Piazzale Don A. Mei
Viale
V. Roma
Via
Piazza Bernardini
Santa
Croce
Porta V. Emanuele
Via
S. Paolino
Buca di Sant' Antonio
Pal. Pretorio
Via
S. Maria Forisportam
Urbane
Via Vitt. Emanuele II
S. Giusto
Via d. Battistero
Giardino Botanico
Passeggiata
V. d. Tabacchi
Palazzo d. Provincia
Stella Pole Bar
Pza. del Giglio
Ristorante Giglio
Pza. Antelminelli
Via del Giardino Botanico
Baluardo Cairoli
Vle. G. Pacini
S. Romano
Caffetteria San Colombano
Dom San Martino
B
V. d. Rosa
Urbane
Viale
Hotel Morandi alla Croetta
V. Vitt. Veneto
Hotel Diana
Via del Fosso
Mura
Baluardo S. Regolo
Baluardo S. Paolino
delle
Corso Guiseppe
Garibaldi
delle
Mura
A
Stadtmauer
Via. F. Carrara
Urbane
Piazzale Vitt. Eman.
Passeggiata
Porta S. Pietro
V. Giuseppe Giusti
Giosue Carducci
Viale
N
V. N. Sauro
0
200 m

Stadtrundgang Lucca

Ⓐ Luccas **Stadtmauer** ist weit über die Grenzen Italiens hinaus berühmt, denn sie ist die längste Europas. Beim Baluardo San Colombano lässt es sich in der Caffetteria San Colombano herrlich relaxen, auch ein Rundgang auf der Passeggiata della Mura ist empfehlenswert.

Ⓑ Der **Dom San Martino** aus dem 11. Jh. wurde im romanischen Stil erbaut. Im Inneren befindet sich das berühmte hölzerne Kreuz »Volto Santo«. Piazza San Martino, Tel. 0583/95 70 68, www.museocattedralelucca.it

Ⓒ 207 Stufen führen auf den Glockenturm **Torre delle Ore** aus dem 13. Jh., von dem aus sich einer der schönsten Blicke auf Lucca bietet. Via Fillungo, Tel. 0583/31 68 46.

Ⓓ In der **Casa di Puccini** erblickte Giacomo Puccini das Licht der Welt. Im Inneren gibt es viele Briefe, Bilder und Andenken zu sehen, u. a. das Klavier, auf dem er seine letzte, unvollendete Oper »Turandot« komponierte.

Ⓔ Sehenswert ist allein schon die imposante Außentreppe des 1667 errichteten **Palazzo Pfanner**. Pfanner, ein Auswanderer aus Österreich, soll hier das erste Bier Italiens gebraut haben. Im Inneren befindet sich eine Sammlung aus höfischen Kostümen, auch der Garten ist sehenswert.

Ⓕ **Basilica San Frediano –** Die Kirche wurde im 13. Jh. erweitert. Aus dieser Zeit stammt das berühmte Mosaik »Christi Himmelfahrt« im byzantinischen Stil, das die Fassade von San Frediano ziert. Doch auch ein Blick hinter die romanischen Kirchenmauern lohnt sich, denn dort kann ein Taufbecken aus dem 12. Jh. besichtigt werden. Piazza San Frediano.

Ⓖ **Das Museo Nazionale di Villa Guinigi –** In der Renaissance-Villa aus dem 15. Jh. ist das Museum für Bildhauerei untergebracht. Hier werden die Kunstwerke der Stadt ausgestellt. Im Erdgeschoss findet man die archäologischen Überreste aus der Römerzeit. Via della Quarquoia, Tel. 0583/49 60 33.

Ⓗ **Torre Guinigi –** Das Erklimmen dieses Turms lohnt sich, denn beim Blick über die Stadt genießt man den Schatten eines Steineichen-Wäldchens. Via Sant'Andrea 14, Tel. 0583/31 68 46.

San Michele in Foro ist einer der wichtigsten sakralen Bauten – die Kirche wurde im 12. Jh. errichtet.

der Ilaria del Carreto, der Braut des früheren Stadtherren Paolo Guinigi. Der Bildhauer Jacopo della Quercia gestaltete den Sarkophag 1405/1406.

Luminaria di Santa Croce

Der große Auftritt des Volto Santo findet jährlich am 13. Sept. statt, wenn es während der *Luminaria di Santa Croce* bei einer Prozession durch die Straßen getragen wird. Das schwarze, hölzerne Kruzifix wird auf einem reich geschmückten Ochsenkarren durch Lucca gezogen. Wer seinen Toskana-Urlaub im September verbringt, sollte dieses Schauspiel nicht verpassen, da die stimmungsvolle Lichterprozession der Altstadt eine unvergessliche Atmosphäre verleiht. Alle Luccheser Familien bevölkern zur Luminaria di Santa Croce die Altstadt und genießen nach den Feierlichkeiten traditionelle Spezialitäten der Saison wie Wild, frische Pilze oder die ersten Kastanienkuchen.

100 Kirchen und himmlische Genüsse

Auf die 8000 Einwohner, die innerhalb der Stadtmauer leben, kommen erstaunliche 100 Kirchen. Besonders sehenswert ist neben dem Dom die Chiesa di San Giovanni, Luccas älteste Kirche und Kulisse für das große Puccini-Festival im Juli. Umwerfend schön ist auch die Chiesa di San Michele in Foro, eine romanische Kirche, deren Bau fast 300 Jahre in Anspruch nahm. Ebenfalls in der Romanik entstand San Frediano mit seiner einzigartigen Mosaikfassade, welche die Himmelfahrt Christi darstellt. Natürlich muss man in Lucca keinesfalls auf sinnliche Genüsse verzichten: In der Altstadt, die den Charme des 19. Jahrhunderts durchaus bewahrt hat, servieren viele Trattorien, Osterien und Bars exquisite Weine und regionale Gerichte nach traditionellen Rezepten.

Oben: Erzengel Michael auf dem Giebel der Kirche San Michele in Foro
Unten: Belebtes Stadtzentrum

Infos und Adressen

ESSEN UND TRINKEN

Ristorante Giglio. In prunkvollem Ambiente zwischen Lüster und vergoldetem Kamin isst man selbst gemachte Gnocchi! Piazza del Giglio 2, Tel. 0583/49 40 58, www.ristorantegiglio.com

Locanda Buatino. Die Trattoria, nur ein paar Schritte außerhalb der Stadtmauer, ist eine Legende, denn sie gilt als älteste der Stadt. Täglich steht ein anderes köstliches Menü auf der Speisekarte. Via Borgo Giannotti 508, Tel. 0583/34 32 07.

Buca di Sant'Antonio. Seit 1782 gibt es hier typische Luccheser Küche wie die Farro-Suppe. Täglich wird frische Pasta hergestellt und mit Produkten aus der Region verbunden. Via della Cervia 3, Tel. 0583/558 81, www.bucadisantantonio.com

BARS UND CAFÉS

Stella Polare Bar. Für viele die beste Bar innerhalb der Stadtmauer. Ein Geheimtipp ist das ausgezeichnete Frühstück! Via Vittorio Veneto, Tel. 0583/49 63 32.

Caffetteria San Colombano. Das trendige Café liegt traumhaft in eine der Bastionen der Mauer eingebettet. Baluardo San Colombano, www.caffetteriasancolombano.it

Gelateria Il Pinguino. Seit über 25 Jahren gibt es hier nicht nur wunderbares Eis, sondern auch andere Köstlichkeiten wie Crêpes oder Granita. Piazza Napoleone 10, www.gelateriailpinguino.it

Pastelería Pinelli. Ein besonderes Kleinod unter den vielen hervorragenden Pasticcerien Luccas. Hier versorgen sich auch viele Einheimische mit *dolci.* Via Beccheria 28, Tel. 0583/49 61 19.

ÜBERNACHTEN

Hotel San Marco. In der Nähe der Stadtmauer befindet sich dieses kleine, aber feine Hotel in einer ehemaligen Kirche. Via San Marco, 368, Tel. 0583/49 50 10, www.hotelsanmarcolucca.it

Piccolo Hotel Puccini. Traumhaft direkt zwischen Piazza Citadella und Piazza San Michele gelegen. Via di Poggio 9, Tel. 0583/554 21, www.hotelpuccini.com

Hotel Diana. Einfaches Hotel mit freundlichem Personal in sehr günstiger Lage. Via del Molinetto 11, Tel. 0583/49 22 02

INFORMATION

APT Lucca, Piazza Guidiccioni 2, Tel. 0583/919 91, www.luccatourist.it

Gemütlich zu Abend essen im Ristorante »Giglio«

5 Lucca – die Stadtmauer

Lebensfrohe alte Mauern

Lucca, in der Literatur auch »die Umgurtete« genannt, kann mit einem ganz besonderen Superlativ aufwarten: Die Stadt ist umringt von der größten und längsten Stadtmauer Europas, die vollständig erhalten ist. Heute stellt dieses einzigartige Bauwerk den Treffpunkt für junge und alte Luccheser dar und bietet Möglichkeiten für Spiel, Sport und Freizeit. Wer Lucca in seiner ganzen Lebendigkeit erleben will – der geht auf die Stadtmauer!

Mitte: Blick von der grün bepflanzten Stadtmauer Porta San Donato Richtung Innenstadt
Unten: Bei schönem Wetter bevölkern Spaziergänger, Jogger oder Fahrradfahrer den sehr gepflegten Mauergürtel.

Luccas größte Attraktion ist zwölf Meter hoch, 30 Meter breit, mehr als vier Kilometer lang und mittlerweile die unverzichtbare grüne Lunge der Stadt. Die gesamte Mauer ist mit Platanen und Rasenflächen bepflanzt und bietet so die ideale Abwechslung zur restlichen Stadt: Die Luccheser nutzen den von Bäumen gesäumten Fußweg mit zauberhaftem Blick auf die Stadt für alle erdenklichen Sportarten und Freizeitbeschäftigungen.

Mittendrin statt nur dabei

Im Idealfall tut man es den Lucchesern gleich und leiht sich ein Fahrrad, um damit die beliebte Passeggiata della Mura auf zwei Rädern zu absolvieren. Die Ausblicke, die man dabei auf die Stadt erhascht, sind großartig und einzigartig – nirgendwo sonst genießt man eine so schöne Sicht auf die roten Ziegeldächer des historischen Zentrums.

Stolze Wehrmauer

Man schrieb das Jahr 1645, als das imposante Bauwerk fertiggestellt wurde. Schon damals war die Stadtmauer Luccas etwas ganz Besonderes: Die modernste Befestigungsanlage ihrer Zeit sollte es den Angreifern unmöglich machen, in den Wäldern vor der Stadt Deckung zu finden. Sie wurde nicht ohne Grund errichtet, denn die Bewohner Luccas fürchteten einen Angriff der Florentiner. Da die mittelalterliche Stadtbefestigung der weiterentwickelten Militärtechnik nicht mehr standzuhalten drohte, musste gehandelt werden. Aus diesem Grund schichteten Hunderte Menschen Backstein über Backstein auf und errichteten die wuchtige Stadtmauer, welche die Zeit überdauern sollte und heute einzigartig ist – europaweit.

Stark gebaut, nie gebraucht

Das Besondere an der Mauer ist aber nicht nur, dass die Luccheser unglaublich viele Steine verbauten, um sich Sicherheit gegen Feinde zu verschaffen. Sie hatten darin auch Geheimgänge und Waffenschächte angelegt, darüber hinaus ragten aus der fast schon bedrohlich anmutenden Stadtmauer elf Bastionen und sechs Tore als Mahnmale in den Himmel. 126 Kanonen waren aus zwölf Metern Höhe in die Ferne gerichtet. Lucca war bereit zum Kampf – die Luccheser, bis auf die Zähne bewaffnet, in Erwartung, ihre Stadt verteidigen zu müssen. Doch nie passierte etwas! Kein Feind erschien, keine Gegner waren zu bekämpfen, die Stadt musste nie verteidigt werden. So blieb die ringförmige Stadtmauer stehen, ohne jemals beschädigt worden zu sein, und im 19. Jahrhundert wurde sie zu einem Park umfunktioniert.

Klare Trennung

Die Mauer trennt die Altstadt, in der 8000 Menschen leben, vom übrigen Lucca mit etwa 80 000 Einwohnern. Auf den breiten Wegen und den elf

Einfach gut!

WIEDER RUNTERKOMMEN

Wer genug von den Höhenflügen auf der robusten Stadtmauer hat, der kommt beim Kreisverkehr im Norden der Stadt wieder auf den Boden der Tatsachen zurück. Seit 1923, als Guido Nannini zusammen mit Giovanni Bei die »Kaffee-Gesellschaft von Lucca« gegründet hat, steht der Kaffeegenuss hier an erster Stelle. Mittlerweile gibt es die Kreationen von Bei & Nannini schon beinahe überall auf der Welt! Hier wird die Zubereitung von Kaffee in stilvollem Ambiente wie eine Kunst zelebriert, denn man möchte sowohl den Gaumen als auch die Augen verwöhnen. Nach dem Genuss einer der Spitzenröstungen in stimmiger Umgebung von großer Vitrine, dunklen Holztischen und ganz vielen Packungen Kaffee sollte man sich eine, am besten aber mehrere der weltberühmten Röstungen mit nach Hause nehmen!

Bei & Nannini. Borgo Giannotti, 63–37V, Tel. 0583/46 72 83, www.beienannini.com

Im historischen Zentrum auf der Piazza dell'Anfiteatro

Oben: Sechs Tore öffnen den Weg durch die Stadtmauer nach Lucca hinein. Mit einer Ausnahme sind sie alle nach Heiligen benannt.
Mitte: Zwischendurch ein Gläschen Vin Santo
Unten: Die Torre Guinigi ist das Wahrzeichen von Lucca.

Bastionen tummeln sich Alt und Jung, und für den speziellen Kick sorgen die Sprösslinge der Luccheser, wenn sie die Bastionen wie Baluardo San Regolo, San Salvatore, Santa Croce oder San Donato kurzerhand zu Fußballfeldern umfunktionieren.

Die Bastionen hatten unterschiedliche Funktionen und sind deswegen auch in ihrer Form verschieden. Ins lebhafte Geschehen gelangt man über die an der Südspitze gelegene Porta San Pietro, die ursprünglich der einzige Stadtzugang war. Östlich davon bietet der Baluardo San Regolo den besten Blick auf den bezaubernd grünen Botanischen Garten.

Die Stadtmauer der Moderne

So wie sie einst die Feinde auf Distanz hielt, ist die Mauer heute Bastion gegen Abgase und Lärm. Dabei war sie vor gar nicht allzu langer Zeit sogar bedroht: Anfang der 1990er-Jahre sollte sie nach Plänen eines Lokalpolitikers unterhöhlt werden, um eine Tiefgarage zu bauen. Zum Glück wurde dies nicht genehmigt, denn sonst wäre dieses Bauwerk womöglich eingestürzt.

GUT ZU WISSEN

PICKNICK AUF DER MAUER

Wer zum Essen nicht eines der vielen Restaurants in der Luccheser Altstadt aufsuchen möchte, für den gibt es bei schönem Wetter eine wunderbare Alternative: Sie sitzen im Grünen, vor Ihnen breitet sich ein Häusermeer aus, das aus jahrhundertealten Gebäuden besteht. Diese ziegelfarbige Flut von Dächern bildet einen reizvollen Kontrast zum blauen, wolkenlosen Himmel. Mit dem Geschmack von Prosciutto, frischem Weißbrot und Oliven auf den Lippen genießen Sie Ihr Picknick auf der Stadtmauer von Lucca!

Infos und Adressen

AKTIVITÄTEN

Chrono-Bikes. Verleih von Fahrrädern zur Erkundung der Stadtmauer. Auch Touren in verschiedene Teile der Stadt werden angeboten. Corso Garibaldi 93, Tel. 0583/49 05 91, www.chronobikes.com

Kutschfahrten. Eine Fahrt mit der Pferdekutsche für 3 bis 5 Personen dauert etwa 1 Stunde. Jede Kutsche wird von einem Führer begleitet, der allerlei interessante Details über die Stadt erzählt. Informationen und Anmeldung im Tourismusbüro.

CAFÉ

Antico Caffè delle Mura. Der ideale Ort für eine Verschnaufpause gleich beim Baluardo Santa Maria. Wunderschön sitzt man im Frühling und Sommer auf der Terrasse. Piazzale Vittorio Emanuele 2, Tel. 0583/479 62.

VERANSTALTUNGEN

Puccini e la sua Lucca. Eine Reihe von Konzerten, die dem Komponisten Giacomo Puccini gewidmet sind, findet im Sommer in der Chiesa di San Giovanni und im Winter in San Giuseppe statt. www.puccinielasualucca.com

Lucca Summer Festival. Bei dem Popfestival, das alljährlich im Juli stattfindet, treten italienische und internationale Stars auf.
www.summer-festival.com

Puccini-Festival. Bei diesem Festival dreht sich alles um die Oper. Schon seit mehr als 50 Jahren findet das Festival von Juli bis August im Ort Torre del Lago am Westufer des Massacciucoli-Sees statt (westlich von Lucca gelegen, mit dem Auto braucht man eine halbe Stunde).
www.puccinifestival.it

Festa del Vino. In Montecarlo, 15 km östlich von Lucca, kann man Anfang September zehn Tage lang die hervorragenden Erzeugnisse der örtlichen Winzer probieren.

Luminaria di Santa Croce. Mit einem feierlichen Fackelzug durch die mit Lichtern geschmückten Gassen wird die Ankunft des Volto Santo (s. S. 44) in Lucca gefeiert. Das Fest findet jährlich am Abend des 13. September statt. Die Luccheser Familien kommen zu diesem Fest traditionell in die Altstadt.

Aussicht vom Guinigi-Turm über die Dächer von Lucca

I DOLCI TOSCANI –
das süße Leben

Cantucci e Vin Santo – der Dessert-Klassiker aus der Toskana ist längst über die Grenzen Italiens hinaus bekannt. Doch in den Auslagen der pasticcerie von Prato, Florenz, Pisa oder Siena warten noch viele weitere süße Köstlichkeiten, die der hiesigen Backtradition entsprungen sind. Lassen Sie sich verführen!

Prato ist die Heimat einer der berühmtesten Gebäckvarianten Italiens. Die *cantucci* (oder *cantuccini*) bekommen ihre charakteristische Form, wenn ein länglicher, mit vielen ganzen Mandeln versehener Teigfladen kurz nach dem Backen in Streifen geschnitten wird. Das Rezept geht wohl mindestens auf das 18. Jahrhundert zurück, doch richtig bekannt gemacht hat die auch *biscotti di Prato* genannten Kekse der Bäcker Antonio Mattei aus Prato, der sie 1867 sogar auf die Weltausstellung in Paris brachte. Das von ihm betriebene Geschäft »Mattonella« existiert bis heute (s. S. 107), dort versteht man sich als Hüter der toskanischen *cantucci*-Tradition.

Eng verwandt mit diesem Gebäck sind die ebenfalls aus Prato stammenden *brutti ma buoni*. Wie ihre berühmten Geschwister bestehen sie hauptsächlich aus Mehl, Ei, Mandeln und Zucker – nur fällt ihre Form sehr viel rustikaler aus. Das erklärt auch den seltsamen Namen, den man in etwa mit »hässlich, aber gut« übersetzen kann. *Brutti ma buoni* kauft man übrigens traditionell immer zusammen mit *cantucci*.

Auch beim florentinischen *zuccotto* handelt es sich um eine Süßspeise mit Tradition. Die kuppelförmige Torte besteht aus mit Hochprozentigem getränktem Bisquitteig und einer sahnigen Füllung. Man sagt, dass sie im 16. Jahrhundert vom berühmten Architekten und Ingenieur Bernardo Buontalenti als einzigartiges Dessert für die legendären Bankette der Medici erfunden wurde. Ein *zuccotto* wird eisgekühlt serviert, die Torte gilt als das erste *semifreddo* (Halbgefrorene) der Geschichte.

Oben: Panforte di Siena
Linke Seite: Wer Cantucci in ein Glas Vin Santo taucht, schmeckt die Süße des toskanischen Lebens.

Ebenfalls aus der Hauptstadt der Toskana stammt die *schiacciata alla fiorentina*, ein flacher Blechkuchen, der vor allem zur Karnevalszeit gebacken wird. Das ganze Jahr über kann man sich dagegen an der meist mit Pinienkernen bestreuten *torta della nonna* erfreuen, die im Inneren mit einer herrlichen Cremefüllung aufwartet. Auch sie wurde wohl in Florenz erfunden, ist heute aber überall in der Toskana zu bekommen.

Natürlich verfügt auch Siena, die ewige Rivalin von Florenz, über eigenes Traditionsgebäck: Jede gute *pasticceria* in der Stadt und im Umland bietet ihren hausgemachten *panforte di Siena* an, der aus Mehl, Honig, Zucker, Mandeln, Haselnüssen, Zitronat und Orangeat hergestellt und mit vielen Gewürzen verfeinert wird. Sein Ursprung liegt wohl im ausgehenden Mittelalter, als die Handelsstadt Siena mit den kulinarischen Schätzen des Orients in Berührung kam und sich von der aromatischen Vielfalt beeinflussen ließ. Lange galt das Früchtebrot als Weihnachtsgebäck, inzwischen isst man es zu jeder Jahreszeit. Es heißt übrigens, dass ein echter *panforte di Siena* genau so viele Zutaten enthält, wie es *contrade* in der Stadt gibt – also 17.

Rund um den Allerseelentag (2. November) stellen die Sieneser Bäcker außerdem runde Mürbteigplätzchen mit Mandelsplittern her, die den etwas makaberen Namen *ossa di morti* (Totengebeine) tragen. Die toskanische Variante des in ganz Italien bekannten Gebäcks zum Gedenken an die Verstorbenen kommt ursprüglich aus Montepulciano.

Ein echtes »Arme-Leute-Essen« war einst der *castagnaccio*. Die einfache toskani-

Einfach, aber köstlich – die Kuchen der Toskana

Ein echter Panforte besteht aus 17 Zutaten.

sche Landbevölkerung musste in früheren Jahrhunderten beim Backen oft auf Kastanienmehl ausweichen, weil Getreide zu knapp und zu teuer war. So entstand auch der flache Kastanienkuchen, der in den vergangenen Jahrzehnten fast in Vergessenheit geriet, bis ihn die traditionsbewussten Toskaner schließlich wiederbelebten. Heute findet man *castagnaccio* vor allem im Herbst in vielen verschiedenen Varianten, etwa mit Trockenfrüchten und Nüssen oder Rosmarin und Olivenöl. In Lucca stellt man traditionell eine einfache Spezialität aus Hefeteig her, die *buccellato* genannt wird.

Der bernsteinfarbene Vin Santo ist weltweit einer der bekanntesten Dessertweine. Er wird in verschiedenen Regionen Italiens produziert, doch die Toskana bildet dabei eindeutig das Flaggschiff. Seine charakteristische Süße erhält der Vin Santo durch die Trocknung der Trauben nach der Ernte, die die Zuckerkonzentration in den Früchten deutlich steigen lässt. Mindestens drei Jahre lang reift der Wein nach dem Keltern in Eichenfässern. Über die Herkunft seines Namens kursieren viele Geschichten: Manche sagen, man habe Vin Santo früher ausschließlich in der Woche vor Ostern, also in der *settimana santa*, gekeltert. Andere behaupten, die Verwendung bei der Messe habe ihm den Namen »heiliger Wein« eingetragen. Oder war es doch die bereits in der Antike für ihren Süßwein bekannte griechische Insel Santorin, nach der das italienische Pendant benannt wurde? Wie auch immer – wenn sich der wunderbare, an Vanille, Rosinen und Aprikosen erinnernde Duft des Vin Santo mit dem herrlichen Mandelaroma der *cantucci* vermischt, die man in den Wein eintunkt, dann bekommt man eine Idee davon, wie süß das Leben in der Toskana sein kann.

Mitte: Villa Mansi – Fachleute bezeichnen sie als die wichtigste aller Luccheser Villen, weil sie am deutlichsten Lebensstil und Kultur der Patriziergeschlechter repräsentiere.
Unten: Der Palazzo Pfanner (1667) und seine Gärten sind ein beliebter Aufenthaltsort der Einheimischen.

6 Lucca – berühmte Villen

Bezaubernde Gärten und hohe Mauern

Die Provinz Lucca gilt als die Villengegend der Toskana. Die prachtvollen, herrschaftlichen Bauten und – ebenso wichtig – ihre bezaubernden Gartenanlagen sind meist hinter hohen Parkmauern versteckt. Schade eigentlich, doch der erfahrene Toskana-Besucher weiß es besser und findet Wege, wie er einige der toskanischen Bilderbuchanwesen dennoch zu sehen bekommt.

Im Lauf der Jahrhunderte gab es in Lucca immer wieder Menschen, die versucht haben, dem lieben Gott bei der Landschaftsgestaltung unter die Arme zu greifen. Alleen, die sich scheinbar bis an den Horizont ziehen, Glyzinientunnel und Buchsmonogramme sind nur einige Spielarten der meist sehr englisch angehauchten Garteninszenierungen.

Antike als Ideal

Natürlich dürfen im Garten einer stattlichen toskanischen Villa keinesfalls Freilufttheater, Grotten, Brunnen und künstliche Wasserflächen fehlen. Dies ist Ausdruck einer Rückbesinnung auf die Antike. Die griechische und römische Mythologie mit ihren Göttern und vor allem die Verherrlichung des Landlebens in der antiken Literatur wurden von der Renaissance bis ins 18. Jahrhundert hinein aufwendig adaptiert. Geld spielte im damaligen Frühkapitalismus keine Rolle, sodass nicht nur die Villen, sondern auch ihre Gärten mit viel Liebe zum Detail ausgestattet wurden.

Zur Villa Torrigiani gehört ein wunderschöner Park.

Traumkulisse Palazzo Pfanner

Am östlichen Stadtrand befinden sich zwei elegante Bauten. Diese Villen sind letztes Zeugnis dafür, dass Lucca vom 16. bis zum 19. Jahrhundert von einem Gürtel aus rund 100 Villen umgeben war. Eine davon, der 1667 erbaute Palazzo Pfanner mit seiner herrlichen Außentreppe, ist eine der schönsten der Toskana. Bei einem Spaziergang auf der Stadtmauer hat man im Süden, zwischen dem Baluardo Santa Croce und dem Baluardo San Martino, einen guten Blick auf den französischen Garten, den Statuen römischer Gottheiten säumen. Hollywood-Fans kennen den Palazzo als Kulisse des Films »Portrait of a Lady« mit Nicole Kidman und John Malkovich, doch auch viele andere Filme wurden hier gedreht. Felix Pfanner, der einstige Besitzer und Namensgeber des Palazzo, war österreichischer Auswanderer und hat – der Legende zufolge – das erste Bier in Italien gebraut. In den Kellergemäuern seiner Villa stellte er seinen eigenen Gerstensaft her.

Infos und Adressen

VILLEN IN UND UM LUCCA

Palazzo Pfanner. Sehenswert sind der Garten und die Sammlung höfischer Kostüme aus dem 18. und 19. Jh. Via degli Asili 33, Lucca, Tel. 0583/95 40 29, www.palazzopfanner.it

Villa Mansi. Prächtige Villa aus dem 16. Jh. Im 19. Jh. legte die Familie Mansi den *giardino all'inglese* an. Auch ein Bambushain und Bananenstauden gehören zur Ausstattung. Via Galli Tassi 43, Lucca, Tel. 0583/555 70.

Villa Reale. Napoleons Schwester, Elisa Bonaparte, wohnte einst in der Villa, deren Gärten bei einer stündlichen Tour besichtigt werden können. Località Villa Reale, Marlia – Lucca, Tel. 0583/301 08, www.parcovillareale.it

Villa Grabau. Die neoklassizistische Villa ist umringt von einem 9 ha großen Park mit englischem Garten und einem Zitronenhaus von 1700. Via di Matraia 269, San Pancrazio, Tel. 0583/40 60 98, www.villagrabau.it

Villa La Principessa. Via Nuova per Pisa 1616, Tel. 0583/37 00 37, www.hotelprincipessalucca.it.

Info. Im Kapitel »Lucca – die Stadt« (ab S. 38).

Mitte: Die hölzerne Kinderbuchfigur Pinocchio wurde vom italienischen Autor Carlo Lorenzini alias Carlo Collodi erschaffen.
Unten: Ein Erlebnis ist der Pinocchio-Park, in dem italienische Künstler Szenen des Buches nachgebaut haben.

7 Collodi

Pinocchios malerisches Bergdorf

Das kleine Städtchen östlich von Lucca hat viel mehr zu bieten als die wohl berühmteste Märchenfigur Italiens. In Collodi dreht sich zwar viel um das kleine Püppchen Pinocchio, das schon Generationen von Kindern (und Erwachsenen) begeisterte, allerdings kommt auch die Architektur in dem Dorf, das sich an einen steilen Berg schmiegt, nicht zu kurz: Dafür sorgen die schöne Anlage des Giardino Garzoni und die alte Burg.

Verlässt man die Stadt Lucca auf der SS 435 in Richtung Osten, genießt man nach etwa acht Kilometern einen sensationellen Anblick: In der Ferne hängt das Dörfchen Collodi an einen Berg geklammert, als würde es bald abstürzen. Wie Efeu rankt sich die kleine Gemeinde mit ihren sandfarbenen Häuschen in die Höhe. Ganz oben über dem grandiosen Ortskern thront das Pfarrhaus von San Bartolomeo aus dem 13. Jahrhundert. Doch natürlich strömen die allermeisten Besucher aus einem ganz bestimmten Grund nach Collodi: Er ist klein, hölzern und seine Nase beginnt zu wachsen, sobald er lügt. Richtig – die Rede ist von

GUT ZU WISSEN

BESSER DAS AUTO BENUTZEN

Wenn Sie nach Collodi kommen möchten, versuchen Sie es nicht mit öffentlichen Verkehrsmitteln. Wenn Sie mit dem Auto fahren, ersparen Sie sich einige Ärgernisse und viel an Wartezeit, denn nur wenige Busse halten im Pinocchio-Dorf.

Pinocchio, Italiens ungezogenster und bestvermarkteter literarischer Figur.

Aus Carlo Lorenzini wird Carlo Collodi

Carlo Lorenzini, so der bürgerliche Name des Autors des Erfolgsmärchens, ein florentinischer Journalist, durfte in seiner Kindheit einige Sommer in Collodi verbringen. Es war das Heimatdorf seiner Mutter und diente ihm als Schauplatz für sein Werk, das ursprünglich »Storia di un burattino« (»Geschichte einer Puppe«) und später dann »Le avventure di Pinocchio« (»Pinocchios Abenteuer«) hieß. Dieser bekannte Klassiker der italienischen Kinderliteratur hätte Lorenzini, der sich Carlo Collodi nannte, bestimmt zum Multimillionär gemacht – hätte er nur lange genug gelebt, um den Betrag für die Film- und Übersetzungsrechte zu kassieren. Der freche Junge entsprang 1881 seiner Fantasie und begeistert seitdem nicht nur Kinder, sondern auch Erwachsene, denn auf den zweiten Blick ist die Geschichte eine Fundgrube von Lebensweisheiten.

Pinocchio und sein Park

Den meisten ist die Holzpuppe, die sich in einen lebendigen Jungen verwandelt, wohl aus dem gleichnamigen Disneyfilm bekannt. Allerdings ist die literarische Figur viel tiefgründiger und vielschichtiger, als Pinocchio in dieser Verfilmung präsentiert wird: Sein Charakter ist eine Mischung aus liebenswerten, aber auch abscheulichen Eigenschaften. Die kleine Grille Jiminy nervt ihn zum Beispiel so gewaltig, dass er sie kurzerhand an die Wand wirft. Doch nichtsdestotrotz bleibt Pinocchio eines der populärsten literarischen Stücke – nicht zuletzt, weil der Roman voller Anspielungen auf die italienische Gesellschaft des 19. Jahrhunderts

Nicht verpassen

KUNST IM DORF

Wenn man durch Collodi spaziert, kommt man sich sofort in eine Märchenwelt versetzt vor. Dies ist vor allem den sogenannten Murales zu verdanken: Viele Mauern des Dörfchens sind mit Episoden aus Pinocchios Geschichte, belebten Straßenszenen oder Fantasiewesen bemalt! So erstrahlt Collodi an jeder Ecke in buntem Glanz. Nirgends sonst gibt es so viele Wandmalereien in so großer Dichte. Das macht Collodi zu etwas ganz Besonderem und vor allem zu einem Fest für die Augen, denn der ganze Ort fungiert gleichsam als Kunstgalerie.

Moderne Kunst im Pinocchio-Park von Collodi

Oben: Villa Garzoni in Collodi – ein viergeschossiger barocker Bau und die größte der lucchesischen Villen
Unten: In den Gärten der Villa Garzoni fühlt sich jeder wohl.

steckt. Darum wurde ihm ein eigener Themenpark gewidmet – wenn man so will, das Disneyland der Toskana –, das sich inmitten eines Waldes außerhalb von Collodi befindet. Im Parco di Pinocchio erinnern Mosaike, Figuren (teils begehbar) und Bilder an die wichtigsten Episoden aus dem Leben der Märchenfigur (von 1. März bis 1. Nov. tgl. ab 9 Uhr bis Sonnenuntergang, im Winter nur Sa, So und Feiertage ab 10 Uhr, www.pinocchio.it).

Collodis Schätze

Geht man an den kleinen Häusern entlang, die auf dem abschüssigen Hügel verteilt sind, kommt man auf engen, gepflasterten Wegen an der Kirche aus dem Jahr 1100 vorbei. Von dort ist es nicht weit bis zu den wenigen Überresten der ehemaligen Festungsanlage mit ihren Türmen und Mauern. Auch das Pfarrhaus der Kirche San Bartolomeo aus dem 13. Jahrhundert am »Gipfel des Dorfes« ist einen Abstecher wert.

Villa und Giardino Garzoni

Dies alles wird jedoch durch die barocke Villa Garzoni mit dem Storico Giardino Garzoni in den Schatten gestellt. Das im 17. und 18. Jahrhundert errichtete Gebäude ist in Privatbesitz und kann leider nicht besichtigt werden. Der Giardino Garzoni, ein Prachtbeispiel italienischer Gartenarchitektur, ist dagegen zugänglich. In ganz Europa gibt es nur wenige Barockgärten wie diesen.
Die Hanglage wird ideal mit Treppen, Wasserspielen und allegorischen Skulpturen ausgenutzt, dazwischen winden sich Wege vorbei an Höhlen, kleinen Gebäuden wie dem Schmetterlingshaus und unzähligen Terrakottastatuen. Auch ein toskanisches Freilufttheater gehört dazu (Storico Giardino Garzoni, am Fuße von Collodi, Tel. 0572/ 42 73 14, www.pinocchio.it/giardinogarzoni).

Infos und Adressen

ESSEN UND TRINKEN

Osteria del Gambero Rosso. Stilvolles Restaurant, das hauptsächlich auf große Feierlichkeiten ausgerichtet ist, in dem sich aber auch Einzelgäste durch die köstliche italienische Küche kosten können. Via San Gennaro 2, Collodi, Tel. 0572/42 93 64.

La Cantina di Pinocchio. Einfach, aber gut, mit traditioneller toskanischer Küche; große Auswahl an Pizzen. Piazza della Pace 2, Collodi, Tel. 0572/42 86 34.

Ristorante Pizzeria Dal Pucci. Traditionell, doch niemals altmodisch scheint das Motto dieses Restaurants zu sein. In gemütlichem Ambiente vergisst man schnell die Zeit. Via Libero Andreotti, Pescia, Tel. 0572/47 61 76, www.pucciristorante.com

Ristorante Villa Garzoni. Möchte man sich in Collodi etwas gönnen, dann geht man am besten ins »Villa Garzoni«. Die Speisen sind einwandfrei und der Gastgarten äußerst charmant. Piazza della Vittoria, Collodi, Tel. 0572/42 85 45, www.ristorantevillagarzoni.it

ÜBERNACHTEN

Hotel Villa delle Rose. Sehr altmodisch eingerichtetes Viersternehotel mit gutem Standard. Gemütliche Zimmer und nettes Restaurant. Das Hotel ist mit einem Pool und Gastgarten ausgestattet. www.rphotels.com

EINKAUFEN

Mercato dei fiori. Im nahe gelegenen Pescia findet täglich außer So von 6.30 bis ca. 8 Uhr der größte Blumenmarkt der Toskana statt.

Mit Kunst verzierte Häuser im Zentrum von Collodi

8 Pisa – die Stadt

Junge Stadt mit schiefen Türmen

Bei Pisa denken die meisten sofort an den berühmten Schiefen Turm. Doch die Provinzhauptstadt am Arno kann außerdem mit einzigartigen Kulturschätzen, coolen Cafés, ausnehmend guten Restaurants und dem jugendlichen Flair einer Studentenstadt aufwarten.

Viele reduzieren Pisa auf den Campo dei Miracoli. Er heißt nicht umsonst »Platz der Wunder«, bietet er doch einen wahrhaft beeindruckenden Anblick. Auf dem grünen Rasen scheinen die weißen Monumente aus Marmor zu schweben. Der Dom mit dem Schiefen Turm, das Baptisterium und der Camposanto bilden ein faszinierendes Gesamtkunstwerk.

Duomo Santa Maria Assunta

Das Gotteshaus mit seiner beeindruckenden viergeschossigen Fassade, die mit cremefarbenen

Mitte: Der Campo dei Miracoli (»Platz der Wunder«) ist einer der vielen Anlaufpunkte für Pisas Touristen.
Unten: Das Baptisterium (1152) ist die Taufkirche des Doms.

GUT ZU WISSEN

GIB PISA EINE CHANCE!
Nehmen Sie sich die Zeit und erkunden Sie das andere, das echte Pisa abseits vom Campo dei Miracoli. Sie werden sehen: An Lebensfreude und jugendlichem Charme ist die Stadt kaum zu übertreffen! Lassen Sie sich nicht von den unendlich langen Warteschlangen bei den Hauptsehenswürdigkeiten abschrecken. Wenn Sie den Touristen-Hotspot erst hinter sich gelassen haben, beginnt der Urlaub in einer der schönsten Städte der Toskana.

Der Dom Santa Maria Assunta

marmornen Zwerggalerien und Blendarkaden geschmückt ist, gilt als eines der schönsten Bauwerke der Pisaner Romanik. Ein besonderes Augenmerk sollte man auf die Türen aus Bronze legen: Sie stammen aus dem Jahr 1180 und wurden von Bonanno Pisano mit Reliefs versehen, die das Leben Christi darstellen. Im Inneren kommen die gigantischen Ausmaße des Domes – er misst immerhin 96 Meter Länge und 28 Meter Breite – richtig zur Geltung. Die Konstruktion wird von 68 klassischen Säulen getragen. Unbedingt gesehen haben muss man die achteckige Kanzel, die Giovanni Pisano im 14. Jahrhundert aus Carrara-Marmor herausgearbeitet hat. Der Künstler hat ganze zehn Jahre darauf verwendet, die Mischung aus christlichen Szenen und Figuren aus der griechischen Mythologie zu gestalten. Das Altarbild, ein Mosaik von Cimabue (1302), zeigt den »Thronenden Christus«.

Baptisterium

Ebenfalls im romanischen Stil begonnen, wurde die Taufkirche nach etwa 100-jähriger Bauzeit im 13. Jahrhundert fertiggestellt. Für die gotischen Elemente zeichnet vor allem Nicola Pisano verantwortlich: Er schuf die Marmorkanzel (1260) mit

Einfach gut!

RISTORANTE ENOTECA CAGLIOSTRO

Gleich um die Ecke bei der traditionsreichen Universität von Pisa befindet sich das »Ristorante Cagliostro«. Es besticht mit seinem modernen, doch gleichzeitig gemütlichen Ambiente, in dem man sich sofort wohlfühlt. Mit den Möbeln und Kunstwerken wurden zeitgenössische Akzente gesetzt. Gelegentlich gibt es auch Ausstellungen moderner Künstler im Lokal. Die toskanischen Elemente spiegeln sich nicht nur in der Einrichtung wider, sondern auch bei den Speisen, bei deren Zubereitung viel Wert auf regionale Spezialitäten gelegt wird. Köstlich sind die Tagliatelle mit Zackenbarsch, Tomaten und Minze oder die Lasagnette mit Mandeln und Gorgonzola bzw. die Auberginentörtchen mit Büffelmozzarella. Einfach mal ausprobieren!

Ristorante Enoteca Cagliostro.
Via del Castelletto 26,
Tel. 331/85 68 10

Oben: Das Dom-Museum wurde 1870 in den ersten drei Jochen des rechten Querschiffs des unvollendeten »Neuen Domes« eingerichtet.
Mitte: Das Wahrzeichen von Pisa – der Schiefe Turm
Unten: Historische Ausstellung im Museo dell'Opera del Duomo

den Reliefs »Anbetung der Könige«, »Darstellung im Tempel« und dem »Jüngsten Gericht«. Das Taufbecken fertigte Guido da Como im Jahr 1246. Wenn man die vielen Stufen zur (Flüster-)Galerie hinaufsteigt, kann man ein wenig mit der Akustik spielen und etwas in die Wand flüstern, um danach dem Widerhall zuzuhören.

Dom-Museum

Wenn man einige Originalwerke aus dem Dom oder Baptisterium sehen möchte, sollte man ins Museo dell'Opera del Duomo gehen. Es ist im ehemaligen Kapitelsaal der Kathedrale untergebracht und zeigt unter anderem den Hippogryph aus dem 10. Jahrhundert, der von maurischen Künstlern in Bronze gegossen wurde. Doch auch Stücke aus der Werkstatt von Nicola und Giovanni Pisano sind hier aus nächster Nähe zu besichtigen.

Unbekanntes Pisa

Etwa 500 Meter östlich vom Campo dei Miracoli lohnt sich ein Besuch der Kirche Santa Caterina, die 1251 von den Dominikanern errichtet wurde. Das Gebäude mit Rosette und Zwerggalerie an der Fassadenseite bietet ein gutes Beispiel pisanisch-gotischer Architektur.

An der Piazza dei Cavalieri wurde im 16. Jahrhundert die Ordenskirche Santo Stefano dei Cavalieri nach Plänen von Giorgio Vasari erbaut. Die symmetrisch gegliederte Fassade mit den zwei Fenstern im oberen Teil konzipierte Giovanni de' Medici. Blickfang an der Piazza ist der prächtige Palazzo dei Cavalieri. Erbaut im 13. Jahrhundert, wurde er von Giorgio Vasari ab 1562 zur Residenz der Ritter des Stephansordens umgebaut. Seine Fassade ist vollständig mit Sgraffiti überzogen und im oberen Teil mit Büsten toskanischer Groß-

Stadtrundgang Pisa

Ⓐ **Baptisterium –** Mit dem Bau wurde 1153 begonnen. Der Säulengang ist romanisch, die Kuppel gotisch. April–Sept. 8–20 Uhr, März/Okt. 9–18 Uhr, Nov.–Feb. 10–17 Uhr.

Ⓑ **Camposanto –** Der monumentale Friedhof ist das jüngste Gebäude auf dem Domplatz.

Ⓒ **Duomo Santa Maria Assunta –** Der wuchtige Dom ist mit grünem und cremeweißem Marmor verkleidet. April–Sept. Mo–Sa 10–20 Uhr, Okt. Mo–Sa 10–19 Uhr, Nov.–Feb. Mo–Sa 10–13 und 14–17 Uhr, März Mo–Sa 10–18 Uhr, ganzjährig So ab 13 Uhr.

Ⓓ **Schiefer Turm –** Die *Torre Pendente* ist für viele der Hauptgrund für den Pisa-Besuch. Tel. 050/387 22 10, April–Juni und letzte 2 Sept.-Wochen 8.30–20 Uhr, Juni–Mitte Sept. 8.30–22.30 Uhr, Okt. 9–19 Uhr, Nov.–Feb. 10–17 Uhr, März 9–18 oder 19 Uhr.

Ⓔ **Museo dell'Opera del Duomo –** Es werden Fresken von Nicola und Giovanni Pisano und Benozzo Gozzoli und Dokumente zur Stadtgeschichte ausgestellt. Piazza Arcivesco-vado 6, Tel. 050/56 05 47.

Ⓕ **Orto Botanico –** Botanischer Garten von 1553. Via Luca Ghini 5, Tel. 050/56 00 45, www.biologia.unipi.it

Ⓖ **Palazzo dei Cavalieri –** Beeindruckend sind die Sgraffiti, die von Vasari an der nordöstlichen Seite der Piazza geschaffen wurden. Piazza dei Cavalieri.

Ⓗ **Chiesa di Santo Stefano dei Cavalieri –** Von Vasari entworfen und nach dem Orden des Heiligen Stephanus benannt. Piazza dei Cavalieri.

Ⓘ **Museo Nazionale di San Matteo –** Sammlung toskanischer Malerei und Plastik vom 12. bis 16. Jh., Piazza San Matteo in Soarta, Tel. 050/54 18 65.

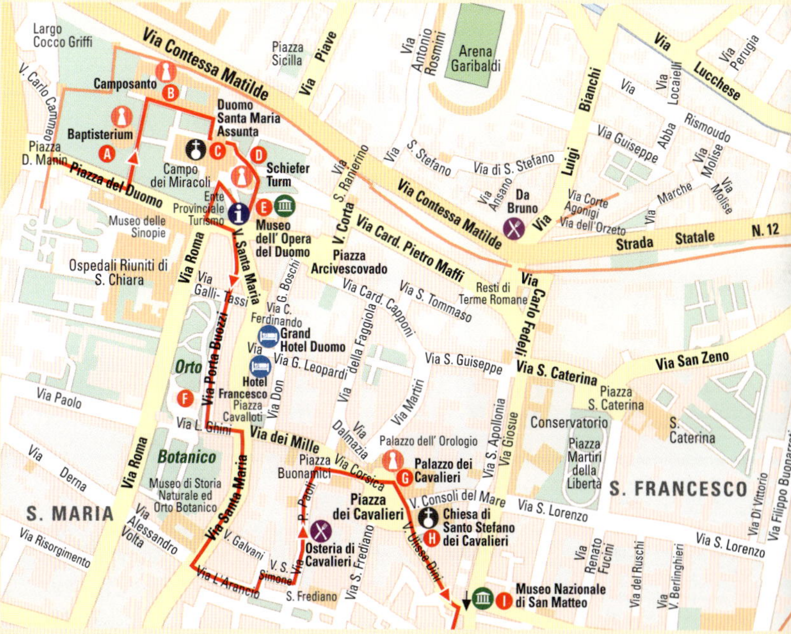

Oben: Auch in Pisas Altstadt kommt man mit dem Fahrrad am besten voran – hier die Via Carducci.
Mitte: Mosesstatue im Palazzo Arcivescovile
Unten: In der antiken Trattoria »Da Bruno« erntet Piero Cei das Gemüse noch selbst.

herzöge verziert. Über die monumentale Freitreppe gelangt man in die Elite-Uni Scuola Normale Superiore, die heute hier residiert.

Mondäne Palazzi und schiefe Türme

Pisa pflegt sein Image als Kunststadt, lebendiges Einkaufsmekka und traditionsreiche Studentenstadt. Immerhin unterrichtete schon Galileo Galilei Mathematik an der 1343 gegründeten Universität. Das historische Gebäude umschließt einen Innenhof mit schönen Arkadengängen.

Bei einer Sightseeing-Tour auf dem Arno gleitet das Fährschiff »Navicello« an mondänen Palazzi vorbei. Sehr schön sieht man den Palazzo Agostini aus dem 16. Jahrhundert mit seiner wunderschönen rötlichen Gotikfassade. Hier residiert seit 1775 das »Caffè dell'Ussero«, das älteste Café Pisas. Im 1559 erbauten Palazzo Reale, etwas weiter stromabwärts, ist heute eine Kunstsammlung mit Werken von Raffael und seinen Zeitgenossen untergebracht.

Wer sich etwas Zeit nimmt, kann ein kleines Geheimnis entdecken: Der sumpfige Boden, auf dem Pisa erbaut wurde, sorgte nämlich nicht nur für den einen schiefen Turm: Die Kirchtürme von San Michele degli Scanzi und San Nicola ragen ebenfalls windschief in den Himmel. Man erreicht San Michele nach etwa zwei Kilometern, wenn man vom Stadtzentrum aus der Uferpromenade des Arno Richtung Osten folgt. Die Neigung des 30 Meter hohen Campanile ist ähnlich stark wie die seines berühmten Pendants. Daher darf man den Turm aus weißem Kalkstein und Ziegeln auch nicht besteigen. Der dritte schiefe Turm ist eher unauffällig: Als Teil der Kirche San Nicola in der Altstadt haben sicher sogar Einheimische noch nicht bemerkt, dass dieser achteckige Turm schräg steht.

Infos und Adressen

ESSEN UND TRINKEN

Da Bruno. Nur 300 Meter vom Schiefen Turm entfernt bietet die urige Trattoria heimelige Atmosphäre, typisches italienisches Essen und ausgezeichnete Weine. Via Luigi Bianchi 12, Tel. 050/56 08 18, www.anticatrattoriadabruno.it

Osteria dei Cavalieri. Unweit der Piazza dei Miracoli werden in rustikalem Ambiente Fisch-, Fleisch- und Gemüsegerichte aus der Region zubereitet. Der Weinkeller hält edle Tropfen bereit. Via S. Frediano 16, Tel. 050/58 08 58, www.osteriacavalieri.pisa.it

Ristorante alle Bandierine. Vom Tintenfisch bis zum Schokotörtchen purer Genuss! Die Spaghetteria befindet sich in einem Gebäude aus dem 15. Jh. Via Mercanti 4, Tel. 050/50 00 00, www.ristoranteallebandierine.it

BARS UND CAFÉS

Pasticceria Salza. Café mit Tradition, die süßen Köstlichkeiten in der Vitrine lassen einem das Wasser im Mund zusammenlaufen.
Borgo Stretto 46, Tel. 050/58 01 44.

Caffè dell'Ussero. Historisches Kaffeehaus im Palazzo Agostini am Arno-Ufer. Mit angeschlossener Bed-&-Breakfast-Pension. Lungarno Pacinotti 27, Tel. 050/58 11 00.

EINKAUFEN

Antiquitätenmarkt. Jedes zweite Wochenende in der Via XX Settembre.

ÜBERNACHTEN

Grand Hotel Duomo. Luxushotel im Herzen des historischen Zentrums. Wenn man Glück hat, sieht man direkt vom Zimmer auf den 50 Meter entfernten Schiefen Turm. Via S. Maria 94, Tel. 050/56 18 94, www.grandhotelduomo.it

Hotel Francesco. Von diesem Hotel sind es nur 100 Meter Luftlinie zum Campo dei Miracoli. Via Santa Maria 129, Tel. 050/55 41 09, www.hotelfrancescopisa.com

Royal Victoria. Alteingesessenes Dreisternehotel aus dem 19. Jh., das zum Teil noch original ausgestattet ist. Lungarno Pacinotti 12, Tel. 050/94 01 11, www.royalvictoria.it

VERANSTALTUNGEN

Gioco del Ponte. Am letzten Sonntag im Juni findet rund um den Ponte di Mezzo ein Spektakel statt. Beim »Brückenspiel« bekriegen sich zwei Teams in mittelalterlichen Kostümen – sehenswert!

Luminaria. Mit Tausenden Kerzen und vielen leuchtenden Fackeln wird am 16. Juni die Nacht zum Tag gemacht. Zum Abschluss steigt ein bombastisches Feuerwerk.

Palio delle Quattro Antiche Repubbliche Marinare. Dieses Fest findet nur alle vier Jahre in Pisa statt. Bei der »Regatta der vier alten Seerepubliken« kommen die ehemaligen Konkurrenten Pisa, Venedig, Amalfi und Genua zusammen und liefern sich dramatische Rennen.

STADTFÜHRUNGEN

City Guides. Via Pietrasantina 61, Tel. 050/55 05 91, www.pisatour.it

Tour dei Lungarni. Schiffstour durch die Innenstadt von Pisa. Ideal für einen Überblick. Il Navicello Tel. 050/53 01 01.

INFORMATION

Piazza del Duomo, Tel. 050/56 04 64,
Flughafen Galilei, Tel. 050/50 37 00,
www.pisaunicaterra.it

Die Piazza dei Cavalieri ist berühmt für ihre repräsentativen Bauten.

9 Der Schiefe Turm von Pisa

Italiens berühmtester Turm

Unglaublich schief, aber doch standhaft, gibt sich der berühmte Campanile, mit dessen Bau im 12. Jahrhundert begonnen wurde. Viele große Wissenschaftler haben sich – meist erfolglos – darüber Gedanken gemacht, wie man ihn daran hindern könnte, endgültig umzukippen.

Mitte: Touristenmagnet Schiefer Turm: Hier auf dem Domplatz Piazza dei Miracoli versucht man sich mit den originellsten Fotomotiven. **Unten:** Damit man diesen Urlaub in Pisa nie vergisst, können reichlich Souvenirs vom berühmten Turm gekauft werden.

Die Warteschlangen vor dem wohl berühmtesten Turm Italiens werden von Jahr zu Jahr länger. Pro Minute wird nur eine Person in das Gebäude mit seinen 2,7 Meter dicken Mauern vorgelassen – 30 Personen pro halbe Stunde. Die Wartezeit zieht sich, daher sollte man die Eintrittskarten nach Möglichkeit vorreservieren.

55 Meter hoch ist der Campanile. Wenn man sich auf der Wendeltreppe mit den 293 abgeschliffenen Marmorstufen in die Höhe schraubt, kann einem durchaus schwindlig werden. Vom Turm hat man eine gute Aussicht auf das Umland und an schönen Tagen sogar bis ans Meer. Im obersten Stockwerk sieht man die sieben Glocken, für die der Turm eigentlich erbaut wurde.

Schräge Geschichte

Das mit seinen acht Stockwerken einst höchste Gebäude Italiens sorgt schon seit dem Bau seines dritten Stockwerkes für Furore. Als am 9. August 1173 der Grundstein für Pisas Campanile gelegt wurde, ahnte niemand, was nur fünf Jahre später passieren würde: Der Glockenturm begann sich in Richtung Südosten zu neigen. Ein Schock! Es stellte sich heraus, dass der sumpfige Boden bei der Bauplanung nicht bedacht worden war, sodass zunächst alle Arbeiten ruhen mussten. Nach 100 Jahren Baustopp ging es weiter. Die Schräge im Sockel wurde nicht behoben, sondern dadurch ausgeglichen, dass man einfach senkrecht weiterbaute. So konnte der Turm – mit einem leichten Knick nach dem dritten Stockwerk – 1372 fertiggestellt werden. Doch die Erde senkte sich weiter: 200 Jahre später hatte der Bau bereits 3,97 Meter Schieflage, und in den folgenden 300 Jahren kamen noch zusätzlich fünf Zentimeter dazu.

Rettungsversuche

Der erste richtige Rettungsversuch des Glockenturms fand im Jahr 1838 statt, als der Baumeister Alessandro della Gherardesca das Grundwasser unter dem Turm abpumpte. Das Ergebnis ließ weiter zu wünschen übrig, denn wie zum Trotz neigte sich der Campanile noch weiter. In den 1980er-Jahren war der Turm bereits 5,5 Grad aus dem Lot geraten. Aber die Piazza dei Miracoli wirkt anscheinend wahre Wunder, und so kam es, dass der Turm in einer groß angelegten Rettungsaktion zwischen 1990 und 2001, als er für Besucher geschlossen war, stabilisiert werden konnte. Statiker versuchten, ihn mit 600 Tonnen Blei am Boden zu verankern, danach wurden zusätzlich auch noch Stahlseile gespannt, um die Fundamente zu entlasten, was dem Turm von den Einwohnern Pisas den spöttischen Spitznamen *bretelle* (ital. »Hosenträger«) einbrachte. Schlussendlich hatte ein britischer Ingenieur namens John Burland die zündende Idee: Er gab den Auftrag, 30 Tonnen Erde aus dem Untergrund wegzuschaufeln – und siehe da: Der Turm richtete sich um sagenhafte 44 Zentimeter auf. Heute wird er wie ein schwerkranker Patient durch 120 Sensoren überwacht und ist mit einem Betonring als Korsett versehen.

Infos und Adressen

INFOS ZUM SCHIEFEN TURM

Kontakt: Piazza del Duomo, Tel. 050/387 22 10, www.opapisa.it

Öffnungszeiten: April–Sept. 8.30–20 Uhr, Juli/Aug. bis 22.30 Uhr, im Winterhalbjahr kürzer

Eintrittskarten: Die Karten für den Turm können 15 bis 45 Tage im Voraus online (www.opapisa.it) oder direkt bei den Eintrittskassen auf dem Domplatz in Pisa gekauft werden. Eine telefonische Vorbestellung ist nicht möglich.

Führungen: City Guides bietet nicht nur Turmführungen, sondern auch Erkundungen in der restlichen Stadt an. Via Pietrasantina 61, Tel. 050/55 05 91, www.pisatour.it

Eine wunderbare Aussicht bietet sich von der Turmspitze aus.

DER NORD-OSTEN

Seite 68/69: Blick über Florenz
Mitte: Die mondäne Via Calzaiuoli führt von der Piazza della Signoria direkt zum Domplatz.
Unten: Touristen aller Länder genießen diese Stadt.

10 Florenz – die Stadt
Die Wiege der Renaissance

Die Hauptstadt der Toskana besitzt die höchste Dichte an Kunstwerken weltweit und ist zugleich bedeutende Wirtschaftsmetropole und Universitätsstadt. Unzählige Kirchen und Paläste aus dem Mittelalter und der Renaissance verweisen darauf, dass Florenz früh zu Macht und Reichtum kam.

Die 350 000-Einwohner-Stadt ist weit davon entfernt, nur ein Museum zu sein – Florenz lebt! Immerhin sind hier die größten Verlagshäuser Italiens und einige der wichtigsten Haute-Couture-Firmen wie etwa Gucci angesiedelt. Schon der Name, den die Römer der Stadt einst gaben, steht für Schönheit und Wachstum: *Florentia* bedeutet »die Blühende«.

Stadtbesichtigung

Auf einem Rundgang durch die Stadt begegnet man vielen großen Meistern verschiedener Epochen. Beim Bau des Doms Santa Maria del Fiore Ⓐ wirkten Giotto und Giorgio Vasari mit, Lorenzo Ghiberti drückte dem achteckigen Baptisterium seinen Stempel auf. Nördlich des Doms befindet sich die Galleria dell'Accademia Ⓑ. Sie war die erste Institution, in der die Techniken des Zeichnens, des Malens und der Bildhauerei unterrichtet wurden. Von hier aus ist es nicht weit zur einstigen Hauskirche der Medici, San Lorenzo Ⓒ.

Was der Dom für das geistige Leben von Florenz ist, ist die Piazza della Signoria Ⓓ für das politische. Sie wird beherrscht vom wuchtigen Palazzo Vecchio mit seinem charakteristischen Turm. Direkt

Blick auf den Ponte Vecchio

daneben befinden sich die Uffizien E. Über den Fluss führt die älteste noch erhaltene Brücke der Stadt: der Ponte Vecchio F, auf dem sich ausschließlich Juweliere niedergelassen haben. Die Kirche Santa Croce H ist letzte Ruhestätte vieler großer Persönlichkeiten wie Michelangelo oder Galileo Galilei.

Das »echte« Florenz

Wer gern abseits der Touristenpfade unterwegs ist, begibt sich am besten von der Altstadt über eine der Arno-Brücken in das Viertel Santo Spirito südlich des Flusses, in dem man in eine andere Zeit versetzt wird. Hier erscheint Florenz fast dörflich. Früher waren in diesem Viertel Handwerksbetriebe angesiedelt: Färber- und Textilbetriebe, Schuhmacher und Gerber. Bis auf vereinzelte Schusterwerkstätten ist von ihnen nicht mehr viel geblieben. Außerdem steht auf dieser Seite des Arno der Palazzo Pitti G.

Frühe Geschichte

Florenz wurde erst im Jahr 59 v. Chr. als römische Kolonie unter Kaiser Augustus gegründet.

Nicht verpassen

DER STOFF, AUS DEM TRÄUME GEMACHT WERDEN

Als wäre man um mehr als 100 Jahre in der Zeit zurückversetzt: Händisch betriebene Webstühle tun hier noch immer ihr Werk, und munter klacken die Schiffchen. In der »Alten Florentiner Seidenweberei« im Stadtteil San Frediano fühlt man sich wie in einem Museum. In ganz Europa gibt es keine zweite solche Manufaktur. Wer allerdings einen der kostbaren Stoffe kaufen möchte, muss tief in die Tasche greifen, denn ein Meter kostet schon einmal zwischen 150 und 1200 €. Kein Problem für die Fürsten von Monaco oder die Monarchen von Schweden und Dänemark, deren Häuser zum Kundenstamm gehören. Denn sie sehen, dass diese Stoffe »nicht nur Stoffe, sondern Kunst« sind, wie es die Direktorin beschreibt.

Antico Setificio Fiorentino.
Via L. Bartolini 4, Tel. 055/21 38 61, www.anticosetificiofiorentino.com

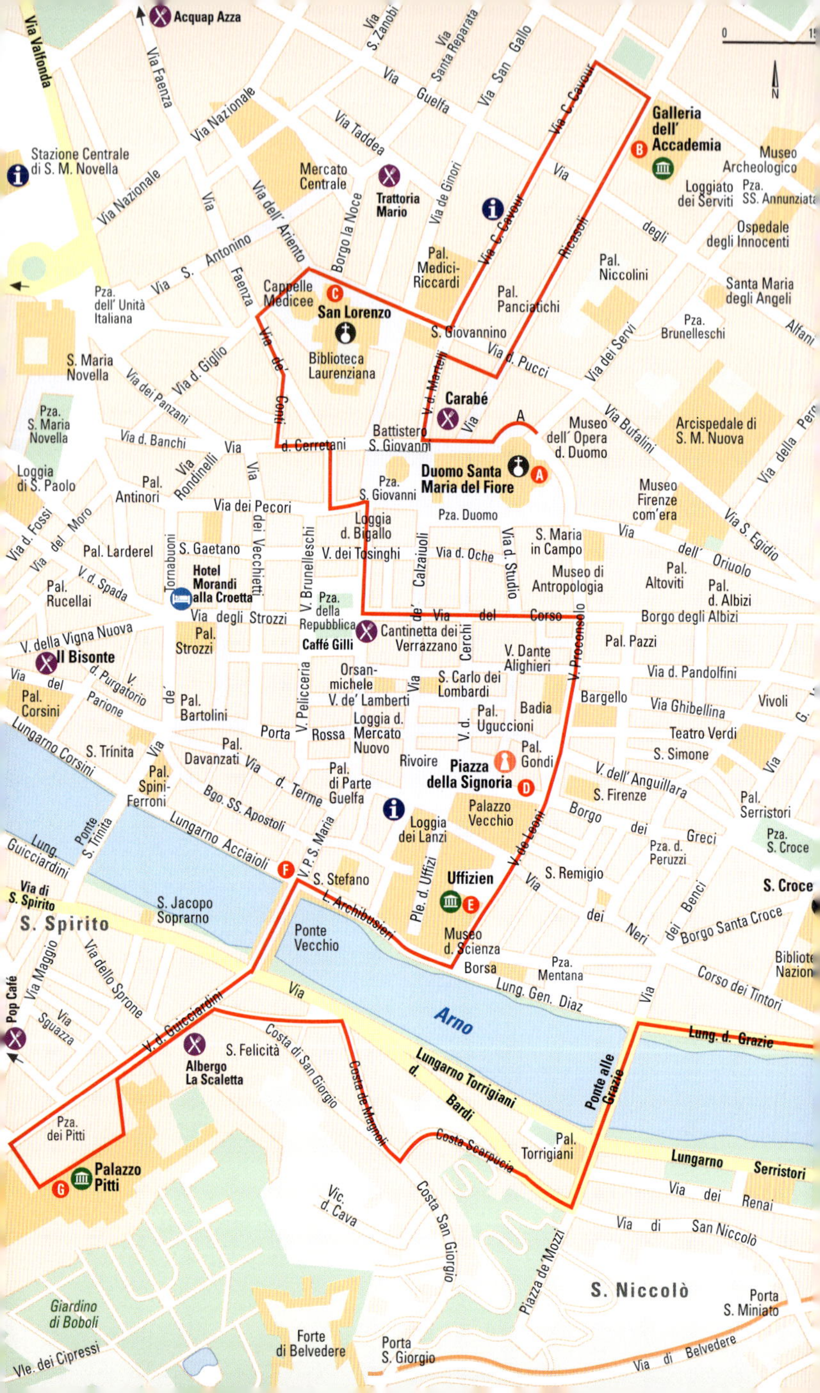

Acquap Azza
Via Valfonda
Via Faenza
Via Nazionale
Stazione Centrale di S. M. Novella
Mercato Centrale
Trattoria Mario
Via Taddea
Via Guelfa
Via S. Zanobi
Via Santa Reparata
Via San Gallo
Via C. Cavour
Galleria dell' Accademia
Museo Archeologico
Loggiato dei Serviti
Pza. SS. Annunziata
Ospedale degli Innocenti
Via degli
Via Ricasoli
Via de Ginori
Pal. Medici-Riccardi
Pal. Panciatichi
Pal. Niccolini
Santa Maria degli Angeli
Pza. Brunelleschi
Alfani
Via dell' Ariento
Borgo la Noce
Via S. Antonino
Faenza
Pza. dell' Unità Italiana
Cappelle Medicee
San Lorenzo
Biblioteca Laurenziana
S. Giovannino
Via d. Pucci
Via dei Servi
S. Maria Novella
Pza. S. Maria Novella
Via dei Panzani
Via d. Giglio
Via de' Conti
V. d. Martelli
Carabé
Via
Battistero S. Giovanni
Museo dell' Opera d. Duomo
Via Bufalini
Arcispedale di S. M. Nuova
Via della Pergola
Via d. Banchi
Via Rondinelli
Via d. Cerretani
Duomo Santa Maria del Fiore
Pza. S. Giovanni
Loggia di S. Paolo
Pal. Antinori
Via dei Pecori
Via dei Vecchietti
Pza. Duomo
Museo Firenze com'era
Via S. Egidio
Via d. Fossi
Via del Moro
Pal. Larderel
Via Tornabuoni
S. Gaetano
Loggia d. Bigallo
V. dei Tosinghi
Via d. Oche
Via d. Studio
S. Maria in Campo
Via dell' Oriuolo
Museo di Antropologia
Pal. Altoviti
Pal. d. Albizi
Pal. Rucellai
V. d. Spada
Hotel Morandi alla Croetta
V. Brunelleschi
Pza. della Repubblica
Via de' Calzaiuoli
Via del Corso
Borgo degli Albizi
Via degli Strozzi
Pal. Strozzi
V. della Vigna Nuova
Il Bisonte
Caffé Gilli
Cantinetta dei Verrazzano
Via de' Cerchi
V. Dante Alighieri
V. Proconsolo
Pal. Pazzi
Via d. Pandolfini
Via del Parione
V. d. Purgatorio
Pal. Corsini
Pal. Bartolini
V. Pelicceria
Orsanmichele
V. de' Lamberti
S. Carlo dei Lombardi
Bargello
Via Ghibellina
Vivoli
Badia
Pal. Uguccioni
V. d.
Porta Rossa
Loggia d. Mercato Nuovo
Teatro Verdi
Lungarno Corsini
S. Trínita
Pal. Davanzati
Via d. Terme
Pal. Gondi
S. Simone
Rivoire
Piazza della Signoria
V. dell' Anguillara
Pal. Spini-Ferroni
Pal. di Parte Guelfa
S. Firenze
Pal. Serristori
Bgo. SS. Apostoli
Palazzo Vecchio
Borgo dei Greci
Pza. S. Croce
Lungarno Acciaioli
Loggia dei Lanzi
V. de Leoni
Pza. d. Peruzzi
Lung. Guicciardini
Ponte S. Trinita
V. P. S. Maria
S. Stefano
Ple. d. Uffizi
Uffizien
S. Remigio
S. Croce
Via di S. Spirito
S. Jacopo Soprarno
Via dei Neri
Via dei Benci
Borgo Santa Croce
S. Spirito
L. Archibusieri
Ponte Vecchio
Museo d. Scienza
Via Maggio
Via dello Sprone
Borsa
Pza. Mentana
Biblioteca Nazionale
Lung. Gen. Diaz
Corso dei Tintori
Pop Café
Via Sguazza
V. d. Guicciardini
Arno
Lung. d. Grazie
Albergo La Scaletta
S. Felicità
Costa di San Giorgio
Costa de Magnoli
Lungarno Torrigiani
Via d. Bardi
Ponte alle Grazie
Pza. dei Pitti
Costa Scarpuccia
Pal. Torrigiani
Lungarno Serristori
Palazzo Pitti
Via dei Renai
Vic. d. Cava
Costa San Giorgio
Via di San Niccolò
Piazza de' Mozzi
S. Niccolò
Porta S. Miniato
Giardino di Boboli
Forte di Belvedere
Porta S. Giorgio
Via di Belvedere
Vle. dei Cipressi
A
B
C
D
E
F
G
N
0

Stadtrundgang Florenz

Ⓐ **Duomo Santa Maria del Fiore –** Der Dom ist eine der wichtigsten Kirchen Italiens, seine Kuppel beherrscht das Stadtbild von Florenz. Gegenüber befindet sich das Baptisterium. Piazza del Duomo, Details ab S. 84.

Ⓑ **Galleria dell'Accademia –** Die Akademie der Schönen Künste war die erste Institution, wo die Techniken des Zeichnens, Malens und der Bildhauerei unterrichtet wurden. Ihre Kunstsammlung wurde 1784 als Anschauungsmaterial für die Schüler bereitgestellt. Michelangelos »David« (1504; Kopie vor dem Palazzo Vecchio) ist das bekannteste Ausstellungsstück. Via Ricasoli 60, Tel. 0552/38 86 09.

Ⓒ **San Lorenzo –** Die Hauskirche der Medici, die 1419 von Brunelleschi im Stil der Renaissance umgestaltet wurde, trägt deutlich Michelangelos Handschrift: Er entwarf die Bibliothek, die Grabmäler und die Fassade. Piazza di San Lorenzo.

Ⓓ **Piazza della Signoria –** Im Zentrum von Florenz sind einige der schönsten Renaissance-Bauwerke versammelt: der Palazzo Vecchio, das heutige Rathaus, die ehemalige Empfangshalle Loggia

Die prunkvolle Domfassade stammt aus dem 19. Jahrhundert.

dei Lanzi mit römischen Statuen und die Fontana di Nettuno, ein Brunnen, der an die siegreichen Seeschlachten erinnert.

Grabmal des Galileo Galilei in Santa Croce

Ⓔ **Uffizien –** Die bedeutendste Kunstgalerie Italiens in den ehemaligen Geschäftsräumen der Medici bietet Malerei und Plastik von der Antike bis zum Barock. Piazzale degli Uffizi 6, Tel. 0552/38 85, www.uffizi.firenze.it, Details ab S. 78.

Ⓕ **Ponte Vecchio –** Die älteste Brücke der Stadt wurde nach Entwürfen von Taddeo Gaddi, einem Schüler Giottos, 1345 errichtet. Zu beiden Seiten drängen sich kleine Läden. Seit dem Jahr 1539 bieten traditionell Juweliere und Goldschmiede ihre Waren feil.

Ⓖ **Palazzo Pitti –** Ursprünglich für den Bankier Luca Pitti errichtet, übernahmen nach seinem Tod die Medici den Palast und machten ihn zu ihrer Hauptresidenz. Heute befinden sich hier viele Kunstwerke aus der Sammlung der Medici. Piazza de' Pitti, Tel. 0552/38 85.

Ⓗ **Santa Croce –** Die 1294 begonnene gotische Kirche birgt die Werke berühmter Florentiner wie Michelangelo, Galilei oder Machiavelli. Besonders schön sind die Fresken aus dem 14. Jh. Piazza di Santa Croce, Tel. 0552/46 61 05.

Oben: Das Ospedale degli Innocenti, eines der ersten Waisenhäuser, errichtete Filippo Brunelleschi ab 1419. **Mitte:** Lorenzo Ghiberti, Bildhauer und Goldschmied, arbeitete 27 Jahre (1425–1452) an seinem berühmtesten Werk, der von Michelangelo sogenannten »Paradiespforte«.

Das Jahr 1000 war eines der bedeutendsten in der Stadtgeschichte, denn damals entschloss sich der Markgraf der Toskana, seinen Sitz von Lucca nach Florenz zu verlegen. Schließlich ging die Stadt als unabhängiger Stadtstaat aus dem Mittelalter hervor.

Das Goldene Zeitalter

Mitte des 13. Jahrhunderts fanden die ersten Auseinandersetzungen zwischen den Guelfen (Anhänger des Papsttums) und den Ghibellinen (Kaisertreue) statt, was die Stadt fast ein Jahrhundert lang in Atem hielt. 1348 starb fast die Hälfte der Florentiner an der Pest, und doch blühte die Stadt im 13. und 14. Jahrhundert durch Handel und Handwerk auf. Die Adelsgeschlechter gewannen an Einfluss, allen voran die Medici. Cosimo il Vecchio (Cosimo de' Medici) gelangte 1434 als erster Medici an die Macht. Er war Bankier und Kunstmäzen sowie Entdecker einiger begnadeter Künstler, darunter Alberti, Brunelleschi, Donatello und Filippo Lippi. Unter Cosimos Enkelsohn Lorenzo il Magnifico wurde Florenz zum Epizentrum der Renaissance.

Das Goldene Zeitalter endete mit der Vertreibung der Familie Medici und der Herrschaft des Dominikanermönchs Girolamo Savonarola, der eine streng christliche Republik errichtete (1494–1498). In seinem »Gottesstaat« waren kostbare Gewänder, Schmuck und offen zur Schau getragene Lebenslust verpönt. Auf dem traurigen Höhepunkt dieser Ära mussten die als unmoralisch eingestuften Werke von Künstlern wie Botticelli 1497 dem »Fegefeuer der Eitelkeiten« übergeben werden. Ein Jahr später widerfuhr Savonarola das gleiche Schicksal. Er wurde auf der Piazza della Signoria als Ketzer hingerichtet und seine Asche in den Arno gestreut.

Infos und Adressen

ESSEN UND TRINKEN

Dino. Die Weinkarte ist eine der besten im ganzen Land, die Speisen sind empfehlenswert (und dabei nicht überteuert). Vor allem, weil »Dino« der Tradition verpflichtet ist: Alles, was toskanisch ist, ist erlaubt. Via Ghibellina 51r, Tel. 0552/41452, www.ristorantedino.it

Acquapazza. Egal, ob man sich für das Fisch- oder Fleischmenü entscheidet, es schmeckt köstlich! Für den Abschluss sorgen Desserts der Extraklasse. Die Preise entsprechen dem hohen Qualitätsstandard. Via Cosimo Ridolfi 4–6r, Tel. 055/475430, www.acquapazzafirenze.it

Trattoria Mario. In rustikalem Ambiente wird hier Hausmannskost zu moderaten Preisen serviert. Jede Form von Pasta ist empfehlenswert! Via Rosina 2r, Tel. 055/218550, www.trattoriamario.com

BARS UND CAFÉS

Carabè. Die Betreiber dieser Gelateria kommen aus Sizilien. Eine große Leidenschaft für Eis wird seit Generationen bewiesen. Empfehlenswert ist die Granita, ein Sorbet. Via Ricasoli 60r, Tel. 055/289476.

Pop Cafè. Hier treffen sich die Studenten, und sie wissen auch warum. Gesundes Essen steht im Vordergrund: vitales Frühstück, vegetarisches Mittagsgericht oder Brunch am Sonntag. Piazza Santo Spirito 18r, Tel. 055/213852, www.popcafe.net

Caffè Gilli. Historisches Café im ehemaligen römischen Forum. Seit 1733 werden hier ausgezeichneter Tee, Kuchen und heiße Schokolade serviert. Piazza della Repubblica 3r, Tel. 055/213896, www.gilli.it

ÜBERNACHTEN

Albergo La Scaletta. Komfortables kleines Hotel mit schön eingerichteten Zimmern und einer Dachterrasse, auf der man im Sommer dinieren kann. Tipp für alle, die gut leben wollen, aber kein Loch in ihre Brieftasche reißen möchten. Via de' Guicciardini 13n, Tel. 055/283028, www.lascaletta.com

Kaffeepause an der Piazza della Signoria

Hotel Scoti. Schon seit 1875 gibt es diese Pension, die altmodischen Charme zu einem hervorragenden Preis-Leistungs-Verhältnis bietet. Via de' Tornabuoni 7, Tel. 055/292128, www.hotelscoti.com

Hotel Morandi alla Crocetta. Heute beherbergt das ehemalige Kloster ein nettes Dreisternehotel. Via Laura 50, Tel. 055/2344747, www.hotelmorandi.it

EINKAUFEN

Il Bisonte. Leder, Leder und nochmals Leder, und zwar von höchster Qualität und in allen nur erdenklichen Formen und Varianten. Via del Parione 31r, Tel. 055/215722.

Pampaloni. Wer stilvollen Schmuck kaufen möchte, sollte sich zu dieser Top-Adresse begeben: Seit 1902 sorgt Pampaloni in Sachen Schmuck für Furore. Borgo Santo Apostili 47r, Tel. 055/289094.

INFORMATION

Fremdenverkehrsamt Florenz. Via Manzoni 16, Tel. 055/23320, www.firenzeturismo.it

Comune di Firenze Information für Touristen. Piazza della Stazione 4, Tel. 055/212245, www.comune.fi.it

GEISTESGRÖSSEN und Genies

Florenz war schon immer ein Hort überraschender Ideen. So reiht sich »Die Goldene Schildkröte« von Jan Fabro in eine prominente Reihe ein.

Literaten und Philosophen, die in unsterblichen Werken die Sprache prägten, Maler, Bildhauer und Architekten, die neue Epochen der europäischen Kunstgeschichte einläuteten, dazu Universalgenies wie Michelangelo und Leonardo da Vinci – Florenz und die Toskana haben im Lauf der Geschichte eine unglaubliche Fülle an großen Denkern und einflussreichen Künstlern hervorgebracht.

Man nennt sie die *tre corone fiorentine* (»drei Kronen von Florenz«) – und tatsächlich kommt niemand, der sich mit europäischer Kulturgeschichte befasst, um das toskanische Dreigestirn Dante Alighieri (1265–1321), Francesco Petrarca (1304 bis 1374) und Giovanni Boccaccio (1313 bis 1375) herum.

Dante schuf – aus Florenz vertrieben, da er sich im Streit zwischen Guelfen und Ghibellinen auf die falsche Seite geschlagen hatte – im Exil in Ravenna mit der »Göttlichen Komödie« ein dichterisches Epos, das bis heute seine Wirkung auf unsere Vorstellung von Hölle, Fegefeuer und Paradies entfaltet. Petrarca, ein in Arezzo geborener Gelehrter, läutete den italienischen Humanismus ein. Sein bekanntestes Werk »Il Canzoniere« ist eine Gedichtsammlung, die literarische Formen wie das Sonett nach antiken Vorbildern wiederbelebte. Petrarcas Freund Boccaccio, Sohn eines Florentiners und einer Französin, feierte im Angesicht der Bedrohung durch die Pest mit seinem »Decamerone« in einem ebenso farbenfrohen wie abgründigen Reigen das Leben und die Liebe.

Dante, Petrarca und Boccaccio verzichteten in ihren Hauptwerken auf das bis dahin in der Literatur übliche Latein und erhoben stattdessen den florentinischen Dialekt zur Schriftsprache. Daran, dass diese regionale Mundart schließlich zur Blaupause für die italienische Hochsprache wurde, haben sie enormen Anteil.

Die *tre corone* werfen als Geistesgrößen bis heute einen langen Schatten. Und doch waren es Nachfolger wie die Philosophen Leonardo Bruni (1369–1444) und Marsilio Ficino (1433–1499), die im Anschluss an Petrarca die Bedeutung von Florenz als »Wiege des Humanismus« festigten. Später glänzte Pietro Aretino (1492–1556) mit seinen Komödien und Satiren, während Giorgio Vasari (1511 bis 1574) die Lebensläufe seiner Künstlerkollegen niederschrieb und damit die moderne Biografie aus der Taufe hob. Der Florentiner Niccolò Macchiavelli (1469 bis 1527) schuf mit seiner Abhandlung »Il Principe« (»Der Fürst«) eine bis in die Gegenwart wirkende, ebenso verstörende wie faszinierende Studie zum menschlichen Machtstreben.

Mit dem Abklingen der Renaissance verlor die florentinische Literatur ein wenig an Strahlkraft. Trotzdem brachte die toskanische Hauptstadt auch in den folgenden Jahrhunderten weitere bedeutende Autoren hervor, wie beispielsweise Carlo Collodi (1826–1890) – den Erfinder Pinocchios (s. S. 56 ff.) –, den Weltenbummler und *Spiegel*-Korrespondenten Tiziano Terzani (1938–2004) oder die streitbare Journalistin und Publizistin Oriana Fallaci (1929–2006).

11 Florenz – die Uffizien

Kunstsammlung der Medici

Die bedeutendste Kunstgalerie Italiens ist ein Muss auf jeder Toskana-Reise, denn sie vereint architektonische Besonderheiten mit unermesslichen Kunstschätzen, die zur Identität einer ganzen Epoche beigetragen haben. Die Uffizien beherbergen neben dem Louvre in Paris oder der Tate Gallery in London eine der wichtigsten und berühmtesten Kunstsammlungen der Welt, und wer einmal drin ist, kommt aus dem Staunen nicht mehr heraus.

Der Name *uffici* (ital. *ufficio* = »Amt«, »Büro«) verweist darauf, dass der Bau einst als Bürogebäude diente, nämlich als zentraler Ämter- und Verwaltungssitz der Medici. Cosimo I. beauftragte den Architekten Vasari 1559 mit dem Bau direkt neben dem Palazzo Vecchio.

Architektur

Der U-förmige Palast sollte für die Verwalter, das Rechtswesen und die Zünfte der Stadt dienen. Zusätzlich war ein Privatzugang vom Palazzo Pitti, dem Herrschaftssitz der Medici, zum Palazzo Vecchio gewünscht, der mit dem Corridoio Vasariano, einer direkten Verbindung zwischen den beiden Gebäuden, realisiert wurde. Doch Vasari starb noch während des Baus, und das Projekt lastete fortan auf den Schultern der Architekten Alfonso Parigi und Bernardo Buontalenti. Letzterer bekam 1574 den Auftrag, das Obergeschoss so umzubauen, dass dort Platz für die Kunstwerke war, die Francesco I. gesammelt hatte. Die lichtdurchfluteten Korridore, ursprünglich als offene Loggia gedacht, dienten fortan als Galerieräume.

Der Palazzo Vecchio als Fluchtpunkt im langen Korridor der Uffizien-Galerie. Nach den Plänen von Giorgio Vasari wurden die beiden Flügel 1559 als zentraler Verwaltungssitz im Auftrag der Medici erbaut. Auf deren Palast hin waren sie ausgerichtet.

Zur Orientierung

Der Rundgang beginnt im oberen Stock des östlichen Gebäudeteiles, wo man nach dem Eingang (nahe der Piazza della Signoria) die Haupttreppe nimmt. Die Sammlung ist chronologisch und nach den verschiedenen Schulen sortiert. Von griechischen Skulpturen in den Galerien entlang der Innenseite bis hin zu barocken Gemälden in den Sälen 43 bis 45 im Westtrakt ist hier alles vertreten, was in der Kunst Rang und Namen hat. Am wichtigsten sind für viele die Werke aus der Renaissance und dem Manierismus im Ost- und Westflügel. Zwei lang gestreckte Gebäudeteile teilen die Ausstellung in »Osten« (*corridoio di levante*) und »Westen« (*corridoio di ponente*); sie sind durch eine Loggia miteinander verbunden.

Gotik (Saal 2–6)

Der Saal Nummer 1 fällt mit seinen antiken Statuen etwas aus dem Rahmen. Den Anfang des eigentlichen Rundgangs machen die toskanischen Meister des 12. bis 14. Jahrhunderts in Saal 2. Hier sind riesige Altartafeln aus florentinischen Kirchen ausgestellt, darunter Varianten der »Madonna in Maestà« (»Thronende Madonna«), die von Giotto (ca. 1310), Duccio (ca. 1285) und Cimabue (ca. 1275) jeweils auf eigene Weise auf die Leinwand gebracht wurden. Hier kann man schrittweise den Weg von der steifen byzantinischen Kunst zur freieren Gotik und später zur Renaissance sehen. Besonders augenscheinlich wird diese Entwicklung auf Giottos »Ognissanti-Madonna« Ⓐ, auf dem vielschichtige Gefühle der Heiligen und Engel herausgearbeitet sind. Auch die Darstellung des Throns der Jungfrau weist eine völlig neue Technik mit mehr Tiefe und Detailreichtum auf. Ebenfalls zu dieser Epoche gehört die »Annunciazione« Ⓑ (»Verkündigung«) aus dem Jahr 1333, die

Geheimtipp

SCHLANGE MEIDEN

Wer die Uffizien möglichst ohne Stress und lästiges Schlangestehen besuchen möchte, kann dies mit dem richtigen Know-how ganz einfach tun: Im Internet kann man Tickets vorbestellen, dort bekommt man auch den Zeitpunkt mitgeteilt, wann man sich vor den heiligen Hallen einfinden soll, zu dem man dann auch ins Museum eingelassen wird – ganz ohne Warten! So einfach geht's: Eine der unten angegebenen Websites aufrufen und dann die Karten vorbestellen; Datum und Zeit für den Museumsbesuch werden Ihnen zugeteilt und mittels Reservierungsnummer zugesichert. Diese muss man vorweisen, wenn man zu den Uffizien kommt und das Ticket zahlt. Durch Schilder kommt man relativ zügig zu den dafür zuständigen Schaltern und zu einem speziellen Eingang für Reservierungen.

Ticketvorverkauf
www.firenzemusei.it
www.virtualuffizi.com

Egal, ob Domfassade, Porträtzeichner oder Pflastermaler – für Touristen gibt es viele Attraktionen.

Oben: Die Uffizien zum Arno hin
Mitte und **unten:** Diese zwei Highlights sollte man gesehen haben: die »Annunciazione« des Erfindergenies Leonardo da Vinci und das Symbolbild für den Frühling, »La Primavera« von Botticelli, äußerst blüten- und detailreich dargestellt.

von Simone Martini geschaffen wurde. Sie zeigt die Madonna in einem Meer von Gold und ist vor allem wegen ihrer zeichnerischen Eleganz, der betonten Linien der Gewänder sowie der subtilen Ausgewogenheit von Gesten und Bewegungen der Höhepunkt in Saal 3.

Frührenaissance (Saal 7–14)

Vor allem ein neues Verständnis für perspektivische Gestaltung und die Entdeckung von Tiefe und Raum brachte die Entwicklung der Kunst im 15. Jahrhundert um einen bedeutenden Schritt weiter. Einer, der die Vorreiterrolle übernahm, war Paolo Uccello: Seine »Schlacht von San Romano« C (1456; Saal 7) ist eines der wirkungsvollsten Werke in den gesamten Uffizien. Es erinnert an den Sieg der Florentiner Truppen über die vereinten Streitkräfte Mailands und Sienas. Hier sieht man den skurrilen und an die Grenzen der Abstraktion gehenden Erfindungsreichtum, für den Paolo Uccello berühmt war.

In Saal 8 sind die ersten Renaissanceporträts D zu sehen. Berühmt ist das Diptychon des Federico da Montefeltro mit seiner Gattin Battista Sforza (1465) von Piero della Francesca. Die berühmten Profildarstellungen zeigen den Herzog von Urbino mit krummer Nase in rotem Gewand sowie seine Frau. Der Herzog wird stets mit (vom Betrachter aus) nach links gerichtetem Blick porträtiert, da sein rechtes Ohr bei einem Turnierunfall verstümmelt wurde. Mit der auffallenden Blässe seiner Gattin kommt zum Ausdruck, dass das Porträt erst nach ihrem Tod gemalt wurde.

In den Räumlichkeiten der Sale di Botticelli (10–14) befand sich einst das Theater der Medici. Heute sind sie einer der Höhepunkte eines Uffizien-Besuchs: Die Gemälde »Nascità di Venere« E (»Ge-

Rundgang Uffizien

Ⓐ **Ognissanti-Madonna (1310), Saal 2 –** Giottos Darstellung war revolutionär, was räumliche Tiefe und körperliche Präsenz anbelangt. Ein Meilenstein der perspektivischen Malerei.

Ⓑ **Verkündigung (1333), Saal 3 –** Simone Martini aus Siena schuf dieses von der französischen Gotik beeinflusste Meisterwerk. Die Heiligen an den Seiten wurden von seinem Schüler Lippo Memmi gemalt.

Ⓒ **Schlacht von San Romano (1456), Saal 7 –** Auf dem Gemälde von Paolo Uccello wird die für Florenz siegreiche Schlacht gegen die Truppen von Siena und Mailand gezeigt.

Ⓓ **Herzog und Herzogin von Urbino (1465–70), Saal 8 –** Die leichenblasse Herzogin und der krummnasige Herzog in einem der ersten Doppelporträts. Gemalt wurde es von Piero della Francesca.

Ⓔ **Die Geburt der Venus (um 1485), Saal 10–14 –** Botticellis Werk zeigt die Göttin der Liebe in einer geöffneten Muschel. Sie soll die Geburt der Schönheit symbolisieren.

Ⓕ **Die Heilige Familie (1507), Saal 25 –** Das einzige Werk Michelangelos in der gesamten Galerie. Er brach mit der Konvention, Christus immer auf dem Schoß Marias zu zeigen, und inspirierte mit seinen Farbkombinationen die ihm folgenden Manieristen.

Ⓖ **Venus von Urbino (1538), Saal 28 –** Ein sinnlicher Akt von Tizian.

Ⓗ **Medusenhaupt (1595), Saal 43 –** Ursprünglich wurde dieses beängstigende Gemälde vom Barockmaler Caravaggio für einen Kardinal geschaffen. Es zeigt das abgeschlagene Haupt der Medusa.

INFO: Modernisierung der Uffizien – Da die Beleuchtung und Inszenierung der Kunstwerke schon lange nicht mehr zeitgemäß war, werden die Uffizien seit einiger Zeit modernisiert. Außerdem wurde 2015 mit dem Deutschen Eike Schmidt der Chefposten neu besetzt. Es ist also weiterhin mit Veränderungen zu rechnen, und es kann passieren, dass die Gemälde nicht immer an dem Ort sind, an denen sie laut Plan sein sollten.

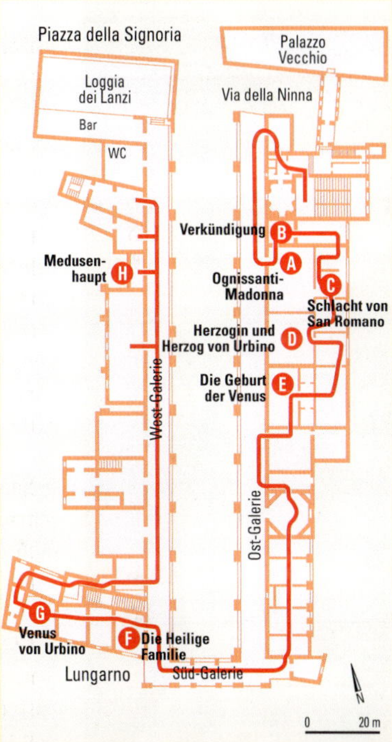

Oben: Die »Geburt der Venus« (Ausschnitt) von Sandro Botticelli ist eines seiner bekanntesten Werke. **Unten:** Unbedingt ganz herumgehen! – Giambolognas (1529–1608) »Raub der Sabinerinnen« in der Loggia dei Lanzi ist ein Höhepunkt der Bildhauerkunst.

burt der Venus«) und »Primavera« (»Frühling«) zählen zu den bekanntesten Werken des Renaissance-Meisters. In Ersterem nimmt die von Engeln umschwärmte Liebesgöttin den Platz der Jungfrau Maria ein und belegt so die Faszination, die zu dieser Epoche von der antiken Mythologie ausging. Auch im »Frühling« steht die Venus im Mittelpunkt des Geschehens.

Hochrenaissance und Manierismus (Saal 15–29)

Saal 15 beherbergt die Werke des jungen Leonardo da Vinci, vor allem in der »Verkündigung« (1472–75) sind schon Ansätze seines späteren Stils erkennbar. Der als »Tribuna« bekannte Saal 18, der ursprünglich für die Lieblingsstücke der Medici geplant war, birgt heute die Mediceische Venus, die in der Antike als sehr erotisch galt. Sie ist die Kopie eines Werkes des griechischen Bildhauers Praxiteles aus dem 1. Jahrhundert v. Chr. Weitere Highlights in diesem Saal sind die Porträts von Agnolo Bronzino »Cosimo I.«, »Eleonora di Toledo« (beide sind um 1545 entstanden) und »Cosimo il Vecchio« (1517). Im Saal 20 und 22 sind Werke der deutschen und niederländischen Malerei der Re-

GUT ZU WISSEN

WENIGER IST MEHR

Wenn man die Uffizien richtig kennenlernen möchte, braucht man wirklich Ausdauer. Schließlich ist es kaum möglich, jedem hier gezeigten Kunstwerk die ihm eigentlich gebührende Aufmerksamkeit zu schenken. Daher der simple Tipp: Sich vorher ein bisschen einlesen und danach aufs Wesentliche konzentrieren. Wer nur ein paar der fast 50 Räume erkundet, behält die Uffizien so spannend in Erinnerung, wie sie eigentlich sein sollten.

naissance ausgestellt. Künstler wie Albrecht Dürer, Lucas Cranach, Albrecht Altdorfer und Hans Holbein sind vertreten.

Saal 25 wird von Michelangelos »Die Heilige Familie« F beherrscht (1508; auch »Tondo Doni« genannt): Dieses Glanzlicht der Hochrenaissance hatte vor allem wegen seiner lebendigen Farbgebung einen großen Einfluss auf zukünftige Malergenerationen. Ungewöhnlich ist die Komposition: Josef hält einen etwas molligen Jesus an die muskulöse Schulter seiner Mutter, während sie ihn anblickt.

Die »Venus von Urbino« G (1538) von Tizian im Saal 28 ist laut Mark Twain »das abscheulichste, schändlichste und obszönste Bild der Welt«. Für andere ist der Akt einer der schönsten, der je gemalt wurde. Tizian zeigt die Venus ruhend, in vollendeter Schönheit, zwar ohne Scheu, aber doch in koketter Pose mit etwas herausforderndem Blick.

Spätere Gemälde

Viele der Besucher sind an diesem Punkt bereits übersättigt von der Fülle an Kunstwerken. Vor allem in den Caravaggio-Räumen (Säle 41–45) sollte man sich nicht dazu verleiten lassen, nur noch unkonzentriert hindurchzueilen. Saal 43 zeigt die berühmte »Medusa« H, die Caravaggio zwischen 1596 und 1598 für einen römischen Kardinal geschaffen hat, auch der »Bacchus« (etwa 1589), sein erstes anerkanntes Werk, wird hier ausgestellt. Die Tatsache, dass er von Traditionen abweicht und mit extremen Hell-Dunkel-Kontrasten arbeitet, ist für sein Werk bezeichnend. Caravaggio war der Hauptvertreter des italienischen Barock und verkörpert dessen ausdrucksstarken, dramatischen Charakter. Im furiosen Gemälde, das den enthaupteten Medusenkopf zeigt, hat das mit Schlangen besetzte Haupt die Furcht einflößende Wirkung nicht verloren.

Infos und Adressen

INFOS ZU DEN UFFIZIEN

Tickets:
Mit der Online-Reservierung der Eintrittskarte spart man sich eine Menge Wartezeit. Es gibt Vollpreistickets und reduzierte für Jugendliche unter 26 Jahren und Lehrer der EU. Unter 18- und über 65-jährige Einwohner der EU zahlen die Hälfte.

Ticketreservierung:
Tickets für das Museum und/oder eine Tour kann man vor Ort im Palazzo Pitti, in der Rezeption der »neuen Uffizi« und in der Info des Museums erwerben (Di–So 8.30–19 Uhr) oder reservieren lassen.

Korridor-Tour:
Beliebt, aber nicht allzu günstig, ist die (englischsprachige) Tour durch den Vasari-Korridor und die Uffizien. Für 95 € ist man dabei und erlebt faszinierende Blicke auf den Arno, die Stadt und den Ponte Vecchio. Di, Fr und So ab 10 Teilnehmern, Treffpunkt 15 Minuten vor der Tour bei der David-Statue auf der Piazza della Signoria. Dauer: 3 Stunden. Die möglichen Termine erfährt man bei der Online-Anmeldung (www.uffizi.com).

Museums-Tour:
Die solide Museumstour konzentriert sich auf die wesentlichsten Werke, vermittelt zu diesen aber einen umfassenden Überblick. Eintritt und Führung kosten 49,50 €, Treffpunkt ist 15 Minuten vor Beginn vor dem dritten Tor auf der rechten Seite, wenn man von der Piazza della Signoria kommt. Dauer: 1,5 Stunden. Die Termine erfährt man bei der Anmeldung (www.florence-tickets.com).

12 Florenz – die Architektur

Ein Gesamtkunstwerk

In Florenz haben viele geniale Künstler über Jahrhunderte hinweg ihre Spuren hinterlassen. Wo man auch hinschaut – überall sieht man berühmte Fassaden, Kuppeln, Kirchen und Palazzi, Fresken, Gemälde und Skulpturen. Um bei einer so riesigen Auswahl an künstlerischen Versuchungen nicht den Überblick zu verlieren, werden die allerwichtigsten Bauwerke hier vorgestellt.

Il Duomo

Schon von Weitem sieht man die wuchtige 91 Meter hohe Kuppel, die mit ihren 45,5 Metern Durchmesser so überwältigend ist, dass man sich daneben unbedeutend klein fühlt. Dass der Dom Santa Maria del Fiore in solch großen Dimensionen gebaut wurde, war typisch für die damalige Zeit, denn die Florentiner, allen voran der einflussreiche Medici-Clan, versuchten stets führend zu sein. Auch heute noch ist der Dom das höchste Gebäude der Stadt und die viertgrößte Kirche Europas.

Bei einem Projekt solchen Ausmaßes müssen viele hochprofessionelle Künstler und Architekten mitarbeiten: Arnolfo di Cambio war der erste Dombaumeister, Giotto, der Erbauer des Campanile, folgte ihm, Francesco Talenti leitete die Bauarbeiten bis zur Fertigstellung. Bei der Gestaltung des Innenraums wirkten unter anderem Giorgio Vasari und Federico Zuccari mit.

Nachdem viele an der Frage, wie man der Kirche eine angemessene, selbsttragende Kuppel aufset-

Mitte: Filippo Brunelleschis Domkuppel thront über Florenz seit 1434.
Unten: Das Original von Michelangelos »David« steht heute neben anderen seiner Skulpturen in der Accademia.

zen könne, scheiterten, konstruierte Filippo Brunelleschi ein statisches Wunderwerk mit einem Skelettsystem aus 24 Rippen, Querbalken und Ziegelsteinen. Der Bau, bestehend aus einer äußeren und einer viel enger geführten inneren Schale, wurde 1420 bis 1434 ausgeführt. Danach, im Jahr 1436, konnte Papst Eugen IV. den Dom einweihen.

Das Innere des Doms

Ein Hinweis vorweg: Beim Besuch des Doms sollte man auf angemessene Kleidung achten und nicht zu viel nackte Haut zeigen.

Auf den ersten Blick wirkt der weitläufige, dreischiffige Innenraum überraschend leer. Auf der linken Seite, kurz bevor man zur Kuppel kommt, setzt Domenico di Michelinos Fresko »Dante e i suoi mondi« (»Dante und seine Welten«) dem Dichter Dante Alighieri ein Denkmal. Der Florentiner wird vor einer Stadtansicht und Szenen aus seiner »Göttlichen Komödie« gezeigt. Die farbenfrohen Fenster wurden nach Entwürfen von Paolo Uccello, Donatello und Lorenzo Ghiberti gefertigt. Sehr prachtvoll ist auch der farbige Marmorboden aus dem 16. Jahrhundert. Das Innere der Kuppel ist mit dem »Jüngsten Gericht« von Giorgio Vasari geschmückt, unglücklicherweise verstarb der Künstler 1574, zwei Jahre, nachdem er mit den Fresken begonnen hatte; danach stellten Federico Zuccari und seine Gehilfen das Kunstwerk bis 1579 fertig. Der Dom besitzt drei Apsiden mit je fünf Chorkapellen. Die Ostkapelle beherbergt den Reliquienschrein des Heiligen Zeno. Gestaltet wurde er von Luca della Robbia mit einem Kandelaberengel (1450). In der Sagrestia Nuova (etwas nördlich) befindet sich die »Auferstehung Christi« (1444) von Luca della Robbia, die Sagrestia Vecchia (bzw. Sagrestia dei Canonici) wartet mit dem Relief der »Himmelfahrt Christi« (1442–1445)

Infos und Adressen

INFOS ZUM DOM

Dom:
Piazza del Duomo,
Tel. 055/230 28 85,
Mo–Mi, Fr 10–17 Uhr,
Do bis 15.30 Uhr, Sa bis 16.45 Uhr,
So 13.30–16.45 Uhr
Krypta:
Mo–Fr 10–17 Uhr, Sa bis 16.45 Uhr
Baptisterium:
Mo–Fr 8.15–10.15 und 11.15–20 Uhr, Sa 8.15–18.30 Uhr,
So 8.15–13.30 Uhr
Kuppel:
Mo–Fr 8.30–20 Uhr, Sa bis 17 Uhr,
So 13–16 Uhr
Campanile:
Tgl. 8.15–20 Uhr
Für alle diese Bereiche gibt es Führungen in regelmäßigen Abständen, die direkt an der Stelle starten, an der man die Eintrittskarten kauft.
Messe auf Englisch, Sa 17 Uhr,
www.operaduomo.firenze.it

Giorgio Vasari begann 1572 mit dem »Jüngsten Gericht« in der Florentiner Domkuppel. Er wollte Michelangelos sixtinisches Fresko übertreffen.

Oben: Die Frontseite des Palazzo Vecchio wurde 1302 fertiggestellt. **Unten:** Die Fontana del Nettuno, dem Meeresgott Neptun geweiht, brachte Wasser mitten in die Stadt, auf die Piazza della Signoria. Die Skulpturen stammen von Bartolomeo Ammanati (1511–1592).

auf. Die Marmorbrüstung rund um den Hochaltar wurde 1555 von Baccio Bandinelli gestaltet.

Dommuseum und Baptisterium

Im Dommuseum werden Kunstwerke aus Dom, Baptisterium und Campanile gezeigt. Zu den Prachtstücken der Sammlung zählen die zehn Originaltafeln der »Porta del Paradiso« des Baptisteriums, aber auch Details der Domfassade aus dem 16. Jahrhundert. Unter den Skulpturen ersten Ranges sei hier die marmorne Johannes-Statue (1415) von Donatello hervorgehoben. Michelangelo schuf für den Florentiner Dom eine »Pietà« (Piazza del Duomo 9, www.operaduomo.firenze.it, tgl. 9–19.30 Uhr).

Grün und weiß gemustert zieht der achteckige Marmorbau des Baptisteriums gegenüber des Doms die Besucherscharen an. Die 1128 vollendete Taufkirche erhielt ihren letzten Schliff mit den vier prächtigen Bronzeportalen: Andrea Pisano schuf das älteste mit Szenen aus dem Leben Johannes des Täufers bereits von 1330 bis 1336. Besonders prächtig ist das Ostportal, die »Porta del Paradiso« (1425–1452) von Lorenzo Ghiberti, dessen Reliefs alttestamentliche Szenen zeigen. Ebenfalls von Ghiberti stammen auch die Nord-

GUT ZU WISSEN

DER FRÜHE VOGEL

Früh aufstehen heißt die Devise! Denn in den frühen Morgenstunden, wenn die Stadt in ein warmes Licht getaucht wird, kann man sich frei bewegen und die Aura der Piazza della Signoria sowie die beeindruckende Architektur des Doms in aller Ruhe auf sich wirken lassen. Im Winter ist generell weniger los, dafür kann es manchmal empfindlich kalt werden.

türen (1403–1424), die Szenen aus dem Alten und Neuen Testament aufweisen. Im Innenraum des Battistero sind herrliche Mosaike (ab 1225) zu sehen, allen voran die »Majestas Domini« (Christus als Weltenrichter) und das »Jüngste Gericht« (Mo–Sa 12–19 Uhr, So 8.30–14 Uhr).

Piazza della Signoria

Der Mittelpunkt des politischen und sozialen Lebens in Florenz ist nach einer großen Glocke benannt, die früher die Bürger zum *parlamento* (öffentliches Treffen) rief. *Signoria* nannte man auch die neunköpfige Kommunalregierung, die im Palazzo Vecchio tagte. Mit seiner hohen Dichte an prunkvollen Bauwerken zieht der zentrale Platz von Florenz Besucher und Einwohner gleichermaßen in seinen Bann.

Der Palazzo Vecchio dominiert die Piazza an der Ostseite. Er wurde 1332 fertiggestellt und dient als Sitz der Kommunalregierung. Auf dem Fries über dem Eingang steht auf Lateinisch geschrieben »Christus ist der König«, was alle weltlichen Herrscher an ihre Sterblichkeit erinnern sollte. Direkt an den Palazzo Vecchio schließt sich die berühmteste Kunstgalerie Italiens an, die Uffizien (ab S. 78). Vor dem Palazzo wurde im 16. Jahrhundert der von Bartolomeo Ammanati 1575 geschaffene Neptunbrunnen aufgestellt, mit dem sich die Florentiner bis heute nicht anfreunden können. Wegen der etwas grobschlächtigen Neptunfigur verspotten sie ihn als *il biancone* (»der große Weiße«). Die Markierung am Boden vor dem Brunnen erinnert daran, dass der Bußprediger Savonarola 1498 auf der Piazza della Signoria in Ketten gelegt und verbrannt wurde. Auf der anderen Seite des Palazzo Vecchio steht eine Kopie des 5,3 Meter großen »David« von Michelangelo.

Geheimtipp

LASSEN SIE DIE MASSEN HINTER SICH

Auch wenn Sie nur kurz in Florenz sind – es lohnt sich, einmal von den ausgetretenen Touristenpfaden abzuweichen. Denn auch andernorts findet man Kunstschätze von unschätzbarem Wert wie Michelangelos Wendeltreppe, die zur Biblioteca Laurenziana Medicea führt. Die einstige Bibliothek der Medici wurde von Michelangelo geplant und gehört zur Renaissance-Kirche San Lorenzo ganz in der Nähe des Doms (Piazza San Lorenzo 9, www.bml.firenze.sbn.it; Mo–Do 8–14 Uhr). Auch die Schlangen vor den Hauptsehenswürdigkeiten lassen sich manchmal vermeiden, zum Beispiel im Fall der herrlichen Boboli-Gärten hinter dem Palazzo Pitti, die man quasi durch den Hintereingang betreten kann, nämlich vom benachbarten Giardino Bardini aus (Via dei Bardi, Tel. 055/261 22 14).

Hauptsaal des Palazzo Vecchio ist der »Saal der Fünfhundert«. Savonarola rief nach venezianischem Vorbild einen Großen Rat ins Leben.

Oben: Durch den Palazzo Pitti gelangt man in die Boboli-Gärten, die mit ihren Alleen, Treppen und Brunnen viel Raum zum Flanieren bieten; im dazugehörigen Café genießt man auch ein wunderbares Panorama. **Unten:** Die Franziskanerkirche Santa Croce

Ponte Vecchio

Bis 1218 verfügte die Stadt nur über diesen einen Übergang über den Arno. Der heutige Bau mit vielen kleinen Juwelierläden hat seine Wurzeln im Jahr 1345, denn seitdem ist verbürgt, dass Handwerker und Händler auf der Brücke ansässig waren.

Palazzo Pitti

Der Palazzo am Südufer des Arno wurde 1457 von Filippo Brunelleschi für den Bankier Luca Pitti errichtet. Dieser wollte mit dem Palast den Medici Paroli bieten, allerdings musste er schon knapp 100 Jahre später verkauft werden, da Pittis Nachfahren pleitegingen. Wer sonst, wenn nicht die Medici, sollte den wuchtigen Palast übernehmen? Bei Erweiterungsbauten wurde penibel darauf geachtet, den ursprünglichen Stil beizubehalten. Seit 1919 ist der Palast im Staatsbesitz, und heute beherbergt er mehrere Museen. Hier sind Kunstwerke ausgestellt, welche die Medici über die Jahrhunderte angesammelt haben, darunter Werke von Tizian, Botticelli, Perugino oder Tintoretto (Piazza de' Pitti, Di–So 8.15–18.50 Uhr).

Santa Croce

In der gotischen Kirche mit ihrer dreigeteilten Marmorfassade aus dem 19. Jahrhundert haben einige der Geistesgrößen der Stadt ihre letzte Ruhestätte gefunden: Galilei, Rossini, Ghiberti und Machiavelli. Aufwendig gestaltet ist das Grab Michelangelos (rechts vom Eingang). Von Giotto und seinem Schüler Gaddi stammen die Fresken der Cappella Bardi und der Cappella Peruzzi (rechts vom Hochaltar). Ein weiteres Highlight ist die Cappella dei Pazzi (rechts vom Hauptschiff), die 1443 von Brunelleschi begonnen wurde. Ihre Form mit für die Renaissance bezeichnenden Proportionen macht sie zu einem der Meisterwerke dieser Epoche.

Rundgang Florentiner Dom

A Baptisterium – Im achteckigen Becken wurde unter anderen auch Dante getauft. Besonderes Augenmerk sollte man auf die Portale richten, die von Lorenzo Ghiberti (Nord, Ost) und Andrea Pisano (Süd) gestaltet wurden.

B Campanile – Der 85 Meter hohe Glockenturm von Giotto ist zwar ein paar Meter niedriger als die gewaltige Kuppel, allerdings fällt das bei der Besichtigung nicht ins Gewicht: Der Aufstieg zu beiden Bauwerken ist gleich anstrengend!

C Marmorfassade – Die Fassade ist neogotisch und wurde an den Stil des Campanile angepasst. Sie wurde erst Mitte des 19. Jh. hinzugefügt.

D Dante e I Suoi Mondi – Dieses Gemälde von Domenico di Michelino entstand 1465 und zeigt den Dichter Dante Aligheri, wie er sein Meisterwerk der Dichterkunst erklärt.

E Kapellen im Osten – Jede dieser drei Apsiden birgt fünf Kapellen und ist von einer kleineren Kuppel gekrönt. Ghiberti ist teilweise für die bunten Glasfenster verantwortlich.

F Marmorbrüstung – Baccio Bandinelli schuf hier im Jahr 1555 diese Marmorbrüstung, die um den Hochaltar herum verläuft.

G Kuppel – Die Kuppel ist Brunelleschis Meisterwerk der Statik. Im Inneren sieht man Vasaris Fresken, die das Jüngste Gericht darstellen.

H Laterne – Auch die Laterne wurde von Brunelleschi geplant. Wer es bis hier oben schafft, wird mit einem atemberaubenden Blick über eine der schönsten Städte Europas belohnt.

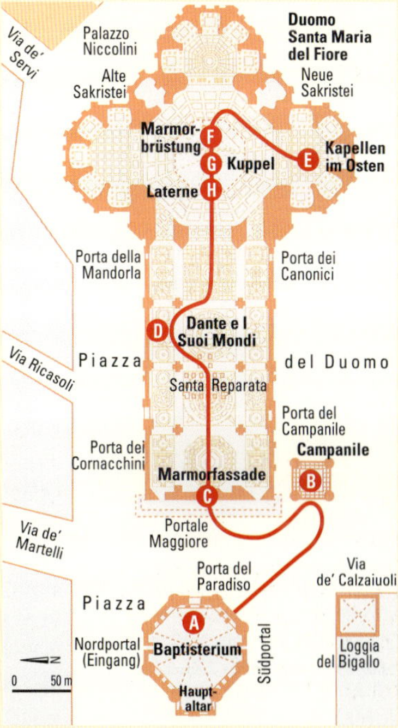

Mitte und **unten:** Die Villa San Michele, ein exklusives Hotel in einem ehemaligen Kloster mit Blick über Florenz, wirbt damit, einer der romantischsten Orte der Welt zu sein. Michelangelo hat wohl die Fassade entworfen, die Loggia bietet einen atemberaubenden Blick.

13 Fiesole
Stadt mit Aussicht

Fiesole eignet sich perfekt, um nach dem Besuch der hektischen Großstadt Florenz ein wenig Ruhe zu genießen. Wer sich eine Auszeit von der Kunstmetropole nehmen will, kommt in die überschaubare Kleinstadt nur acht Kilometer nördlich. Mit ihren 15 000 Einwohnern strahlt sie Beschaulichkeit aus, fast zauberhaft wirkt die Atmosphäre in der kühlen Luft zwischen den idyllischen Hügeln und Renaissance-Villen.

Literaturreif

Die Aussicht von 295 Metern Seehöhe ist unüberbietbar. Umspielt von der südlichen Sonne mit den Winden der luftigen Höhen ist hier auch das Klima ideal. Kein Wunder, dass Fiesole im 19. und frühen 20. Jahrhundert ein beliebter Anziehungspunkt für Maler und Dichter war. Henry James lobte die Aussicht in seinem Reisebericht »Italian Hours« (1909), aber auch Marcel Proust und Gertrude Stein waren von der Ruhe Fiesoles begeistert.

Blick vom Kloster

Entspannt im Liegestuhl dösen mit dem Blick auf die grandiose Landschaft? Das kann man am besten in der Villa San Michele, einem erstklassigen Hotel, das früher einmal ein Kloster war. Die Franziskanermönche suchten die Einsamkeit fernab der Stadt und errichteten in den Anhöhen über Florenz ihr Kloster. Wer heute hier wohnt, dem liegt nicht nur Florenz zu Füßen, sondern auch die typische Toskana-Idylle: Weinstöcke, Olivenbäume, Zypressen und kleine Bauernhäuser.

Morgenstimmung über Florenz

Und außerdem gibt es in Fiesole auch noch eine Menge zu sehen.

Antike Kostbarkeiten

Im 7. Jahrhundert v. Chr. entstand hier eine Etruskersiedlung, die lange ein bedeutendes Machtzentrum war. Auch die Römer hielten sich an diesem Ort gern auf, was an den römischen Thermen und dem gut erhaltenen Amphitheater erkennbar ist. Sehenswert sind vor allem die archäologischen Schätze der ehemaligen römischen Tempelanlagen sowie des Theaters aus der Zeit um 60 v. Chr., die noch im Wesentlichen erhalten sind (Via Portigiani 1, www.museidifiesole.it).

Kulturelle Hauptattraktion des kleinen Städtchens sind die Ausgrabungsstätten mit etruskischen Tempeln, römischen Bädern und einem archäologischen Museum, das Skulpturen, Keramik und Schmuck von der Bronzezeit bis ins Römische Kaiserreich zeigt.

Highlight des gesamten Areals ist das römische Theater, das im 1. Jahrhundert v. Chr. errichtet wurde. Fast 2000 Menschen fasst der Zuschauerraum, der sich halbkreisförmig an den Hügel lehnt. Sogar die ehemaligen Eingänge und Türen,

Nicht verpassen

GRÜNE OASE MIT GESCHICHTE

In den Hügeln von Pratolino ließen die Medici einst von Bernardo Buontalenti eine luxuriöse Villa errichten, umgeben von einer 20 ha großen Renaissance-Gartenanlage. In der Folgezeit wurde das Areal dem Verfall preisgegeben – bis sich im 19. Jahrhundert zunächst Ferdinand III. und dann der russische Prinz Pavel Demidoff seiner annahmen. Letzterer ließ den alten Personaltrakt zur Villa Demidoff umbauen. Heute ist die Parkanlage ein lohnendes Ausflugsziel, das nicht nur zu ausgedehnten Spaziergängen einlädt, sondern auch Überraschungen birgt, wie etwa die gigantische, den Riesen Apennin darstellende Statue von Giambologna, die sogar begehbar ist.

Villa Demidoff/Parco mediceo di Pratolino. Via Fiorentina 276, Vaglia. April, Mai, Okt. Fr–So 10–19 Uhr, Juni, Juli, Aug., Sept. Fr–So 10–20 Uhr. Der Eintritt ist frei.

Oben: Auf der zentralen Piazza Mino da Fiesole
Mitte und **unten:** Im Garten der Villa San Michele laden Rosenbeete und Zitronenbäume zum Flanieren ein.

die *vomitoria*, sind noch erkennbar. Hier finden in den Sommermonaten während des Festivals »Estate Fiesolana« Musik- und Theateraufführungen statt (www.estatefiesolana.it).

Dom und kirchliche Bauten

Den Rundgang durch die Innenstadt beginnt man am besten am Hauptplatz, wo der romanische Dom, der Palazzo Pretorio, der Palazzo Comunale und das alte Oratorium Santa Maria Primerana versammelt sind. Diese repräsentativen Gebäude ergeben ein ansehnliches Ensemble. Mit dem Bau des Doms von Fiesole (Piazza della Cattedrale 1), zu dem ein massiger Campanile gehört, wurde 1028 begonnen. Durch die sorgfältige Restaurierung im 19. Jahrhundert kann man seine ursprüngliche Pracht gut erkennen. Sein schlichtes romanisches Interieur wird von einer glasierten Terrakottastatue San Romolos (Giovanni della Robbia, 1521), des Namenspatrons der Kirche, dominiert.

Vom Hauptplatz aus führt ein Fußweg auf der Via San Francesco in wenigen Minuten zum Franziskanerkloster San Francesco (14. Jahrhundert) hinauf, einem romanischen Bau mit Rosette über dem Portal. Nur wenige Meter weiter gelangt man zur Basilica di Sant'Alessandro aus dem Jahr 1399 mit neoklassizistischer Fassade. Von hier oben hat man wohl den schönsten Blick auf Florenz.

San Domenico di Fiesole

Nimmt man von hier die Via Vecchia Fiesolana, kommt man in das Dorf San Domenico. Dort sind Kunstwerke wie »Madonna mit Kind, Engeln und Heiligen« und »Kreuzigung« von Fra Angelico (beide um 1430) zu besichtigen. Die romanische Badia Fiesolana erkennt man leicht an ihrer unfertigen, grün-weiß gestreiften Marmorfassade.

Infos und Adressen

ESSEN UND TRINKEN

Casa del Prosciutto. Nomen est omen: Hier kommt ausschließlich bodenständige Küche und vor allem viel Schinken auf den Tisch! Die Trattoria liegt 9 km nördlich von Fiesole, doch die Reise dorthin zahlt sich wirklich aus. Und wer schon einmal dort ist, sollte sich wirklich gleich als Vorspeise eine gehörige Portion Prosciutto gönnen. Torre di Buiano, Via dei Bosconi 58, Tel. 055/54 88 30, www.casadelprosciutto.com

La Reggia degli Etruschi. In gemütlichem Ambiente sitzt man auf hellen Holzsesseln und genießt die sagenhaft stimmige Atmosphäre. Besonders toll ist die Terrasse, die gleich neben dem Franziskanerkloster einen wahrhaft traumhaften Blick aufs Arnotal verspricht. Kosten Sie sich ruhig durch die Speisekarte – alles schmeckt köstlich, und die Preise sind moderat! Via San Francesco 18, Tel. 055/593 85, www.lareggiadeglietruschi.com

ÜBERNACHTEN

Villa dei Bosconi. Die Zimmer wie die Preise sind zwar eher durchschnittlich, dafür ist die Lage direkt am kühlen Waldrand sehr verlockend, vor allem im Hochsommer. Das freundliche Hotel liegt ein paar Kilometer abseits der Stadt und bietet so angenehme Ruhe. Manche der Zimmer haben sogar direkten Blick auf Florenz! Via Ferrucci 51, Tel. 055/595 78, www.villadeibosconi.it

Ein Zimmer in der Villa »San Michele« …

… und die Fassade im Stil von Michelangelo

Villa Aurora. Zentral gelegenes Viersternehotel mit modern eingerichteten Zimmern, ausgezeichnetem Restaurant und weitem Ausblick. Durch die Nähe zu Florenz (nur 5 km) eignet es sich auch ideal für Gäste, die zwar tagsüber die Vorzüge der Stadt genießen möchten, es abends aber lieber ruhig angehen wollen. Piazza Mino da Fiesole 39, Tel. 055/593 63, www.villaurorafiesole.com

Pensione Bencista. In einer Villa aus dem 14. Jahrhundert unterhalb von Fiesole liegt diese stilvoll eingerichtete Pension. Via Benedetto da Maiano 4, Tel. 055/591 63, www.bencista.com

INFORMATION

Via Portigiano 3, Tel. 055/594 77, www.museidifiesole.it

Aus San Miniato stammt der größte jemals gefundene Trüffel, dessen aromatische Knolle unglaubliche 2520 Gramm wog.

14 San Miniato

Trüffelsuche zu Füßen der Kaiserburg

Übers Jahr hinweg verströmt San Miniato den typischen Charme einer toskanischen Kleinstadt zwischen Florenz und dem Meer. Für Touristen gibt es eine mittelalterliche Festung sowie einige reizvolle Klerikalbauten zu besichtigen. Die Beschaulichkeit des Städtchens endet schlagartig Mitte September, denn dann ist die Trüffelsaison eröffnet – und die hält die Einheimischen bis Ende Dezember auf Trab!

Magie des Trüffels

Im November erreicht die Trüffelsaison ihren Höhepunkt. Beim größten Trüffelmarkt der Toskana, der »Mostra Mercato Nazionale del Tartufo Bianco di San Miniato«, wird das Städtchen San Miniato mit seinen etwa 26 000 Einwohnern zum Epizentrum des Genusses und lockt Feinschmecker aus der ganzen Welt an. Schon Tage vorher beginnen die Vorbereitungen zum Highlight des Jahres: Die Straßen werden für Autos gesperrt und auf der Piazza Repubblica und der Piazza XX Settembre

GUT ZU WISSEN

GEWUSST WIE

Beim Kauf von Trüffeln sollte man sich vergewissern, dass die Ware fest und frei von Würmern ist. Außerdem müssen die Knollen ein intensives Aroma verströmen. Zur Aufbewahrung empfiehlt sich ein Baumwolltuch, die Trüffel halten sich problemlos für einige Tage im Kühlschrank.

weiße Zelte errichtet. Dort werden drei Wochen lang alle Spezialitäten angeboten, welche die Toskana zu bieten hat. Der Star neben alldem Schinken, Pecorino oder Olivenöl ist der Tartufo Bianco (Weißer Trüffel). Trüffelfanatiker pilgern nach San Miniato, denn hier kann man den Trüffel nicht nur kaufen, sondern auch in vielen Trattorien und Restaurants zu vergleichsweise günstigen Preisen probieren.

Abseits der Trüffel

Von feuchten Wäldern auf sandigem Boden umgeben, liegt San Miniato auf drei Kuppen zwischen Arno- und Elsatal. So thront das malerische Städtchen hoch über den stark industrialisierten Tälern, fast so, als würde es ein wenig über den Dingen stehen. Aus der Ferne sticht als Erstes die Festung ins Auge, die davon kündet, dass San Miniato einst ein wichtiger Posten des Römischen Reiches Deutscher Nation war. Wegen seiner historischen Beziehungen zu Deutschland seit den Stauferkaisern trägt die Stadt heute noch den Beinamen *al Tedesco* (»zum Deutschen«). Prominente historische Persönlichkeiten wie Barbarossa, Heinrich IV., Otto I. und Friedrich II. hinterließen hier ihre Spuren. Friedrich II. ließ im Jahr 1218 an der höchsten Stelle die Rocca (Festung) errichten, von der aus man an klaren Tagen bis zum Meer oder nach Volterra blicken kann. Der sorgfältig restaurierte Turm der Festung (Torre di Federico II) sieht heute wieder fast so aus wie im Mittelalter. Allerdings wurde der Rest der Burg nach erheblicher Beschädigung im Zweiten Weltkrieg bis auf die Grundmauern abgerissen.

Sehenswertes

Der eindeutig schönste Platz der Stadt ist die Piazza della Repubblica, wo der Bischofspalast

Nicht verpassen

DEN RICHTIGEN RIECHER

Wer die Begeisterung der Trüffelsuche einmal selbst miterleben möchte, der kann in San Miniato einen erfahrenen Trüffelsucher auf der Pirsch begleiten. Ricardo Nacci erklärt Ihnen alles Wissenswerte über Trüffel, und Sie sind mitten ins Geschehen eingebunden, wenn Sie durch die Wälder San Miniatos streifen, auf den Spuren derjenigen, die schon seit dem Mittelalter alljährlich im Herbst auf Suche gingen. Speziell für die Trüffelsuche ausgebildete Hunde weisen den Weg. Ricardo Nacci verdient sein Geld mit Trüffeln, und Herbst ist wahrscheinlich seine liebste Jahreszeit, denn dann kann er mit seinen Hunden hinausgehen, um wertvolle Knollen zu entdecken. Nachdem man von der mehrstündigen Trüffeltour zurückkommt, kann man sich in seinem Spezialitätenladen mit allerlei Formen von Trüffeln für zu Hause eindecken.

Tartufi Nacci. Ortsteil Corrazzano, Tel. 0571/40 95 28, www.tartufi-nacci.com

Hunde sind unverzichtbare Helfer bei der Trüffelsuche.

und das Seminargebäude (Seminario Vescovile) aus dem 17. Jahrhundert mit ihren schön bemalten Fassaden stehen. Hier sind auch noch einige Gebäude aus dem 14. Jahrhundert erhalten, die alle vorbildlich restauriert sind. Wenige Schritte östlich gelangt man zur romanischen Kirche San Domenico, die um 1330 an der Piazza del Duomo errichtet wurde, und zum Dom aus dem 12. und 13. Jahrhundert. Die Fassade von San Domenico besteht aus Backstein mit eingelassenen Majolikaplatten, die vermutlich die astronomischen Konstellationen des Großen und Kleinen Bären sowie des Polarsterns wiedergeben sollen, der drei wichtigsten Orientierungspunkte der Seefahrer. Der Innenraum birgt viele Kunstwerke verschiedenster Epochen, von denen einige Originale gleich nebenan im Museo Diocesano d'Arte Sacra zu sehen sind. Besonders interessant sind die »Kreuzigung« (um 1430), die aller Wahrscheinlichkeit nach von Filippo Lippi stammt, und die »Jungfrau mit dem heiligen Gürtel« (1417–1457), ein Werk von Andrea del Castagno, sowie eine Christusbüste von Verrocchio (1435–1488) (Piazza del Duomo 1, Di–So 10–13 und 15–19 Uhr, im Winter bis 18 Uhr).

Oben: Der Bischofspalast von San Miniato al Monte
Unten: Beim Geplätscher des Brunnens lässt sich gut rasten.

Infos und Adressen

ESSEN UND TRINKEN

Fattoria di Sassolo. Auf diesem großzügig angelegten Weingut auf einem Hügel bei San Miniato werden seit vier Generationen wunderbare Tropfen gekeltert. Der Vin Santo, ein Dessertwein, ist besonders empfehlenswert, aber auch der Chianti ist nicht zu verachten. Wer schon mal hier ist, kann auch gleich eines der feinen Olivenöle für zu Hause mitnehmen! Via Bucciano 59, Tel. 0571/46 00 01, www.fattoriadisassolo.it

Pepenero. Frech und charmant zaubert der junge Küchenchef Gilberto Rossi modern angehauchte Versionen traditioneller Gerichte auf die Teller. Im Kellergewölbe sorgen großformatige, moderne Grafiken auf den weiß getünchten Wänden für Stimmung. Von der Terrasse hat man eine traumhafte Aussicht. Lustig und überraschend sind auch die bunten Gläser, die eine Art Markenzeichen des Pepenero sind. Via IV Novembre 13, Tel. 0571/41 95 23, www.pepenerocucina.it

ÜBERNACHTEN

Miravalle Palace. Das Schönste an diesem eleganten Vier-Sterne-Haus ist, dass man nur die paar Stufen vom Zimmer ins Restaurant gehen muss, um vorzüglich zu speisen. Die Front des Hotels geht auf den Domplatz hinaus, von den hinteren Zimmern hat man einen traumhaften Blick aufs Arnotal. Zentraler und schöner kann man eigentlich nicht wohnen. Piazza Castello 3, Tel. 340/734 41 38.

Albergo Quattro Gigli. Schon seit den 1930er-Jahren ein Familienbetrieb, bietet dieses Haus mit seinem kinderfreundlichen Personal und moderaten Preisen den perfekten Platz für einen gelungenen Familienurlaub. Die Zimmer haben einen historischen Touch, sind aber wohnlich und sehr komfortabel. Das vorzügliche Restaurant steht auch Nichtgästen offen und bietet in original italienischer Hektik-Atmosphäre ausgezeichnete Pasta-Gerichte. Von der Terrasse blickt man auf das Arnotal. Piazza Michele da Motòpoli, Tel. 0571/46 68 78, www.quattrogigli.it

Trüffel – der letzte Schliff für viele Pastagerichte

INFORMATION

Piazza del Popolo 1, Tel. 0571/427 45, www.cittadisanminiato.it

Mitte: Die Stadtmauer von Vinci
Unten: Das vermutliche Geburtshaus Leonardo da Vincis in Anchiano

15 Vinci
Stadt des Genius

Die heutige Kleinstadt hat Großes hervorgebracht. Die Rede ist von Leonardo da Vinci – Visionär, Erfinder, Künstler und Bürger des kleinen Vinci, das in eine wunderschöne Umgebung eingebettet ist. Das Universalgenie der Renaissance wurde hier vor mehr als 500 Jahren in einem ärmlichen, schlichten Bauernhof geboren, der heute als »Casa Natale« (Geburtshaus) besichtigt werden kann.

Wer zu den Ursprüngen Leonardos vordringen möchte, muss einen kurzen Abstecher machen: Das vermutliche Geburtshaus des Universalgenies liegt etwa drei Kilometer außerhalb in Anchiano. Ein ausgeschilderter Wanderweg mit Beginn im Dorfkern führt zu dem einfachen Bauernhaus, das allein inmitten von Olivenhainen steht. Mit dem Auto folgt man der Beschilderung auf der Strada Verde vier Kilometer in nördlicher Richtung. Leonardo verbrachte hier eine unbeschwerte Kindheit, bevor seine Begabung entdeckt wurde und er zur Ausbildung nach Florenz zog (März–Okt. 9.30–19 Uhr, Nov.–Feb. 9.30–18 Uhr; Eintritt frei).

Der Visionär

Leonardo da Vinci war seiner Zeit voraus; und das in allen nur erdenklichen Bereichen. Vor allem die Vielseitigkeit seines Genies verblüfft immer wieder aufs Neue: Neben Mitteln zur Fortbewegung wie einem Fahrrad oder dem frühen Versuch eines Automobils beschäftigte er sich mit dem Ursprung der Erde, der menschlichen Anatomie, der Mechanisierung der Arbeit oder damit, wie man aus Kleber und Farbe Kunststoff herstellen könnte. Au-

Vinci mit seinem beschaulichen Umland

ßerdem entwarf er das Perpetuum mobile, Stühle, auf denen man therapeutisch sitzen konnte, Uhren, Schnellbaubrücken und Panzerschiffe. Doch auch auf künstlerischem Gebiet war da Vinci ein Visionär: Ab 1472 war er Mitglied der Lukasgilde in Florenz. Vor allem durch seine Skizzen und anatomischen Studien tat er sich hervor. Berühmt sind vor allem das »Abendmahl« (1497) im Speisesaal des Klosters Santa Maria delle Grazie in Mailand und die weltberühmte »Mona Lisa« (zwischen 1502 und 1505) im Pariser Louvre.

Museo Leonardiano

Das Kastell, das um 1000 gebaut wurde, fiel nach der Florentiner Machtübernahme in den Besitz der Grafen Guidi. Im unterirdischen Gewölbe vermittelt ein Museum einen Überblick über Leonardos Schaffen. Darüber hinaus befindet sich dort die weltweit größte Sammlung von Modellen und Maschinen, die nach Leonardos Plänen gebaut wurden. Auch die Probe aufs Exempel ist oft erlaubt (Castello dei Conti Guidi, tgl. 10–13 und 15–19 Uhr, www.museoleonardiano.it).

Ein zweites Museum, das Museo Ideale Leonardo da Vinci, wurde in den 1990er-Jahren in zwei ehemaligen Weinkellern der Burg eingerichtet. Am Fuß der Festung befindet sich ein Dokumentationszentrum mit 7000 Reproduktionen aller Handschriften, Werke und Zeichnungen Leonardos.

Infos und Adressen

ESSEN UND TRINKEN

Ristorante La Torreta. Trotz seiner Größe wirkt das Lokal noch gemütlich. Seine bodenständige toskanische Küche lernt man am besten und preiswertesten in Form eines Tagesmenüs kennen. Besonders empfehlenswert sind die Profiteroles – ein Traum! Via della Torre 19, Tel. 0571/561 00.

Leonardo Ristorante Pizzeria. Mit großen, urigen Holzfässern dekoriert gibt sich dieses Restaurant ganz ursprünglich. Die ausgeklügelten Kreationen sind nicht überteuert.
Via Montalbano Nord 16,
Tel. 0571/56 79 16,
www.ristoranteleonardo.com

ÜBERNACHTEN

Hotel Monna Lisa. Ein wenig altmodisch, doch durchweg komfortabel und stilvoll eingerichtet ist dieses zentral gelegene Dreisternehotel.
Via Lamporecchiana, 27/29,
Tel. 0571/562 66,
www.hotelmonnalisavinci.it

INFORMATION

Via della Torre, 11,
Tel. 0571/56 80 12,
www.comune.vinci.fi.it

16 Montecatini

Glanz der Jahrhundertwende

Der größte und beliebteste Kurort der Toskana ist Montecatini. Das Kuren hat hier eine lange Tradition: Bereits Etrusker und Römer genossen die heilenden Quellen. Um 1900 erlebte Montecatini eine Blütezeit, wovon noble Bauten zeugen. Heute zieht es die Urlauber in die neun großen Thermen, die über den Ort verteilt sind. Teilweise erstrahlen sie im Jugendstil, teils wurden sie auch neu gebaut – so findet jeder garantiert das Seine.

Montecatini gibt es eigentlich zweimal: auf der einen Seite Montecatini Alto, der alte Festungsort auf der Anhöhe, der 1554 unter die Macht der Medici kam, und südwestlich davon Montecatini Terme mit den *bagni*, deren Heilwirkung schon seit dem 14. Jahrhundert dokumentiert ist und die davor schon bei Etruskern und Römern beliebt waren.

Prominenz beim Baden

Päpste, Könige und Mitglieder der einflussreichen Medici-Dynastie verkehrten hier. Nach der ersten

Mitte: Der Glanz vergangener Tage liegt über Montecatini Terme.
Unten: Unterirdische Heilwässer – die Grotta Giusti mit dem warmen See entdeckte man erst 1849.

GUT ZU WISSEN

BADEN MIT STIL

Sollte man nur einen Tag Zeit haben, ist die älteste der Thermen, Tettuccio, ein Muss, denn sie erstrahlt im reinen neoklassizistischen Baustil und hat außerdem einen schicken Garten zu bieten. Mit Marmorbecken, Brunnen und Wassernymphen ist sie die aufregendste der neun Anlagen in Montecatini. Im Inneren findet man Fresken und Keramiken im Jugendstil.

Blüte im Zeitalter der Renaissance wären die Quellen von Montecatini beinahe in Vergessenheit geraten. Doch Ende des 18. Jahrhunderts verhalf der Habsburger Pietro Leopoldo dem Ort zu neuem Glanz. Der mondäne Charakter, für den der Badeort lange berühmt war, geht größtenteils auf die Initiative dieses Großherzogs der Toskana zurück. Die Komponisten Verdi und Puccini fanden hier Entspannung, und bis heute begeben sich Prominente in die Obhut der Heilquellen. So ließen es sich auch Audrey Hepburn und Woody Allen nicht nehmen, in den Jungbrunnen von Montecatini Terme zu steigen. Wenn man sich die prachtvollen Thermenpaläste ansieht, wundert es nicht, dass diesem Ort weltweit ein Ruf vorauseilt. Zudem wird alles angeboten, was man sich an Wellness-Behandlungen wünschen kann: Von der Ayurveda-Kur bis zur Thai-Massage muss der anspruchsvolle Gast nichts missen!

Die Thermen

Insgesamt gibt es in Montecatini vier Quellen – Leopoldina, Tettuccio, Rinfresco und Regina –, die bei unterschiedlichen Beschwerden helfen. Das Wasser aus der Quelle Leopoldina wird speziell bei chronischen Verstopfungen eingesetzt. Tettuccio ist ein regelrechtes Aufputschmittel und reinigt die Leber. Ihr Wasser hilft auch bei erhöhten Cholesterinwerten und regt die Verdauung an. Rinfresco sorgt für Leichtigkeit: Es wirkt harntreibend und erfrischt den ganzen Körper, indem es ihn entschlackt. Regina steht für die Balance und Ausgeglichenheit, sie verbessert die Funktionen von Galle, Leber und Darm.

Einige der Thermen sind nach den Quellen benannt: Thermae Leopoldine (Viale Verdi 67), deren Säulengang im Original von 1775 erhalten ist,

Nicht verpassen

AUF ZUM PFERDERENNEN!

Passend zu seinem noblen Image besitzt Montecatini Terme auch eine Trabrennbahn am westlichen Ende der Stadt. Wer noch nie die aufregende Atmosphäre beim Pferderennen erlebt hat, sollte sich den Donnerstag freihalten und auf eines der Pferde setzen. In das »Ippodromo di Montecatini trotto« passen 9600 Zuschauer, was bei vollem Haus eine gewaltige Stimmung garantiert. Riskieren Sie ein paar Euro Wetteinsatz, das macht die Sache gleich um einiges spannender! An 80 Wettschaltern kann man auf sein Lieblingspferd setzen. Im Stadion gibt es zwei Restaurants, drei Cafés und einen Kinderspielplatz, sodass bei Jung und Alt für genügend Zerstreuung gesorgt ist.

Ippodromo di Montecatini trotto.
Viale Cadorna, 30/B,
Tel. 0572/92 55 12,
www.ippodromimilano.it
Genaue Termine der Rennen auf der Homepage.

Oben: Morgendlicher Blick von Montecatini Alto auf die Kurstadt mit ihren ausgedehnten Parkanlagen
Mitte: In der Tettuccio-Therme
Unten: Der schlossähnliche Innenhof der Therme Tettuccio spiegelt die Eleganz vergangener Tage wider.

Thermae Tettuccio (Viale Verdi 71) und Thermae Regina (Viale Verdi 71) mit ihrem klassizistischen Tempel und der Brunnenschale mit Storch – dem Wahrzeichen Montecatinis – am Eingang. Doch auch die übrigen Häuser haben alle ihren eigenen Reiz: Das »Excelsior« ist im Jugendstil gehalten und war zunächst als Casino geplant (Viale Verdi 61), Thermae La Salute (Viale della Salute 20) und Thermae Redi (Viale Bicchierai 64) sind stilvolle alte Thermen, die um die Jahrhundertwende errichtet wurden und seitdem für den gewissen Prunk beim Baden sorgen.

Montecatini Alto

Ein Ausflug nach Montecatini Alto führt auf 260 Meter Meereshöhe. Wer gern sportlich unterwegs ist, bewältigt den steilen Weg in einer kurzen Wanderung, einfacher geht es mit dem Auto über eine kurvenreiche Straße. Am erlebnisreichsten ist sicher die Fahrt mit der knallroten historischen Standseilbahn (s. rechte Seite), denn sie fährt direkt durch das reizvolle Oliven- und Weinanbaugebiet. Oben angekommen, sind es nur ein paar Schritte zum (Bus-)Bahnhof, von dem aus man einen ersten schönen Blick auf die weltberühmten Thermen und das Tal genießen kann.

Montecatini Alto mit seinem autofreien Zentrum ist ein historisches Bilderbuchstädtchen: Steile Gassen, eine mittelalterliche Burg und immer wieder der beeindruckende Blick ins malerische Umland machen den Ausflug zum Erlebnis. Die Orientierung verliert man hier bestimmt nicht, da der Turm der Dorfkirche von der ganzen Altstadt aus zu sehen ist. Zur Rast laden die zahlreichen Restaurants auf der Piazza Giuseppe Giusti ein, von denen die meisten kleine Tische im Freien aufgestellt haben.

Infos und Adressen

ESSEN UND TRINKEN

Ristorante La Torre. Historisches Lokal in Montecatini Alto, das in einem Turm residiert. Bei moderaten Preisen wird Qualität großgeschrieben, sowohl beim Essen als auch beim Wein. Das zuvorkommende Personal hilft auch gern beim Bestellen. Piazza Giuseppe Giusti 8, Tel. 0572/706 50, www.latorre-montecatinialto.it

Ristorante Cosaro Verde. Früher war hier eine Raststätte für Eisenbahner, heute ist es ein relativ modernes Gasthaus, das Fisch- und Fleischspezialitäten vom Grill oder aus dem Steinofen anbietet. Der Familienbetrieb in der dritten Generation bietet exzellenten Service und große Portionen zu angemessenen Preisen. Besonders toll ist der luftige Garten. Piazza XX Settembre 11, Tel. 0572/91 16 50, www.corsaroverde.it

ÜBERNACHTEN

Grand Hotel Croce di Malta. Der gediegene Luxus eines feinen Landhauses erfüllt schon den Eingangsbereich, die wohnlichen Zimmer – ganz in Pastelltönen gehalten – verströmen stilvolle Behaglichkeit, dazu ein Swimmingpool zwischen Bäumen und Blumen: Das Grand Hotel macht seinem Namen alle Ehre. Hier vergisst man ganz leicht die Zeit, wenn man sich mit einem guten Buch an den Pool legt. Viale IV Novembre 18, Tel. 0572/92 01, www.crocedimalta.com

Hotel Maestoso. Gepflegt und preiswert ist dieses Drei-Sterne-Haus, das auch mit einem kleinen Pool ausgestattet ist. Das Ambiente ist sehr hell und freundlich und wirkt sehr heimelig. Die Zimmer sind zweckmäßig, aber komfortabel eingerichtet. Viale G. Puccini 63, Tel. 0572/782 14, www.hotelmaestoso.it

INFORMATION

Viale Verdi 66, Tel. 0572/77 22 44, www.montecatini.it

DIE SEILBAHN

Die Funicolare di Montecatini wurde Ende des 19. Jh. aufgrund der stetig wachsenden Touristenzahlen erbaut. Sie legt eine Strecke von 1055 Metern zurück, bei einer maximalen Steigung von 38,5 Prozent. 1897 begannen die ersten Schienenarbeiten – zur Freude der Einwohner, denn bis dahin war es recht beschwerlich, in den anderen Stadtteil zu kommen. Im Juni 1898 waren alle Brücken und Viadukte gebaut und alle Schienen verlegt. Die besten Plätze in der Seilbahn sind übrigens jene auf den zwei »Balkonen«, denn von ihnen hat man eindeutig die beste Sicht und kann auch fensterlos fotografieren.
Talstation: Viale Diaz am nordöstlichen Ende des Kurparks, Bergstation: Via Vittorio Veneto; tgl. halbstündlich bis Mitternacht, Okt.–März nur bis 19.30 Uhr.

Die Therme Tettuccio (links) und das Grand Hotel »La Pace« in Montecatini – eine lebendige Reminiszenz an die Belle Époque (rechts).

Mitte: Wo die Handwerkskunst der Maßschneiderei noch gepflegt wird.
Unten: Romanik pur auf dem Domplatz von Prato

17 Prato

Textilwirtschaft und herrschaftliche Paläste

Zugegeben, Prato ist eine typische Industriestadt. Aber deshalb sollten Sie nicht gleich einen Bogen darum machen. Denn sie bietet viele verborgene Schätze und spannende Entdeckungen wie den Dom Santo Stefano mit seiner extravaganten Außenkanzel oder den reich mit Fresken verzierten Palazzo Datini. Und schließlich lädt das eine oder andere Outlet zur Schnäppchenjagd ein.

Das Manchester Italiens

Der erste Eindruck von Prato ist nicht gerade der beste: Um ins Zentrum zu gelangen, fährt man durch ausgedehnte Gewerbegebiete, in deren Fabriken Wolle und Textilien verarbeitet werden. 75 Prozent der aus Italien exportierten Textilien werden hier produziert, und fast alle bekannten italienischen Modefirmen lassen hier arbeiten. Schon im 11. Jahrhundert war Prato Hochburg der Wollproduktion, und bis heute bilden Wolle und Leder das wirtschaftliche Rückgrat der mit 170 000 Einwohnern zweitgrößten Stadt der Toskana. Trotz der beachtlichen Größe ist der Stadtkern überschaubar. Da beinahe alle Sehenswürdigkeiten innerhalb der Stadtmauer zu finden sind, kann man die Besichtigung problemlos zu Fuß bewältigen.

Der Dom

Der Mittelpunkt der Stadt, der Duomo Santo Stefano an der Piazza del Duomo, wurde im 13. und 14. Jahrhundert errichtet. Seine Fassade mit den Querstreifen aus weißem und grünem Marmor wirkt extravagant, ebenso die Außenkanzel auf der rechten Seite. Sie wurde von Michelozzo und Donatello gestaltet und ist mit einer Reihe von Reliefs geschmückt, die eine Gruppe tanzender Putten zeigt.

Beim Fest Sacra Cintolla wird auf der Kanzel der sogenannte Mariengürtel, eine Marienreliquie, präsentiert. Angeblich hat die Jungfrau Maria diesen Gürtel vor ihrer Himmelfahrt dem Apostel Thomas gegeben. Über 1000 Jahre später, nach dem Zweiten Kreuzzug von Jerusalem, wurde er nach Prato gebracht. Diese Geschichte wird im Freskenzyklus »Legende des Heiligen Gürtels« erzählt, der sich in der nordwestlichen Ecke des Mittelschiffs befindet. Der Gürtel selbst wird in der Cappella del Sacro Cingolo gleich rechts nach dem Eingang aufbewahrt. In der Hauptchorkapelle des Innenraums findet man Fresken von Filippo Lippi, der in Prato geboren wurde.

Weitere Höhepunkte

Vom Dom aus gelangt man über die Via Giuseppe Mazzini und die Via Cairoli zur Piazza del Comune, die der Palazzo Pretorio mit seiner Marmorfassade dominiert. Zuerst Wohnhaus und ab 1284 Amtssitz des *Capitano del Popolo*, des Stadtverwalters, wurde er im 14. Jahrhundert modernisiert und erweitert. Der kleine Glockenturm stammt aus dem 16. Jahrhundert. Anhand der unterschiedlichen Materialien und Fensterformen kann man die einzelnen Bauphasen klar erkennen. Seit 1850 ist im Palazzo Pretorio die städtische Kunstsammlung, das Museo Civico, untergebracht (tgl. außer Di 10.30–18.30 Uhr). Es zeigt Werke verschiedener Schulen aus dem 16. und 17. Jahrhundert, darunter plastische Arbeiten von della Robbia. Auf der Piazza erinnert eine Statue an den Kaufmann Francesco di Marco Datini (1330–1410).

Geheimtipp

GRAB MIT AUSSICHT

Nordöstlich der Stadt erhebt sich der 531 Meter hohe Monte Le Coste, auch »Spazzavento« genannt. Der Berg bietet einen herrlichen Panoramablick über Prato und das Bisenziotal. Außerdem findet man hier das Mausoleum für einen der berühmtesten Söhne der Stadt. Curzio Malaparte – so das Pseudonym des Schriftstellers mit deutschem Vater, der eigentlich Kurt Erich Suckert hieß – hatte bereits zu Lebzeiten verfügt, dass er hier begraben werden wollte. Vom Örtchen Santa Lucia führt der Wanderweg »Sentiero Malaparte« nach etwa 90 teils recht anstrengenden Minuten zum 1961 errichteten Mausoleum, das mit einem Zitat des Autors versehen ist: »Ich bin aus Prato, ich bin gerne aus Prato, und wäre ich nicht in Prato geboren, wäre ich lieber gar nicht auf die Welt gekommen.«

Im Park des angesehenen Museums »Luigi Pecci« trifft man auf eine lebendige Kunstszene.

Oben: Stauferkaiser Friedrich II. ließ das Castello dell'Imperatore 1237 zur Festung ausbauen.
Mitte: Stillleben eines Schneiders
Unten: Eliseo Mattiaccis Werk »Reflex der kosmischen Ordnung« im Park des Centro per l'Arte Contemporanea »Luigi Pecci«

Palazzo Datini

Ein kurzer Weg führt über die Piazza San Francesco nach Nordwesten zum Palazzo Datini, dessen Fassade mit Fresken und Fenstern mit schwarzweiß gestreiften Rundbögen verziert ist. Sein früherer Besitzer, der Kaufmann Francesco di Marco Datini, schrieb sein Lebensmotto auf alle seine Geschäftsbücher: »Im Namen Gottes und des Geschäfts«. Von ihm sind im Palazzo zahlreiche Belege und Schriften ausgestellt. Sie zeigen wie ein erfolgreicher Geschäftsmann im Mittelalter agierte.

Santa Maria delle Carceri/Castello

Die in ihrer würfelartigen Form sehr kompakt wirkende Kirche Santa Maria delle Carceri gilt als eines der Hauptwerke der Renaissance. Sie wurde an der Stelle eines Gefängnisses errichtet. Dort soll 1484 ein wundertätiges Marienbild existiert haben, dem zu Ehren die Kirche mit ihrer Außenverkleidung aus weißem Alberese-Gestein und Verzierungen aus grünem Serpentin erbaut wurde.

Beim Verlassen der Kirche fällt der Blick auf das Castello dell'Imperatore. Pompös ragen die hohen, fensterlosen Steinmauern der 1237 bis 1248 vom Stauferkaiser Friedrich II. erbauten Festung in die Höhe. Von der Burg genießt man einen schönen Blick auf die Stadt (Piazza Santa Maria delle Carceri, Okt.–März 9–13 Uhr, April–Sept. 9–13 und 16–19 Uhr).

Textilmuseum

Das Textilmuseum am südlichen Rand des Zentrums widmet sich der Geschichte der Bekleidungsindustrie. Zu sehen sind Stoffe aus China, Indien und Amerika, auch die technologische Entwicklung wird erläutert (Museo del Tessuto. Via Santa Chiara 24; Di–Do 10–15 Uhr, Fr, Sa 10–19 Uhr, So 15–19 Uhr).

Infos und Adressen

ESSEN UND TRINKEN

Il Pirana. Das exquisite Restaurant ist sehr weitläufig und modern eingerichtet. Auf den Hauptinhalt der Speisekarte verweist das Aquarium am Eingang, in dem ein Piranha schwimmt: Die ambitionierte Küche verzichtet auf umfangreiches Drumherum und bietet puren Fischgenuss! Via Tobia Bertini, Tel. 0574/257 46, www.ristorantepirana.it

Ristorante Lo Scoglio. Hier gibt es für jeden Geschmack etwas: Von der Pizza bis zu mediterranen Leckerbissen bietet die Speisekarte eine breite Auswahl an lokalen Spezialitäten. Die Einrichtung ist einfach, aber stimmig, und die Weinkarte bietet eine großartige Auswahl an regionalen Tropfen. Via Verdi 42, Tel. 0574/227 60, www.ristoranteloscoglioprato.it

ÜBERNACHTEN

Wallart. Als originelle Mischung aus Hotel, Kongresszentrum und Galerie präsentiert sich dieses Viersternehotel. Alle Zimmer sind sehr modern eingerichtet. Viale della Repubblica 4–8, Tel. 0574/59 66 00, www.wallart.it

Cappuccino gefällig?

Das Centro per l'Arte Contemporanea »Luigi Pecci« birgt eine Sammlung zeitgenössischer Kunst.

EINKAUFEN

Biscottificio Antonio Mattei. In diesem Traditionsbetrieb werden seit 1858 die berühmten *cantucci* gebacken, die auch *biscotti di Prato* heißen. Via Ricasoli 20/22, www.antoniomattei.it

Manifatture 7 Bell Outlet. Hier kann man günstige Qualitätsware kaufen, vor allem Jeans und andere Hosen. Campi Bisenzio, Via B. Buoni 172, Tel. 055/896 33 06; Mi–Fr 15.20–19 Uhr. Ausfahrt Prato Est, dann weiter Richtung Campi Bisenzio.

VERANSTALTUNGEN

Festival delle Colline. Konzertreihe von Ende Juni bis Ende Juli an den verschiedensten Schauplätzen rund um Prato. Dabei werden überwiegend Jazz und Weltmusik, aber auch modernes Theater gespielt. www.contemporaneacolline.it

Sacra Cintola. Kirchenfest, bei dem der Gürtel der Maria an der Außenkanzel des Domes präsentiert wird. Termine: Ostern, 1. Mai, 15. Aug., 8. Sept. und 25. Dez. Am 8. Sept. findet dabei auch die Truppenparade mit lauter Musik und historischen Kostümen statt.

INFORMATION

Piazza S. Maria delle Carceri 15, Tel. 0574/241 12, www.pratoturismo.it

DER OSTEN

Seite 108/109: In Poppi sind Kunst und Klasse mit grüner Umgebung vereint.
Mitte: Das Dorf Poppi inmitten des Naturparks Casentino
Unten: Mächtig aufthronendes Castello di Poppi

18 Poppi
Kleinod im Casentino

Das Dorf Poppi liegt inmitten des Naturparks Casentino, einer der schönsten Waldgegenden in Europa, und gilt gemeinhin als dessen beeindruckendste Siedlung. Seine Glanzzeit als Sitz der Grafen Guidi hat es zwar längst hinter sich, allerdings haben die Adeligen den Ort geprägt. So schwelgt man heute in Erinnerungen an vergangene Zeiten, erobert das eindrucksvolle Castello und blickt gelassen auf die Arno-Ebene herab, wie es einst auch die Grafen Guidi getan haben.

In Poppi finden Toskana-Touristen die Ruhe und Entspannung, die im Chianti, in Florenz oder Siena oft fehlen. Dabei braucht man in dem 6000-Einwohner-Ort auf Glanzpunkte nicht zu verzichten. Im 13. und 14. Jahrhundert war er Hauptsitz der Grafen von Guidi, und auch wenn die gepflasterten Straßen, repräsentativen Plätze und interessanten Bauwerke viel kleiner ausfallen als anderswo, bezaubern sie doch gerade deswegen. Die 40 Kilometer, die man von Arezzo Richtung Norden zurücklegen muss, zahlen sich auf jeden Fall aus, denn Poppi ist ein echter Geheimtipp. Der Ort ist in zwei Hälften geteilt: einerseits das historische Zentrum, das sich auf einem Hügel rund ums Castello gruppiert, andererseits der modernere Teil nördlich davon.

Das Castello dei Conti Guidi

Hauptsächlich kommt man nach Poppi, um die Festung der Grafen Guidi, einer mächtigen Adelsfamilie des 14. Jahrhunderts, zu besichtigen. Schon von Weitem sieht man die imposante Burg, die schlicht, aber eindrucksvoll über dem Ort thront. Sie wurde um 1260 errichtet und in der Renaissance baulich verändert, was sie sozusagen zum Prototypen für den Palazzo Vecchio in Florenz machte, denn beide Gebäude stammen vermutlich vom selben Architekten, Arnolfo di Cambio. Bei der Besichtigung ist man immer wieder vom fantastischen Blick hingerissen, den man von der Burg aus genießen kann. Wie schön haben es doch die Feudalherren gehabt, die jeden Morgen von hier aus ihre gesamten Besitztümer überblicken konnten! Im Park, der das Castello umgibt, kann man interessante Skulpturen und Büsten bewundern.

Im Inneren der Festung

Das Castello in Poppi (www.buonconte.com) ist eine der besterhaltenen mittelalterlichen Burgen der Toskana. Besonders sehenswert beim Rundgang sind das kleine »Alte Gefängnis«, der steinerne Hof, der steinerne Treppenaufgang mit Balkon, der Innenhof voller Wappen, die Holzgalerie und vor allem die prunkvolle Sala delle Feste mit ihren gut restaurierten mittelalterlichen Fresken und der schönen Kassettendecke. Im zweiten Stock befindet sich das Highlight des Rundgangs: die reich geschmückte Kapelle mit ihren bewundernswerten Fresken, die im 12. Jahrhundert von niemand Geringerem als Taddeo Gaddi gefertigt wurden. Im Fresko »Gastmahl des Herodes« tanzt Salome zur Musik eines Lautenspielers, während ihr Opfer, Johannes, kopflos und zusammengesunken in der Ecke liegt. Weitere Fresken verbildlichen zum Beispiel »Die Geburt Johannes des Täufers« und »Die Himmelfahrt des Evangelisten«.

Doch der wahre Schatz, der sich innerhalb der starken Wehrmauern verbirgt, sind die rund 25 000 Bücher und 1000 Manuskripte der Biblio-

Geheimtipp

ENTSPANNT LERNEN IM URLAUB

Im Kulturzentrum Piero della Francesca können Ausländer Italienisch lernen, aber es gibt auch Kurse für Kochen, Steinmetzarbeiten und Spezialklassen, die sich der Oper oder dem Werk Dantes widmen. In zwangloser Atmosphäre lernt man in kleinen, familiären Gruppen das, worauf man gerade Lust hat. Der kleine Ort Poppi eignet sich ideal, wenn man gern neue Leute aller Altersgruppen kennenlernen und mit seinen Mitschülern auch abends etwas unternehmen möchte. Erfreulich ist auch, dass die Einheimischen gern die Geduld aufbringen, die eine oder andere leichte Konversation mit den Sprachschülern zu führen.

Centro di Cultura Italiana Piero della Francesca. Via Cesare Battisti 5, Tel. 0575/52 97 74, www.parlital.it

Gewölbe im Inneren der Festung

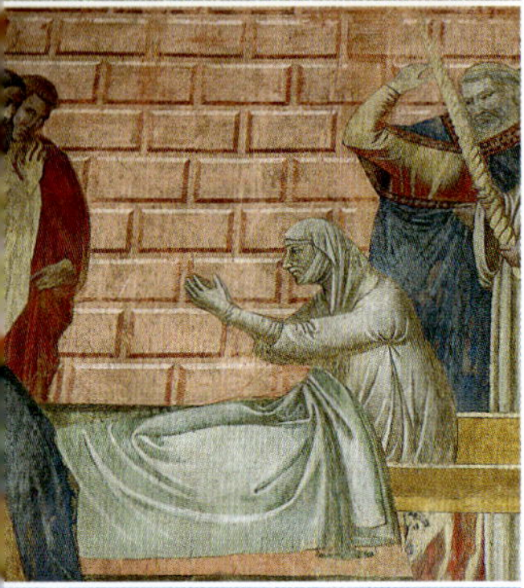

Oben: Urlaub auf dem Bauernhof in der Fattoria di Celli Poppi – Kunst und Landwirtschaft verschwimmen.
Mitte: Kunst im Castello
Unten: Poppi zählt zu den schönsten Dörfern Italiens.

teca Rilliana. Ihre Räumlichkeiten aus dem 16. Jahrhundert sind absolut sehenswert, und wenn man schon mal in Poppi ist, sollte man sie unbedingt besuchen (April–Okt. tgl. 10–18 Uhr, Nov.–März Do–So 10–17 Uhr).

Zum Abschluss der Burgbesichtigung lädt das Restaurant Casentino in den ehemaligen Wirtschaftsgebäuden zu einer Stärkung ein (Piazza della Repubblica 6, Tel. 0575/52 90 90, www.albergocasentino.it).

Stadtrundgang

Zum ersten Mal wurde Poppi 1163 erwähnt, heute gibt es in der mittelalterlichen Stadt auf einem einsamen Hügel im Casentino-Tal noch erstaunlich viel aus dem Mittelalter zu sehen. Neben der Burg an der Piazza della Repubblica gilt dies auch für den Palazzo Pretorio, der ebenfalls von Taddeo Gaddi erbaut wurde. Etwas unterhalb verläuft die Via Cavour, die malerisch von Arkaden gesäumte Hauptstraße mit kleinen netten Geschäften und Bars. Die kleine Kirche Madonna del Morbo am südlichen Ende der Straße, ein Kuppelbau aus dem 17. Jahrhundert mit hexagonalem Grundriss, ist im Inneren eher unspektakulär. Ihr Erbauer, der Arzt Francesco Folli da Poppi, forschte auch auf dem Gebiet der Bluttransfusion. Am anderen Ende schließt die Via Cavour mit der romanischen Abteikirche Badia San Fedele ab, der größten romanischen Kirche des Casentino.

Alljährlich Ende Juni werden in einer feierlichen Prozession große Heiligenbilder von der Chiesa della Madonna del Morbo durch den Ort getragen. Bei diesem Fest kommt die ganze Stadt zusammen, und Besucher können die Lebenslust, Feierlaune und ausgelassene Stimmung der Casentino-Einwohner live erleben.

Infos und Adressen

ESSEN UND TRINKEN

Ristorante Campaldino. Im Backsteingewölbe der ehemaligen Poststation (seit 1789) kommt toskanische Küche auf den Tisch: Pilze, Wild, Schwein und hausgemachte Desserts sind ausgesprochen schmackhaft bei vernünftigen Preisen. Die Weinkarte ist voller Spezialitäten aus dem Chianti. Wer nicht mehr weiterfahren möchte, kann hier auch übernachten. Das ehrwürdige Hotel wird schon in der siebenten Generation von der gleichen Familie geführt. Via Roma 95, Tel. 0575/52 90 08, www.campaldino.it

ÜBERNACHTEN

Parc Hotel. Sich die Sonne am Pool auf den Bauch scheinen lassen und gleichzeitig einen wunderschönen Blick auf die einmalige Festung von Poppi genießen – das ist im Parc Hotel möglich! Abgesehen vom Swimmingpool ist das Dreisternehotel eher altmodisch, was aber nicht weiter stört, da alles sehr sauber und komfortabel ist. Wenn man eine Kategorie über dem Standardzimmer bucht, ist sogar ein Jacuzzi dabei. Via Roma 214, Tel. 0575/52 99 94, www.parchotel.it

EINKAUFEN

Plateau Pasta. Wie der Name schon sagt, dreht sich in diesem Geschäft ein paar Gehminuten außerhalb der Altstadt alles um Pasta! Hier bekommt man garantiert handgemachte Ricotta-Tortellini, für die der Casentino berühmt ist, doch auch weitere traumhafte Spezialitäten wie Mozzarella-Ravioli, Eier-Pici oder Ravioli mit Ricotta und Spinat. Via dell'Artigianato 5/7, Tel. 0575/525 07, www.plateau.it

INFORMATION

Via Cavour 11, www.comune.poppi.ar.it

LEGENDÄRER KOCHKURS

In der Casa Ombut werden die wohl berühmtesten – und auch teuersten – Kochkurse der Toskana abgehalten. Die siebentägigen Seminare sind minutiös vorbereitet, auch das Ambiente ist sehr angenehm, und man fühlt sich von Anfang an wohl. Erfahrene Köche, die auch Englisch sprechen, führen Tag für Tag tiefer in die Geheimnisse der toskanischen Küche ein – so lernt man auf entspannte Weise und ganz zwanglos. Die Abende klingen mit einem gemeinsamen Festessen aus, danach ziehen sich die Teilnehmer in ihre stilvollen, gemütlichen Zimmer zurück. Ein Geschenktipp für alle, die jemanden mit etwas ganz Besonderem überraschen wollen! Casa Ombut, Larniano 21, Tel. 0871/5 04 15 01, www.italiancookerycourse.com

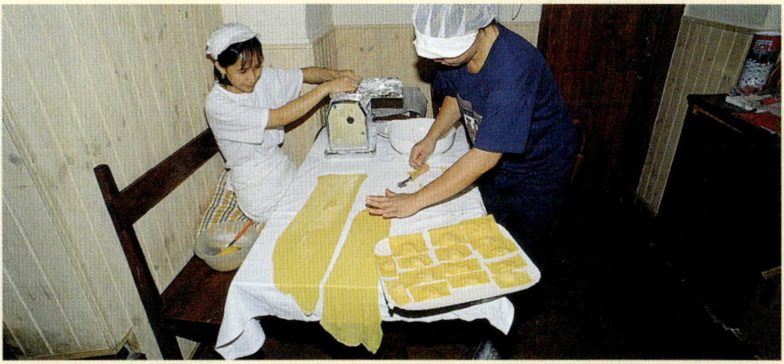

In der Toskana werden in vielen Restaurants Ravioli oder Nudeln noch selbst gemacht.

Mitte: Die lang gezogene, dem Apennin vorgelagerte Gebirgskette des Pratomagno mit Gipfeln bis zu 1592 Meter erstreckt sich vom Sieve-Tal bis in die Gegend von Arezzo. **Unten:** Piazza Grande im historischen Zentrum von Bibbiena

19 Bibbiena und La Verna
Der Geheimtipp

Wo die Toskana noch ursprünglich ist und man sich nicht in langen Warteschlangen anstellen muss, mitten im beschaulichen Casentino, liegt Bibbiena. Wegen seines historischen Theaters und seines Bühnenbildmuseums ist Bibbiena als »Theaterstadt« bekannt. Ein Ausflug in die waldreiche Umgebung, zum Wallfahrtsort La Verna oder in den Naturpark Foreste Casentinesi, rundet den Besuch ab.

Bibbiena ist mit seinen 10000 Einwohnern sowohl größte Stadt als auch geografischer Mittelpunkt des Casentino-Tals. Die Region 50 Kilometer östlich von Florenz und 30 Kilometer nördlich von Arezzo ist ländlich geprägt. Die malerische Landschaft am oberen Arno mit ihren grünen Hügeln wird vom mächtigen Monte Falcone (etwa 1600 m) überragt.

Das historische Zentrum

Im Zentrum wartet eine stattliche Anzahl an Geschäften, Kirchen und Adelspalästen darauf, entdeckt zu werden. Die Fenster des Palazzo Mazzoleni (16. Jahrhundert) in der Via Cappucci sind mit Maskaronen verziert, die Dämonen darstellen. Weiter in Richtung Osten kommt man in der Via Dovizi zum Palazzo Poltri, an dessen Fassade die Wappen der Medici und Habsburger prangen. Warum? Maria Magdalena von Österreich war Gattin von Cosimo II. de' Medici und unternahm 1618 eine Pilgerreise zum Wallfahrtsort La Verna. In der gleichen Straße steht die Kirche San Lorenzo, die aller Wahrscheinlichkeit nach von Andrea della Robbia erbaut wurde.

Bibbiena und La Verna

Geht man am Ende der Via Dovizi nach links die Via Berni entlang, kommt man zum Oratorium von San Francesco aus dem 16. Jahrhundert. Es wurde Mitte des 18. Jahrhunderts komplett im Rokokostil umgestaltet – eine Seltenheit in der Toskana – und im 19. Jahrhundert mit einer klassizistischen Fassade versehen. Zur Besichtigung muss man sich unter Tel. 0575/59 41 95 anmelden.

Palazzo Dovizi und Dovizi-Theater

In Bibbiena wurde Kardinal Bernardo Dovizi geboren, der bedeutsame Komödien verfasste (z.B. »La Calandria«, 1513). Sein Wohnhaus, der Palazzo Dovizi, zählt zu den schönsten Gebäuden Bibbienas, kann aber leider nicht besichtigt werden. Auch das prunkvolle Dovizi-Theater trägt seinen Namen. Der Bau aus dem 19. Jahrhundert wurde vor Kurzem renoviert, sodass seine gold-weißen Ränge in neuem Glanz erstrahlen. Bibbienas Ruf als Theaterstadt wird durch das Museo del Teatro, Scenografia e Costume untermauert, das sich der Geschichte des Bühnenbildes widmet. Neben Modellen und Skizzen von Theaterbühnen gibt es Kostüme früherer Epochen (Via Berni 25, Tel. 0575/59 37 91).

Santa Maria del Sasso

Die Wallfahrtskirche Santa Maria del Sasso, etwa einen Kilometer nordwestlich der Stadt gelegen, wurde auf einem kleinen Felsen errichtet (ital. *sasso*). Aus dem Hauptaltar ragt die Spitze des berühmten Marienfelsens hervor, der Anlass für die Gründung des bis heute bestehenden Klosters war. Das Altarbild zeigt die »Madonna mit Kind« von Bicci di Lorenzo (1435). In der Kapelle Madonna del Buio befindet sich eine Holzskulptur aus der Schule Donatellos. Sehenwert ist auch der Kreuzgang.

Einfach gut!

GROSSE FREUDE FÜR CAMPINGFREUNDE

Mitten in einem Laubwald des Nationalparks, etwa 20 Kilometer östlich von Bibbiena, befindet sich dieser äußerst kinderfreundliche Campingplatz. Mit modernen Sanitäranlagen und einem Swimmingpool ausgestattet, genießt man hier naturnahen Komfort in einer der schönsten Landschaften der Toskana. Nur ein paar Kilometer vom Wallfahrtsort La Verna entfernt, kann man hier doch eine große Abgeschiedenheit erfahren, ähnlich wie die Mönche, die im Mittelalter diese Region aufsuchten. Mit nur 90 Stellplätzen herrscht im Camping Village eine familiäre Atmosphäre, außerdem bietet es auch eine Pizzeria, eine Bar, Beachvolleyball und Tischtennis. Haustiere sind erlaubt.

Camping Village La Verna. Ortsteil Vezzano, Chiusi della Verna, Tel. 0575/53 21 21, www.campinglaverna.it

Bibbiena ist der größte und wichtigste Ort des Casentino-Tals. Zum Wallfahrtsort La Verna sind es 15 Kilometer.

Kloster La Verna

Die Wälder rund um Bibbiena waren früher beliebt bei Einsiedlern und Mönchen, die den weltlichen Verlockungen entsagten und sich in Höhlen zurückzogen. Einer dieser Mönche war Anfang des 13. Jahrhunderts der Heilige Franz von Assisi. Der Legende nach empfing er hier die Stigmata des gekreuzigten Jesus. Dem heiligen Franziskus zu Ehren wurde an dieser Stelle, 20 Kilometer östlich von Bibbiena auf 1100 Metern Höhe, das Kloster La Verna errichtet, das heute eine beliebte Pilgerstätte ist. Besonders am Franziskus-Tag (4. Okt.) und zum Stigmata-Fest (17. Sept.) strömen die Gläubigen in Scharen hierher.

Zu der berühmten Höhle, in der sich seit 1263 eine Kapelle, die Chiesa delle Stimmate (»Kirche der Stigmata«) befindet, führt ein mit Fresken verzierter Wandelgang, auf dem die Entstehungsgeschichte des Klosters abgebildet ist.

Die im 14. Jahrhundert erbaute Chiesa Maggiore beherbergt viele Reliquien des Heiligen Franz von Assisi. Den Grundstein der ältesten Kirche in La Verna, der Cappella Santa Maria degli Angeli, legte der heilige Franz 1216.

Nationalpark Casentino

Im 36 000 Hektar großen Parco Nazionale delle Foreste Casentinesi, der sich über die Regionen Florenz, Arezzo und Forlì erstreckt, leben Bergschafe, Wildschweine und Rehe, ja sogar Wölfe und Braunbären. Die Wälder des Parks lassen sich zu Fuß, mit dem Bike oder auf dem Pferderücken erkunden (Infos auf www.parcoforestecasentinesi.it oder Tourismusbüro »Sede del Parco«, Tel. 0575/ 503 01). In Camaldoli gibt es ein Infobüro und ein ornithologisches Museum, das in die Vogelwelt des Parks einführt (Tel. 0575/55 61 30).

Oben: La Verna (auch Alverna). An dieser Stelle soll der Heilige Franz von Assisi 1224 im Gebet die Stigmata erhalten haben.
Mitte: Kloster Camaldoli, ein weiterer heiliger Ort im Casentino
Unten: Erfrischung im Fluss Carsalone

Infos und Adressen

ESSEN UND TRINKEN

Ristorante Al Ritrovo. In mittelalterlichem Ambiente speist man im ehemaligen Palazzo del Podestà: Das Restaurant ist mit Wappen verziert, bietet aber nur Platz für drei Tische. Lauschig ist es vor allem im Garten. Besonders empfehlenswert sind die Pizzen, die hier so richtig knackig und vor allem auch günstig sind!
Piazza Pierazzuoli 4, Tel. 0575/53 62 09.

Ristorante il Tirabusciò. Im Herzen von Bibbiena kann man hervorragende toskanische Küche genießen, natürlich immer der Saison angepasst. Das Kalbssteak mit Bohnen und der Apfelkuchen mit Vanillesauce sind allerdings Dauerbrenner – und das mit Recht! Das Restaurant hat nur 30 Plätze, also rechtzeitig reservieren. Via Borghi 73, Tel. 0575/59 54 74, www.tirabuscio.it

EINKAUFEN

Jeden Donnerstagvormittag findet ein Markt im Stadtzentrum statt. Wer sich gern ins rege Marktgetümmel wirft, um toskanischen Alltag zu erleben, ist hier richtig.

ÜBERNACHTEN

Borgo Antico. Das passable Drei-Sterne-Haus im Zentrum von Bibbiena besteht schon seit 1700. Das gemütliche Restaurant bietet einfache toskanische Küche. Via Dovizi 18, Bibbiena, Tel. 0575/53 64 45, www.borgoantico-bibbiena.com

Letizia. Kürzlich renovierte Pension in historischem Steinhaus mitten im Wald. Stilvoll eingerichtete Zimmer mit Bad und Toilette, teilweise mit Blick auf die Burg. Via Roma 26, Chiusi della Verna, Tel. 0575/59 90 20, www.albergo-letizia.it

INFORMATION

Ufficio Informazioni Turistiche Casentino.
Piazza Giacomo Matteotti 3, Tel. 0575/59 30 98, turistico.bibbiena@casentino.toscana.it, www.comunedibibbiena.gov.it

Lebendige Wochenmärkte findet man in vielen kleinen Städten der Toskana.

20 Arezzo

Am schiefen Platz

Arezzos abschüssige Innenstadt erfüllt jedes Italien-Klischee. Nicht umsonst wählte Roberto Benigni sie als Kulisse für seinen Film »Das Leben ist schön«. Der Architekt Giorgio Vasari wurde hier geboren und verewigte sich unter anderem mit dem Palazzo delle Logge, unter dessen Arkaden heute Restaurants und Cafés zur Rast einladen. Unbestrittenes Highlight ist jedoch die gotische Kirche San Francesco mit dem Freskenzyklus von Piero della Francesca.

Heute ist Arezzo eine lebhafte und wegen ihrer Schmuckindustrie sehr reiche Provinzhauptstadt, die neben der Kultur auch elegante Einkaufsmöglichkeiten und ein reiches Angebot an Restaurants und Bars bietet. Gründe genug, um sich hier etwas länger aufzuhalten! Arezzo ist keine Stadt für Kurzbesuche. Man sollte mindestens zwei bis drei Tage einplanen.

Mitte: Über den Consuma-Pass im Gebirgstal Casentino kommt man nach Arezzo.
Unten: Der Duomo di San Donato in Arezzo

Geschichte

Arezzo erlebte eine Blütezeit unter der Herrschaft des Bischofs Tarlati (1312–1327). Erstmals konnte es als freie Kommune selbst über sein Schicksal bestimmen und eignete sich zahlreiche Ländereien in der Umgebung an. In dieser Zeit entstanden unvergleichliche Baudenkmäler wie der majestätische Dom und die Festung. Nach dem Tod des Bischofs setzte ein rapider Abstieg ein, dem eine Art Dornröschenschlaf folgte. Erst nach dem Anschluss an das geeinte Italien 1861 konnte sich Arezzo wieder erholen. Bei Bombenangriffen im Zweiten Weltkrieg wurden viele der mittelalterlichen Gassen zerstört, deshalb findet man hier heute mehr breite Straßen als in anderen Städten Italiens.

Für Filmfans

Die berührende Geschichte des Juden Guido, der versucht, die Verfolgung durch die Nazis mit Humor und Durchhaltewillen zu meistern, hat Millionen begeistert. »La vita è bella« (»Das Leben ist schön«, 1998) nannte Regisseur und Hauptdarsteller Roberto Benigni seinen oscargekrönten Film, der anfangs in Arezzo spielt. Grund genug für die stolzen Stadtväter, die Originalschauplätze des Holocaust-Dramas auszuschildern, sodass Cineasten ihre Erinnerungen mühelos auffrischen können. Auf Tafeln, die in der ganzen Stadt an den ehemaligen Drehorten befestigt sind, werden Dialoge in englischer und italienischer Sprache zitiert. Zu finden sind sie an der Piazza della Libertà, Piazza Grande, Piazza San Martino, Piazza San Francesco, Piazza della Badia, am Teatro Petrarca, an der Via Garibaldi und an der Schule in der Via Porta Bula.

Berühmte Fresken

Die Chiesa di San Francesco (Piazza San Francesco) mit ihrem Freskenzyklus von Piero della Francesca ist ein kunsthistorisches Meisterwerk. Kirchenbesucher können die Darstellungen der Kreuzeslegende von Weitem sehen, doch wer sie aus nächster Nähe betrachten möchte, muss ein separates Ticket für die Hauptchorkapelle (auch »Cappella Bacci«) erwerben. Im Eintrittspreis enthalten ist ein Audioguide, der einzelne Szenen detailliert erklärt. Vor allem in der Hochsaison ist es ratsam, die Karten vorher zu reservieren, da immer nur 25 Personen pro halbe Stunde eingelassen werden (tel. oder im Internet, www.pierodellafrancesca.it, Führung auch auf Deutsch).

Nicht verpassen

DIE GIOSTRA DEL SARACINO

Was für Siena der Palio, ist für Arezzo die Giostra del Saracino (»Turnier der Sarazenen«). Bei diesem mittelalterlichen Spektakel treten die vier Stadtviertel in einem Lanzenkampf gegeneinander an und versuchen, die goldene Lanze, mit der viel Ruhm und Ehre verbunden ist, heimzuholen. Am dritten Samstag im Juni und am ersten Sonntag im September ist die ganze Stadt auf den Beinen, vielfach in mittelalterlichen Kostümen. Falls Sie zu dieser Zeit Ihren Toskana-Urlaub geplant haben, schauen Sie auf jeden Fall in Arezzo vorbei. Wer das ganze Spektakel mitbekommen möchte, muss allerdings früh aufstehen: Alles beginnt um 7 Uhr mit der Lesung des Herolds, dann folgt eine Prozession durch die ganze Stadt, bei der genau 311 Personen in mittelalterlichen Kostümen und 31 Pferde teilnehmen.

Wappen an der Fassade des Palazzo Pretorio

Oben: Altstadt und Dom von Arezzo
Mitte: Auch hier gibt es viele kleine Geschäfte mit Kunsthandwerk.
Unten: Denkmal auf der Piazza Guido Monaco. Guido von Arezzo (auch Guido Monaco) war Musiker um 1000 n. Chr. und entwickelte die moderne Notenschrift.

Die Fresken, welche die gesamte Apsis aus dem 14. Jahrhundert schmücken, wurden zwischen 1452 und 1466 geschaffen. Der Bilderzyklus erzählt in detailreichen und farbenfrohen Einzelmotiven Episoden der Legende um das Kreuz Christi. Er beginnt damit, dass Seth einen Baum auf Adams Grab pflanzt, aus dem schließlich das Heilige Kreuz gefertigt wird. Bei der Darstellung des »Traums Konstantins« bedient sich Piero della Francesca neuartiger Darstellungsweisen: In der nächtlichen Szene setzt er das Mondlicht gekonnt ein, indem er das Bild in ein fahles, aber kräftiges Licht taucht.

Dom und Stadtzentrum

Der imposante Duomo di San Donato (1277) ist vor allem für seine farbenfrohen Buntglasfenster von Guillaume de Marcillat berühmt. Im rechten und südlichen Seitenschiff sind Szenen aus den Evangelien auf Glas gebrannt, deren farbliche Harmonie und räumliche Gestaltung zur Zeit ihrer Entstehung revolutionär waren.

Das Zentrum des kommunalen Lebens in Arezzo bildet von jeher die Piazza Grande. Der stark abfallende Platz wird von historischen Gebäuden mit Wappen umschlossen, unter denen im Norden der Palazzo delle Logge Vasariane mit seinen Säulengängen und im Westen der Palazzo della Fraternità hervorstechen. Letzterer wurde im Jahr 1262 errichtet und erscheint aufgrund diverser Renovierungen heute in einem Stilmix aus Gotik und Renaissance. Der Palazzo delle Logge von Giorgio Vasari besitzt monumentale Proportionen, die von seiner streng gegliederten Fassade noch unterstrichen werden. Auf der Piazza Grande finden im Juni und September die traditionellen Reiterspiele »Giostra del Saracino« und der berühmte Antiquitätenmarkt statt.

Stadtrundgang Arezzo

A Museo Archeologico – In einem ehemaligen Kloster kann man die Spuren von Etruskern und Römern besichtigen. Via Margaritone 10, Tel. 0575/208 82.

B Chiesa di San Francesco – Die Kirche ist mit den berühmten Fresken von Piero della Francesca geschmückt (1452–1466). Mo–Fr 9–18 Uhr, Sa 9–17.30 Uhr, So 13–17.30 Uhr, Piazza San Francesco.

C Piazza Grande – Auf dem abschüssigen Hauptplatz findet neben dem monatlichen Antiquitätenmarkt das Turnier »Giostra del Saracino« statt (siehe S. 119).

D Palazzo delle Logge Vasariane – An der von Vasari 1573 entworfenen Loggia beeindrucken vor allem die Säulengänge. Leider kann man den Palazzo nicht besichtigen. Piazza Grande.

E Santa Maria della Pieve – Die Kirche hat eine der schönsten romanischen Fassaden der Region. Ihr Glockenturm ist eines der Wahrzeichen der Stadt. Corso Italia 7.

F Casa di Petrarca – Hier verbrachte der große Dichter seine ersten Lebensjahre. Zu besichtigen ist das Haus mit kleinem Museum nur auf Anfrage. Via dei Pileati.

G Duomo di San Donato – Highlights sind die bunten Glasfenster von Guillaume de Marcillat sowie das aufwendig mit Marmorreliefs verzierte Grab des Bischofs Guido Tarlati im hinteren Teil der Kirche links. Piazza Duomo.

H Casa Vasari – Sein Haus hat der große Sohn der Stadt nicht nur selbst geplant, sondern auch mit Innenmalereien verziert. Via XX Settembre 55, Tel. 0575/40 90 50.

Oben: Der im Jahr 1033 vollendete Duomo di San Donato, dessen großformatige Glasgemälde von Fra Guillaume de Marcillat besonders sehenswert sind.
Unten: Glaskunst in der Casa Vasari
Seite 124: Traumhaus im Grünen

Das Äußere der Kirche Santa Maria della Pieve südlich des Palazzo della Fraternità kann als der Inbegriff des romanischen Stils gelten. Weit und breit weist sie die schönste romanische Fassade auf, und ein wenig erinnert sie an den Dom in Pisa mit seinen Galeriegängen im Mittel- und Obergeschoss. Der massive, quadratische Glockenturm aus dem 14. Jahrhundert mit seinen 40 Fensteröffnungen ist eines der Wahrzeichen von Arezzo.

Casa di Petrarca

Die Via Giorgio Vasari, die in die Via Albergotti übergeht, führt zum angeblichen Geburtshaus des großen Literaten Francesco Petrarca, der 1304 in Arezzo das Licht der Welt erblickte. Am bekanntesten sind seine Liebes- und Lehrgedichte, in denen er den einfachen Menschen in den Mittelpunkt rückte – ein großer Kontrast zum mittelalterlichen Denken. In dem Haus in der Via dei Pileati wurde ein kleines Museum eingerichtet, größeren Raum nimmt allerdings die dortige Accademia Petrarca ein, die als Bibliothek und Forschungszentrum dient. Die Besichtigung ist daher vor allem für Petrarca-Experten empfehlenswert und nur nach Voranmeldung möglich.

Casa di Vasari

Richtung Nordwesten entlang der Via Madonna Laura und der Via San Domenico gelangt man zum Wohnhaus von Giorgio Vasari. Der aus Arezzo stammende Architekt und Maler konstruierte einzigartige Bauten wie zum Beispiel die Florentiner Uffizien, außerdem verfasste er Künstlerviten. In seiner Geburtsstadt erbaute er 1540 sein eigenes Wohnhaus im Stil des Manierismus und stattete es prunkvoll aus. Falls das Museum geschlossen zu sein scheint, kann man einfach läuten (Via XX Settembre 55, Tel. 0575/40 90 40).

Infos und Adressen

ESSEN UND TRINKEN

Antica Trattoria al Principe. Das traditionsreiche Lokal ist im Erdgeschoss eines mittelalterlichen Gebäudes im Vorort Giovi untergebracht. Die Weine des Tages werden auf einem kleinen Tisch in der Mitte des Speisesaales präsentiert. Zu günstigen Preisen bekommt man hier ausgezeichnete toskanische Küche. Fisch kann man vor der Zubereitung in einer Vitrine auswählen. Ortsteil Giovi 25, Tel. 0575/36 20 46, www.bebalprincipe.it

Osteria da Giovanna. Freunde von uriger toskanischer Küche sind hier goldrichtig. Der Koch schreckt nicht zurück vor typischen toskanischen Klassikern wie Innereien (Kutteln, Leber etc.). Für alle, die das nicht mögen, gibt es fantastische Pasta mit Trüffel- oder Entensauce. Das Preis-Leistungs-Verhältnis stimmt. Eine Flasche Wein kann man sich ohne Weiteres gönnen. Via Anconetana 164, Tel. 0575/36 01 53, www.dagiovanna.com

BARS UND CAFÉS

Crispi's. Nicht nur qualitativ hochwertige Getränke, sondern auch leckere Snacks und Pizzen werden hier serviert. Ab etwa 22 Uhr wird es voll und laut. Via Francesco Crispi 10/12.

Vita Bella. Lebhaftes Café voller junger Leute. Hier kann man am Stadtleben teilnehmen oder sich auch nur darauf beschränken, das Drumherum zu beobachten. Piazza San Francesco 22.

ÜBERNACHTEN

La Corte del Re. Sechs Apartments in zentraler Lage, gleich um die Ecke von der Piazza Grande. Das historische Gebäude erhielt eine moderne Ausstattung mit komfortablen Extras und bietet so den idealen Ausgangspunkt für die Stadtbesichtigung. Von einigen der Zimmer sieht man auch auf die Piazza. Via Borgunto 5, Tel. 0575/29 67 20, www.lacortedelre.eu

Cavaliere Palace Hotel. Vier-Sterne-Haus in der Nähe des Bahnhofs. Die Zimmer sind zwar etwas

Was das Herz begehrt – in der Küche des Ristorante »Il Cantuccio« in Arezzo

klein und zweckmäßig eingerichtet, bieten aber die nötige Ruhe, um sich zu erholen. Parkplatzbenutzung gegen Aufpreis. Via della Madonna del Prato 83, Tel. 0575/268 36.

VERANSTALTUNGEN

Antiquitätenmesse. Der große Antiquitätenmarkt an jedem ersten Wochenende des Monats an der Piazza Grande ist ein Erlebnis: Mehr als 500 Aussteller aus ganz Italien und teilweise auch aus dem Ausland präsentieren ihre besten Stücke.

Arezzo Wave. Das Musikfestival, bei dem Stars aus dem In- und Ausland auftreten, dauert Mitte Juli sechs ganze Tage. Informationen und Karten gibt's unter www.arezzowave.com.

Giostra del Saracino. Siehe S. 119.

INFORMATION

Via Ricasoli, Tel. 0575/40 35 74, www.arezzocitta.com

ECHT TOSKANISCH –

Leben im Herzen Italiens

Die Familie, gutes Essen, ein Plausch auf der Piazza – was das Leben in ganz Italien ausmacht, gilt natürlich auch für die Toskana. Doch die Bewohner dieser Region haben mit ihrem besonderen Sinn für Schönheit und Harmonie nicht nur eine einzigartige Kulturlandschaft geprägt und unzählige Kunstwerke geschaffen, sie sorgen auch für ein unvergleichliches Lebensgefühl – eben »typisch toskanisch«.

»Noi toscani siamo aperti!« – »Wir Toskaner sind offene Menschen!«, antwortet Vera Petreni aus Monticchiello bei Pienza, wenn man sie nach den Eigenschaften ihrer Landsleute fragt. Zwar wirken die meisten Menschen in dieser Gegend auf den ersten Blick ruhiger und reservierter als anderswo in Italien – doch wer genau hinsieht, dem werden besonders auf dem Land spontane Herzlichkeit und echtes Interesse am Fremden begegnen.

Die Toskana liegt im Herzen Italiens, und ihre Bewohner sind in vielerlei Hinsicht »echte Italiener«: Die Familie ist heilig, was nicht nur beim sonntäglichen Mittagessen (*pranzo*) in großer Runde deutlich wird. Man hilft sich, ist füreinander da – und man nimmt sich das Recht, sich einzumischen. Die Kinder verbleiben in der Regel lange im Schoß der Familie und verlassen das von *mamma* behaglich gehütete Nest oft erst, wenn sie um die 30 sind, heiraten und selbst Kinder bekommen. Wie in ganz Italien, so werden die *bambini* auch in der Toskana vergöttert. Wer mit der Familie verreist, kann damit rechnen, dass Kinder in den hiesigen Hotels und Restaurants herzlich willkommen sind. Auch bei zufälligen Begegnungen wird dem Nachwuchs wahrscheinlich so manches toskanische Herz spontan zufliegen.

Trotz der Vielseitigkeit der Landschaft und des Facettenreichtums ihrer Bewohner wird die gesamte Toskana von einem einzigartigen Lebensgefühl geprägt, das sie von anderen Regionen Italiens unterscheidet. Vielleicht kommt man ihm mit den Begriffen »Harmonie« und »Klarheit«

Fensterplatz

am nächsten. So lebt die vielgepriesene toskanische Kulturlandschaft von ihren einfachen Formen: der sanfte Hügel, auf dem kerzengerade einige Zypressen in den Himmel ragen, daneben ein Landhaus, dessen klare Linien praktische Funktionalität mit Sinn für Ästhetik vereinen. Auch die Kunstwerke, die zu Tausenden in Kirchen und Museen in Florenz, Pisa, Siena und unzähligen anderen toskanischen Orten zu bewundern sind, erzählen von einer jahrhundertelangen Tradition der Besinnung auf das Wesentliche, von der Suche nach Ausgleich und Perfektion.

Im Alltag der Menschen spielt neben der Ästhetik auch die Nachhaltigkeit eine große Rolle. Gerade in den ländlichen Gegenden ist die »Wegwerfgesellschaft« verpönt. Sowohl die Wohnungseinrichtung als auch Gebrauchsgegenstände oder Kleidung betreffend gilt: Qualität geht vor – es muss nicht immer der neueste Trend sein! Altes wird geschätzt und lieber schonend restauriert als durch Neues ersetzt. Wo es etwas nobler zugeht, zeigt sich der Wohlstand stets in schlichter Eleganz, weniger in nutzlosem Prunk. Auch hier ist es der Instinkt für das rechte Maß, der die Menschen der Toskana auszeichnet.

Beim Essen merkt man schnell, dass die typisch toskanische Einfachheit nicht mit Genussverzicht einhergeht. Wenige Zutaten von höchster Qualität genügen jedem Koch und jeder Hausfrau, um ein vorzügliches Menü zu kreieren. Vergangene und zukünftige Mahlzeiten sind ein sehr beliebtes Gesprächsthema. Bei vielen Gelegenheiten wird man in der Toskana Menschen beobachten können, die ausgiebig über die richtige Zubereitung einer perfekten *panzanella* (Brotsalat) oder *ribollita* (Eintopf) diskutieren.

Mit wenigen Zutaten lassen sich köstliche Gerichte zaubern.

Die Bewohner der Toskana gelten als durchaus selbstbewusst.

Einem solchen Gespräch zu folgen, dürfte auch Italienisch-Anfängern nicht allzu schwer fallen, denn in der Toskana pflegt man eine vergleichsweise klare und deutliche Aussprache. Da der hiesige Dialekt außerdem weitestgehend dem »Hochitalienischen« entspricht (siehe S. 76 f.), ist man hier als Sprachschüler bestens aufgehoben. Literatur und klassische Bildung genießen bei den Einheimischen übrigens höheres Ansehen als bei vielen ihrer Landsleute.

Ansonsten zeichnen sich die Toskaner seit jeher durch Gemeinschaftsgeist und Eigeninitative aus. Die eigene Stadt oder das eigene Dorf sind die erweiterte Familie, auf die man in der Regel mit großem Stolz verweist und für die man sich verantwortlich fühlt. Wohl auch deshalb wirkt die Toskana sauberer und geordneter als andere Landstriche Italiens. Skeptisch gegenüber jeder Autorität von außerhalb, haben die Menschen ihre Geschicke hier meist selbst in die Hand genommen und sich bereits früh zu kleinen, selbstbestimmten Gemeinschaften wie etwa Handwerkszünften zusammengeschlossen. Die politische und gesellschaftliche Entwicklung der vergangenen Jahrzehnte entspricht dieser Haltung: Die Toskana wählt traditionell links – und die katholische Kirche, die in weiten Teilen Italiens nach wie vor großen Einfluss genießt, hat es hier ungewöhnlich schwer.

So ist es neben dem untrüglichen Sinn für Schönheit und Harmonie auch der Wille zu einem selbstbestimmten Leben, der die Toskaner auszeichnet. Und Vera Petrenis Nachbar Massimo spricht sicherlich nicht nur für sich allein, wenn er mit einem verschmitzten Lächeln feststellt: »Sono uno spirito libero!« – »Ich bin ein Freigeist!«

Cortona wurde von den Etruskern gegründet und war eine ihrer ältesten und bedeutendsten Städte.

21 Cortona
Filmreife Traumkulisse

Ein Zimmer mit Aussicht zu bekommen, ist in Cortona sicherlich kein Problem, denn hier gehört der wunderschöne Weitblick zu den Hauptattraktionen. In den stimmungsvollen Gässchen mit ihren gut erhaltenen Häusern und Palästen aus dem Mittelalter lassen sich herrlich italienische Lebenslust und Geschichte erleben.

Cortona bietet alles, was Toskana-Besucher erwarten: bezaubernde Landschaft, uralte Häuser und die richtige Mischung aus Palästen, Kirchen und erstklassigen Restaurants. Kein Wunder, dass große Teile des romantisch-idyllischen Hollywoodstreifens »Unter der Sonne der Toskana« (»Under the Tuscan Sun«, 2004) hier gedreht wurden.
In der von der Autobiografie der Amerikanerin Frances Mayes inspirierten Geschichte erlebt die Hauptdarstellerin Diane Lane Liebe, Leid und Kulturunterschiede fernab von zu Hause.

Alt, aber gut erhalten

Cortona, eine der ältesten Städte der Toskana, hat seinen Ursprung in einer Etrusker-Siedlung. Heute zählt die Stadt, in der um 1445 der berühmte Maler Lucca Signorelli geboren wurde, 23 000 Einwohner. Allein schon die einmalige Lage des auf einem Berg erbauten Ortes ist eine Reise wert, dazu kommt noch ein kostenloser Bonus für alle Übernachtungsgäste: Wer ein Zimmer bucht, genießt von dort garantiert einen wunderbaren Blick auf eine der typischsten Landschaften der Toskana.
Die Aussicht über das Val di Chiana und auf den Lago Trasimeno ist absolut spektakulär. Obwohl die Stadtbesichtigung auch in nur wenigen Stun-

Cortona von oben

den möglich ist, lohnt sich die Übernachtung also auf jeden Fall. Dann bleibt auch mehr Zeit, die hervorragenden Restaurants auszuprobieren, von denen diese Kleinstadt eine beachtliche Anzahl besitzt.

Einfach gut!

PILZE STATT STEAK
Bei der Sagra del Fungo Porcino, einem kulinarischen Festival Mitte August, kommen endlich auch einmal Vegetarier voll auf ihre Kosten. Hier wird dem Steinpilz die Ehre erwiesen – dazu gibt's Musik und köstlichen Wein aus der Region.

Stadtrundgang

Das steile Gefälle schlägt sich auch im Stadtbild nieder: Die verwinkelten Straßen scheinen in alle möglichen und unmöglichen Richtungen abzubiegen, sodass man sich eigentlich verlaufen müsste, wäre das Städtchen nicht so überschaubar. An fast jeder Ecke stößt man auf geschichtsträchtige Bauten wie den im 13. Jahrhundert erbauten Palazzo Comunale mit seinem zinnenbekrönten Turm (16. Jahrhundert) an der windschiefen Piazza della Repubblica oder den Palazzo Casali, der schon seit dem 13. Jahrhundert die Piazza Signorelli schmückt. In Letzterem ist das Museo dell'Accademia Etrusca (MAEC) untergebracht, in dem man vor allem etruskische Fundstücke besichtigen kann. Zum Stolz der Sammlung gehört neben den detailreichen Bronzestatuetten eine reich verzierte bronzene Öllampe, die stolze 55 Kilogramm auf die Waage bringt. Kein Wunder, ist sie doch mit

Gedeckter Tisch mit Pasta und Wein

Oben: Blumengeschmückter Treppenaufgang
Mitte: Der Stadtplatz von Cortona
Unten: Das Klosterhotel am Hang des Monte Sant'Egidio erhebt sich schon von Weitem sichtbar aus dem Chiana-Tal.

Sirenen, Satyrn und dem Kopf einer Gorgone geschmückt. Das Museum hat auch einige Leichen im Keller, bei denen es sich um Mumien aus dem fernen Ägypten handelt (Piazza Signorelli 9, tgl. 10–19 Uhr, im Winter tgl. außer Mo bis 17 Uhr, www.cortonamaec.org).

Chiesa di Santa Margherita

Wandert man nach dem Museumsbesuch weiter durch das Gassenlabyrinth, kommt man im Osten zur Chiesa di Santa Margherita, in der man über dem Hauptaltar das mit gläsernen Wänden ausgestattete Grab (14. Jahrhundert) der Heiligen Margareta besuchen kann. Für eine Heilige hatte sie ein eher wechselvolles Leben: Bevor sie nach Cortona kam, hatte sie mehrere Liebhaber und sogar einen unehelichen Sohn. Doch Cortona veränderte ihr Gemüt, und sie kümmerte sich als Franziskanerin fortan um Kranke, Arme und andere von der Gesellschaft Ausgeschlossene. Der Architekt Giovanni Pisano bekam im 14. Jahrhundert den Auftrag, die ursprünglich sehr kleine Kirche zu vergrößern. Im Barock wurde sie sehr den damaligen Trends angepasst, doch die Grundstruktur von Chor, Kapellen und dem Hauptschiff blieb unverändert. Sehenswert sind heute vor allem das Mausoleum aus Marmor an der linken Seite und die Urne der Heiligen Margareta, die von Pietro da Cortona geschaffen wurde. Auffallend ist auch ein hölzernes Kruzifix, dessen Entstehung auf das 13. Jahrhundert zurückgeht (Piazza Santa Margherita, April bis Okt. 7.30–12 und 15–19 Uhr, Nov. bis März 8.30–12 und 15–18 Uhr).

Wer nach der Kirchenbesichtigung noch ein wenig Lust auf Bergsteigen hat, kann sich bis zur Fortezza Medicea durchschlagen. Am höchsten Punkt der Stadt genießt man einen wunderschönen Blick auf die sanfte toskanische Landschaft.

Infos und Adressen

ESSEN & TRINKEN

La Grotta. In heimeligem Ambiente genießt man in nur zwei Gasträumen das Flair einer typischen Trattoria. Besonders empfehlenswert sind die Pilzgerichte. Piazza Baldelli 3, Tel. 0575/63 02 71.

Osteria del Teatro. Alle Tische sind mit frischen Blumen dekoriert und alle Wände mit Fotos berühmter Persönlichkeiten, deren Geschmacksknospen hier schon mit allerlei toskanischen Leckereien erfreut wurden. Via Maffei 2, Tel. 0575/63 05 56, www.osteria-del-teatro.it

Bucaccia. Hier lässt sich der Abend bei einem gemütlichen Mahl verbringen, denn die bodenständige Küche ist ausgezeichnet. Es lohnt sich, ein wenig Zeit mitzubringen, um die entspannte Atmosphäre in diesem ehemaligen etruskischen Keller zu genießen. Via Ghibellina 17, Tel. 0575/60 60 39, www.labucaccia.it

ÜBERNACHTEN

Locanda del Molino. Wie in einem toskanischen Landhaus lebt man in diesem gepflegten Hotel. Das Restaurant ist ein Traum: Mit alten Töpfen an der Wand weist es den Weg zur himmlischen Küchenkunst, die hier betrieben wird. Ortsteil Montanare 10, Tel. 0575/61 40 16, www.locandadelmolino.com

Hotel San Michele. Mit seinen prunkvollen und geräumigen Zimmern hat das erste Haus am Platz diese Bezeichnung auf jeden Fall verdient. Via Guelfa 15, Tel. 0575/60 43 48, www.hotelsanmichele.net

VERANSTALTUNGEN

Giostra dell'Archidado. Am Sonntag nach Christi Himmelfahrt, also im Mai oder Juni, kehrt Heiterkeit in Cortona ein. Mittelalterliche Paraden der Bevölkerung und Wettbewerbe zwischen den einzelnen Stadtvierteln finden ihren Höhepunkt im mittelalterlichen Armbrustschießen. Ein weiteres Highlight ist der Run auf die *verretta d'oro*, einen

Typisch Toskana – in der urigen »Locanda del Molino« bekommt man typische Gerichte der Region.

goldenen Pfeil, um den die Bewohner Cortonas in mittelalterlichen Roben wettkämpfen.

Mostra Antiquaria. Wenn der August in den September übergeht, wird es alljährlich Zeit für die größte Antiquitätenmesse von ganz Italien. Diese findet überall in Cortona statt.

Sagra della Bistecca. Beim Steak-Festival, das vom 14. auf den 15. Aug. stattfindet, verwandelt sich der Giardino del Parterre zu einem einzigen gigantischen Grill. Hier kann man die Palette der besten toskanischen Grillspezialitäten durchkosten. Ein Erlebnis!

INFORMATION

Via Nazionale 42, Tel. 0575/63 03 52, www.cortonaweb.net

DER WESTEN

Seite 132/133: Urgemütliche und typisch italienische Wohnhäuser in Volterra
Mitte: Am Strand von Vada nördlich von Cécina
Unten: Weite Pinienwälder gibt es rund um Cécina.

22 Cécina und Cécina Mare

Urlaub unter Italienern

Den Duft der schattigen Pinienwälder von Cécina vergisst man so schnell nicht wieder. Auch den grobsandigen Strand behält man in bester Erinnerung, denn dort lässt sich ein herrlicher Badeurlaub verbringen: Für Abwechslung ist gesorgt mit Beachvolleyball oder Kanu- und Tretbootfahren sowie dem feucht-fröhlichen Wasserpark »Aquavillage«. An Regentagen stehen ansprechende Museen auf dem Programm.

Am Südufer des gleichnamigen Flusses und im Norden der Maremma-Ebene liegt das als Handelszentrum bekannte Cécina. Nach erheblicher Beschädigung im Zweiten Weltkrieg musste alles neu aufgebaut werden, weshalb das heutige Stadtzentrum relativ modern anmutet.

Traditioneller Italien-Urlaub

Das weitläufige Zentrum der 30 000-Einwohner-Stadt reicht von den Colline Metallifere im Westen bis zum Meer. Hier ist ein Paradies für Bade-

GUT ZU WISSEN

IM AUGUST? NEIN DANKE!
Im Grunde ist es zwar recht angenehm, als Ausländer zwischen den italienischen Touristen eingebettet zu sein, allerdings kann zu viel des Guten auch das Gegenteil bewirken: Vor allem im August starten alle Italiener in den Sommerurlaub. Wer sich zu dieser Zeit erholen oder entspannen will, sollte lieber ins Landesinnere fahren.

urlauber entstanden. In der Fußgängerzone herrscht Trubel wie auf dem Jahrmarkt: Kinder schlecken Eis, während sie sich schon auf die nächste Fahrt im Autoscooter freuen, Familien vergnügen sich beim Minigolf oder genießen herzhafte toskanische Spezialitäten in den Restaurants und Trattorien. In kaum einer anderen Touristenhochburg herrscht eine so entspannte und zufriedene Stimmung.

Relaxtes Strandleben

Wegen der besonders guten Qualität des Wassers werden die Strände bei Cécina Mare regelmäßig mit der begehrten »Blauen Flagge« ausgezeichnet. Dabei sind sie so weitläufig, dass nicht jeder Quadratmeter von Strandbädern belegt wird. So haben Besucher die Wahl, im *bagno* ein Plätzchen mit Liege und Sonnenschirm zu mieten oder Strand und Meer etwas abseits der Massen zu genießen. Mit Ausnahme von Sonntagen, an denen es für gewöhnlich richtig voll wird, findet man immer ein ruhiges Plätzchen. Die kühlen Pinienwälder im Rücken und das unendliche blaue Meer im Blick, wünscht sich mancher, nie wieder wegzumüssen.

In südlicher Richtung reicht der grobsandige Strand bis nach Bibbona. Der schönste Strandabschnitt liegt aber etwas nördlich von Cécina Mare, im Nachbarort Vada. Dort erinnert das Strandbild mit dem türkisfarbenen Wasser und dem schneeweißen Sand an die Karibik, und es gibt – wie auch in Cécina – frei zugängliche Abschnitte. Wer den 15 Kilometer langen Weg dorthin nicht am Strand, sondern lieber im Schatten zurücklegen will, der kann den parallel verlaufenden Pfad durch die Pinienwälder nehmen. Dieser lässt sich auch gut auf einem Fahrrad zurücklegen. Räder verleiht Biancani Massimo Cicli (Corso Matteotti Giacomo 323, Tel. 0586/68 33 63).

Einfach gut!

IL CALASOLE

In diesem bezaubernden Restaurant fühlt man sich wie in einem Märchenreich. Verspielte, bunte Tischdekorationen, stets an der Grenze zum Kitsch, sind nur ein Detail des zauberhaften Ambientes. Dazu fügen sich die filigranen weißen Stühle, die vielen Kerzen und die herrliche Blumendekoration zu einem harmonischen Gesamtkunstwerk. Doch auch kulinarisch entführt Sie das Calasole in eine Traumwelt: Hausgemachte Gnocchi, die butterweich mit den Venusmuscheln und kleinen Tomaten harmonieren, danach ein gemischter Fischteller, der seinesgleichen sucht. Für diese Genüsse gibt man gern einmal ein bisschen mehr aus.

Il Calasole. Cécina Mare, Viale della Vittoria 38, Tel. 0586/62 22 80.

Spuren im Sand – der romantische Strand für einen herrlichen Badeurlaub

Oben: Volterra liegt wie ein Adlernest über dem Land der Cécina. **Unten:** Sonnenuntergang an der Küste in Cécina

Wasser-Action

Zur sportlichen Betätigung am Strand stehen Tretboote und Kanus bereit, auch Segeln und Tauchen sind im Angebot. Einen Wasserspaß ganz anderer Art bietet das Erlebnisbad »Aquavillage« am Ortseingang von Cécina Mare mit seinen spektakulären Wasserrutschen (Via Tevere 25, Tel. 0586/62 25 39).

Riserva Statale Tomboli di Cécina

Rund um Cécina wurden weitläufige Pinienwälder angelegt, um den Küstenwind vom Landesinneren abzuhalten. Das Naturschutzgebiet der *tomboli* – lange, mit einer dichten Vegetation bewachsene Dünenstreifen, die vom Strand ins Landesinnere drängen – erstreckt sich über 15 Kilometer. In Größe und Ursprünglichkeit ist der intensiv duftende Pinienwald unvergleichlich. Für Erkundungstouren sind Fahrräder ideal (siehe S. 135).

Sehenswertes

Für das Kulturprogramm sorgen in Cécina zwei Museen in der Villa Guerrazzi: Das volkskundliche Museo della Vita e del Lavoro steckt voller historischer Geräte aus Wein- und Ackerbau. Im Museo Archeologico Comunale Etrusco-Romano stehen lokale Ausgrabungen von der frühgeschichtlichen Zeit bis zur Besiedelung durch die Etrusker und Römer im Fokus (www.museoarcheologico cecina.it). Wer das wahre Cécina kennenlernen möchte, sollte an einem Dienstag früh aufstehen, um den großen Wochenmarkt zu besuchen. Bereits um 7 Uhr werden im ganzen Zentrum die Stände aufgebaut, um 12 Uhr mittags ist Schluss. Hier bekommt man die ganze kulinarische Pracht an toskanischen Spezialitäten – Früchte, Gemüse, Käse, Fisch, Fleisch- und Wurstwaren – vor Augen geführt.

Infos und Adressen

ESSEN UND TRINKEN

Scacciapensieri. Hier dreht sich alles um fangfrischen Fisch: Der Meeressalat, der Garnelenrisotto oder Fritto misto sind ein Traum! Wenn man Glück hat, steht auch die einmalige Fischsuppe nach altem Rezept auf der Tageskarte. Wer keinen Fisch mag oder Wert auf ein großes Nachspeisenangebot legt, ist hier fehl am Platz. Via Verdi 22, Tel. 0586/68 09 00, www.ristorantescacciapensieri.com

Il Frantoio. Ausgesprochen feine Küche mit ausschließlich regionalen Zutaten und freundlicher Bedienung. Fleisch- und Fischgerichte halten sich die Waage. Mit Schweinskarree oder Frittura mista ist man immer gut beraten. Via della Madonna 9, Montescudaio, Tel. 0586/65 03 81, www.ristorantefrantoio.com

Ristorante da Fiammetta. Wer hier nie zu Gast war, hat wirklich etwas versäumt. Vor allem der Cacciucco (eine für die Livorneser Küste typische Fischsuppe) ist ein Traum! Via Sforza 3, Cécina Mare, Tel. 0586/62 03 91, www.ristorantedafiammetta.com

BARS UND CAFÉS

Bar il Sole. Der ideale Ort zum Frühstücken. Mit gefüllten Croissants und anderen Brioche-Leckereien startet man optimal in den Tag. Wer an der Bar im Stehen isst, zahlt um einiges weniger. Cécina Mare, Via Cristoforo Colombo 29.

MÄRKTE

Antiquitätenmarkt. Sonntags wird ein Lebensmittel- und Antiquitätenmarkt im Viale della Repubblica abgehalten. Der belebte kleine Straßenmarkt im Viale della Vittoria lädt täglich zum Bummeln ein. Hier gibt's vor allem Modeschmuck, Keramik, Tücher, Bikinis und Krimskrams.

ÜBERNACHTEN

La Buca del Gatto. Komfortables Hotel mit Pool und Tennisplatz. Die Zimmer sind zwar etwas altmodisch eingerichtet, dafür ist der Weg zum Strand nicht allzu lang. Via della Astronomia 1, Tel. 0586/62 90 76, www.labucadelgatto.com

INFORMATION

Via Nazario Sauro (neben der modernen Kirche), www.cecina.net oder www.costadeglietruschi.it

Entspannte Atmosphäre am Swimmingpool im »Hotel La Buca del Gatto« an der Küste von Cécina Mare

23 Massa Marittima

Mittelalterliche Perle

Als gemma della Maremma (»Edelstein der Maremma«) wird Massa Marittima im Volksmund bezeichnet. In der sonst so rauen Maremma sticht die Kleinstadt mit ihrer feinen, mittelalterlichen Siedlungsstruktur und den historischen Bauwerken heraus. Jahrhundertelang war sie für ihre Minen und den Abbau von Bodenschätzen bekannt, im 10. Jahrhundert schwang sie sich gar zum Bischofssitz auf.

Eigentlich hat Massa Marittima seine Schönheit zwei Unglücksfällen zu verdanken. Zum einen wurde 835 die damalige Bischofsstadt Populonia von griechischen Seeräubern zerstört und der Bischof dazu veranlasst, ins Innere des Landes zu flüchten. So landete er auf den Hügeln von Massa, wo er später in der Burg von Monte Regio residierte. Zum anderen wütete um 1300 die Malaria in den Sumpfgebieten rund um Massa Marittima, vor der viele Menschen Reißaus in die luftigen Anhöhen nahmen.

Sieneser Herrschaft

Im Jahr 1228 wurde Massa Marittima, wie viele andere toskanische Städte, eine freie Kommune. Die Oberstadt, oder Città Nuova, entstand nach und nach. Heute noch ist sie ein Abbild der damaligen Zeit und stark von der Architektur des 14. bis 18. Jahrhunderts geprägt. Nach gut 100 Jahren als freie Stadt wurde Massa Marittima 1335 von der Sieneser Republik geschluckt, was man heute noch daran erkennt, dass am Palazzo Pretorio auf der Piazza Garibaldi das Stadtwappen Sienas mit der Wölfin prangt.

Mitte: Natursteinästhetik pur – Massa, ein städtebauliches Juwel
Unten: Kapitolinische Wölfin als Zeichen der Macht am Palazzo Vescovile, dem Bischofspalast

3000 Jahre Bergbaugeschichte

Schon die Etrusker begannen in den Hügeln von Massa mit dem Abbau von Bodenschätzen wie Kupfer, Zinn, Blei, Eisen und Silber. Die Römer folgten – wie meistens – dem Beispiel ihrer Vorgänger und beuteten die Berge ebenfalls aus. Heute ist der Anteil an Bodenschätzen so gering, dass sich ein Abbau nicht mehr lohnt. Das Museo della Miniera, das passenderweise in einem ehemaligen Bergwerk untergebracht ist, gibt einen schönen Einblick in die regionale Bergbaugeschichte (Via Corridoni, Tel. 0566/90 22 89, www.massamarittimamusei.it; Führungen auch auf Englisch).

Città Vecchia/Piazza Garibaldi

Massa Marittima birgt unerwartete Kunstschätze. Allein die recht überschaubare Piazza Garibaldi, einer der schönsten Plätze der Toskana, ist eine Reise wert. Hier steht auch der romanische Dom San Cerbone, den nicht zuletzt sein unregelmäßiger Grundriss aus dem Kirchengetümmel der Toskana heraushebt. Zwischen 1228 und 1304 errichtet, ragt er in den Platz hinein, wodurch er noch eindrucksvoller wirkt. Auf seinem gestuften Sockel sitzen stets Menschen, die sich ausruhen, unterhalten oder von dort das Geschehen auf der Piazza verfolgen.

Im dreischiffigen Inneren zieht vor allem der Taufstein aus Travertin mit Szenen aus dem Leben Johannes des Täufers die Blicke auf sich. Das quadratische untere Becken wurde 1267 von Giroldo da Como gefertigt, der tempelartige Aufsatz geht auf einen unbekannten Meister des 15. Jahrhunderts zurück. Das Glanzstück des Doms ist die Arca di San Cerbone (»Sarkophag des Heiligen Cerbonius«) aus dem Jahr 1324. Goro di Gregorio

Nicht verpassen

BALESTRO DEL GIRIFALCO

Beim Armbrustfest treten die Bewohner der drei Stadtviertel gegeneinander an. Bei einem Armbrust-Wettschießen und anderen historischen Wettbewerben sind Spaß und Spannung garantiert. Natürlich gehören auch feucht-fröhliche Umzüge in bunten historischen Gewändern dazu. Die einzelnen Stadtviertel erkennt man an ihren Fahnen: Schwarz-weiß-kariert mit gelben Verzierungen ist die Flagge der »Città Vecchia« (Altstadt), die »Città Nuova« (Neustadt) ist mit den Farben Rot, Weiß und Grün vertreten, und der »Borgo« (Vorstadt) wird durch die Farben Blau, Gelb und Rot repräsentiert. Als Besucher fühlt man sich beim Balestro del Girifalco gleich mitten im Geschehen, da die Stadt nicht allzu groß ist. Somit wird der Besuch zum unvergesslichen Erlebnis.

Balestro del Girifalco. Immer am vierten Sonntag im Mai sowie am zweiten Sonntag im August auf der Piazza Garibaldi

Massa Marittima zeigt sich beim Wettkampf der Armbrustschützen in mittelalterlichem Gewand.

Oben: Magischer Platz in Massa Marittima: die Piazza Garibaldi
Mitte: Etruskische Ausgrabungen
Unten: Bei Volksfesten markiert man die Grenzen der einzelnen Stadtviertel mit Fahnen.

verzierte sie mit Flachreliefs, die das Leben des Heiligen dokumentieren.

Machtzentrum Palazzo Comunale

Gegenüber erhebt sich der vierstöckige Palazzo Comunale, der aus zwei Turmhäusern (13. bzw. 14. Jahrhundert) zusammengefügt wurde. Von hier aus wurden jahrhundertelang die Geschicke der Stadt gelenkt. Mittig über der Eingangstür lassen sich sowohl das Medici-Symbol (Schild, sechs Kugeln und drei Lilien) als auch das Wappen der Stadt Siena (Wölfin mit Romulus und Remus) ausmachen. Unter den Räumen der heutigen Stadtverwaltung sticht vor allem der repräsentative Empfangssaal des Bürgermeisters hervor: Er wurde in einer ehemaligen Kapelle eingerichtet.

Palazzo Pretorio

Ein schmuck- und turmloser Block aus weißgrauem Travertin dominiert die südwestliche Ecke der Piazza Garibaldi: Im Palazzo Pretorio (13. Jahrhundert), der das Stadtwappen von Massa Marittima sowie das sienesische trägt, befindet sich das Museo Archeologico e Comunale. Es nennt unter anderem einen versteinerten Affen und eine Stele aus dem 3. Jahrtausend v. Chr. sein Eigen (Piazza Garibaldi 1, Tel. 0566/90 22 89, www.massamarittimamusei.it).

Die Oberstadt

Der Aufstieg auf den Hügel führt in die Città Nuova, wo die Gassen nicht verwinkelt sind wie unten, sondern in einem Gittermuster angelegt. Die Torre Candeliere an der Piazza Matteotti ist durch den Arco Senese mit den ehemaligen Bastionen der Stadtmauer verbunden. Von dem 22 Meter hohen Bogen hat man einen sehr schönen Blick.

Infos und Adressen

ESSEN UND TRINKEN

Bracali. Den äußerst gut sortierten Weinkeller halten manche für einen der besten in der ganzen Toskana. Wer beim Essen auf Nummer sicher gehen möchte, bestellt sich das Tagesmenü, das eine ausgewogene Mischung aus köstlichen Traditionsgerichten bietet. Das Ambiente ist sehr chic, die Preise sind relativ hoch. Ortsteil Ghirlanda, Via di Perolla 2, Tel. 0566/90 23 18, www.mondobracali.it

Osteria da Tronca. Traditionelle toskanische Küche, netter Service und uriges Ambiente, das alles zu fairen Preisen. Vicolo Porte 5, Tel. 0566/90 19 91.

BARS UND CAFÉS

Pub dei Fantasmi. Hier geht man nach dem Abendessen hin, wenn man in Feierlaune ist. Vor allem junge Leute in ausgelassener Stimmung geben hier so richtig Gas. Manchmal gibt es auch Livemusik unterschiedlicher Richtungen, von Latin über Jazz bis Rock. Via Norma Parenti 2/4, Tel. 0566/90 39 50.

ÜBERNACHTEN

Podere Riparbella. Der neu renovierte Agriturismo-Hof bietet luxuriöses Landleben zum vergleichsweise kleinen Preis. Hier kann man auch Mitbringsel kaufen: Vom selbst produzierten, hochqualitativen Olivenöl über Wein bis zum frischen Gemüse gibt es alles direkt vom Produzenten. Arbeitswillige, die gern länger bleiben würden, sollten sich die Stellenangebote auf der Homepage ansehen. Sopra Pian di Mucini, Tel. 0566/91 55 57, www.riparbella.com

Tenuta del Fontino. Dieses Landgut bietet alles, was man sich für einen Traumurlaub in der Toskana wünscht: Eine idyllische Lage mit Ausblick zum Schwachwerden, einfach und geschmackvoll eingerichtete Zimmer, dazu hervorragende Tropfen aus eigener Produktion. Erfrischen kann man sich im Pool und im hauseigenen Badeteich.

Gemütliche Atmosphäre in der »Osteria da Tronca«

Ortsteil Accesa, Tel. 0566/91 92 32, www.tenutafontino.it

VERANSTALTUNGEN

Toscana Foto Festival. Die Reihe fantastischer Ausstellungen von Profi-Fotografen beginnt Anfang Juli und zieht sich bis in den August hinein.

INFORMATION

Via Todini 3/5, Tel. 0566/90 27 56, www.altamaremmaturismo.it

24 Volterra

Die Stadt der Etrusker

Als eine der zwölf Bundesstädte des alten Etrurien war Volterra eine der wichtigsten etruskischen Städte. Neben Relikten der Etrusker besitzt die älteste Stadt Italiens einen ansehnlichen mittelalterlichen Kern und bietet eine historische Vielfalt, die ihresgleichen sucht. Ein Besuch des Museo Etrusco Guarnacci ermöglicht einen interessanten Ausflug in die Welt eines Volkes, das in der Antike in vielen Bereichen die Trends vorgab.

Vor mehr als 2000 Jahren hieß Volterra noch Velathri und war eine mächtige Etruskerstadt, ein wichtiges Handelszentrum und das gewichtigste Mitglied des etruskischen Städtebundes, mit einem Herrschaftsgebiet, das von Pisa bis Populonia reichte. Die Glanzzeit ist aber längst vorbei, denn

GUT ZU WISSEN

SCHÖNER ANKOMMEN

Wer nach Volterra fährt, sieht sich meistens auch San Gimignano an. Dabei machen viele den Fehler und nehmen die viel befahrene SS68 als Verbindungsweg. Es gibt jedoch eine viel schönere Route, bei der man das bezaubernde toskanische Hinterland so richtig genießen kann. Am Parkplatz in San Gimignano fährt man links, nach etwa zwei Kilometern kommt man zu einem Kreisverkehr, den man in Richtung Montaione verlässt. Ab dort verläuft die Landstraße fast sieben Kilometer lang durch liebliche toskanische Gefilde. Nach einer Kurve biegt man links ab und nach zehn Kilometern geht's rechts auf die SS 68, auf der man noch ein kleines Stück bis nach Volterra fährt.

Mitte: Der Kern der heutigen Stadt Volterra liegt abgeschieden auf einem 550 Meter hohen Bergrücken über dem Tal der Cécina. **Unten:** Im 1761 gegründeten Museo Etrusco Guarnacci findet man nach Rom und Florenz die reichste etruskische Sammlung Italiens.

die Einwohnerzahl Volterras ist von mehr als 25000 Menschen zur Etruskerzeit auf 13000 gesunken. Berühmt ist es heute hauptsächlich für seine Alabastervorkommen und -werkstätten: Volterra gilt als Zentrum der europäischen Alabasterproduktion.

Alabasterproduktion

Die bekannteste aller Alabasterwerkstätten mit dem Namen »Rossi« produziert schon seit ihrer Gründung 1912 immer wieder neuartige Alabasterkreationen. Bei einer Betriebsbesichtigung kann man im Rahmen einer Vorführung die Bearbeitung hautnah miterleben und erfährt dabei viel über die Arbeitsvorgänge, die nötig sind, um ein formschönes Endprodukt zu erhalten. Ergänzende Erklärungen bekommt man in Dia- und Filmvorführungen. Fein gearbeitete Skulpturen in vielen klassischen Formen wie Vögel, Pferde oder menschliche Büsten zeugen von einer beeindruckenden Handwerkskunst, wobei auch stilvolle praktische Einrichtungsgegenstände wie Lampen, Vasen oder Schalen gefertigt werden (Piazza della Pescheria, Tel. 0588/861 33, www.rossialabastri.com).

Auf stolzer Höhe

Volterra liegt auf einem Hochplateau 550 Meter über dem Meeresspiegel und wirkt mit den Resten seiner sieben Kilometer langen Stadtmauer beinahe abweisend. Charakteristisch für die Landschaft um Volterra sind die Balze – durch Erosion entstandene Gesteinsformationen, deren Ausbreitung zur Bedrohung für Natur und Architektur geworden ist. Hier gibt es einige Ausgrabungsstätten. In der Stadt warten außerdem etruskische Stadttore, über 2000 Jahre alte Mauerreste, römische Ruinen, ein mittelalterliches Zentrum und alte Adelspaläste darauf, erkundet zu werden.

Nicht verpassen

GENUSSVOLLER KULTURAUSTAUSCH

In der Villa Palagione, wenige Kilometer östlich von Volterra, wird viel geboten: Sprach- und Kochkurse, Exkursionen zu Ausgrabungsstätten und Sehenswürdigkeiten, geführte Wanderungen und nicht zuletzt Workshops zu Kunst, Musik und Handwerk. Das alles in familiärer Atmosphäre und in der einzigartigen Umgebung einer 400 Jahre alten Villa. Vor über 30 Jahren nahm sich ein deutsch-italienischer Freundeskreis des verfallenen Gebäudes an und begann mit der aufwendigen Renovierung. Inzwischen erstrahlt das Haus längst wieder in altem Glanz und bietet seinen Gästen traumhaft schöne Zimmer, die die Epoche der Renaissance aufleben lassen. Wer hier »nur« Urlaub machen möchte, ist übrigens auch herzlich willkommen!

Villa Palagione, Loc. Palagione, Volterra, Tel. 0588/390 14, www.villa-palagione.org

Kunstvolle Alabasterkreation der bekannten Werkstätte »Rossi« in Volterra

Oben: Figuren im Museo Etrusco
Mitte: Das Teatro Romano, erbaut zur Zeit des Kaisers Augustus. Von der Zuschauertribüne für etwa 2000 Personen blickt man auf die Bühnenwand.
Unten: Moderne Kunst in Volterra

Museo Etrusco Guarnacci

Im Gewirr der mittelalterlichen Gassen Volterras hat schon mancher die Orientierung verloren. Von den Parkplätzen an der mittelalterlichen Porta Fiorentina oder am Viale Francesco Ferrucci gelangt man schnell zum Römischen Theater Ⓐ (Scavi del Teatro Romano), das wie die ehemalige römische Badeanlage noch in Ruinen erhalten ist. Danach folgt man der Via Guarnacci bis zur Piazza San Michele, wo man links (in östlicher Richtung) in die Via di Solto abbiegt und immer geradeaus bis zum archäologischen Museo Etrusco Guarnacci Ⓑ in der Via Don Minzoni geht. Dieses Museum bietet eine der bedeutendsten Ausstellungen der Kultur der Etrusker. Alle Exponate wurden entweder in oder um Volterra herum gefunden. Leider lässt die Präsentation größtenteils zu wünschen übrig. Etwas altmodisch wirkt die Aufbereitung, Erklärungen stehen meist nur auf Italienisch zur Verfügung. Am besten leiht man sich daher einen Audioguide, der alle wichtigen Informationen zur etruskischen Zivilisation vermittelt. Nicht entgehen lassen sollte man sich die Bronzefigur »Ombra della Sera« (»Abendschatten«), die – typisch für etruskische Skulpturen – in Teilen sehr übertrieben wirkt. Die Votivstatuette mit ihren überaus langen Beinen könnte auch in einem Museum für moderne Kunst stehen. Wieder ein Beweis dafür, dass die Etrusker absolute Trendsetter waren.

Fortezza Medicea und Parco Archeologico

Einige Schritte südlich des Museums wurde im 14. Jahrhundert die Fortezza Ⓒ erbaut, in der heute ein Gefängnis untergebracht ist. Wenn man der Via di Castello folgt, sieht man zur Linken den Parco Archeologico Ⓓ. Dort, wo in der Antike die Akropolis stand, wurden etruskische Grabhügel freigelegt (März–Okt. 10.30–17.30 Uhr, im Winter

Stadtrundgang Volterra

A Römisches Theater – Gut erhaltene Ruinen des antiken Theaters und eines römischen Badehauses.

B Museo Etrusco Guarnacci – Museum mit vielen Fundstücken aus der Ära der Etrusker. Spektakulär sind die rund 600 aus Tuff und Alabaster gefertigten Urnen im 2. und 3. Stock: Die darauf abgebildeten menschlichen Figuren sind sehr schön herausgearbeitet. Via Don Minzoni 15, Tel. 0588/863 47.

C Fortezza Medicea – Frühere Wehranlage, heute ein Gefängnis. Aus diesem Grund ist ein Besuch der historischen Anlage nicht möglich. Via di Castello.

D Parco Archeologico – Mäßig gut erhaltene Ruinen der antiken Akropolis. Hier kann man ein paar etruskische Grabmäler besichtigen. Via di Castello.

E Palazzo dei Priori – Beeindruckendes Bauwerk und wahrscheinlich Vorbild für den Palazzo Vecchio in Florenz. Ältestes Rathaus der Toskana. Vom kleinen Vorzimmer des Ratssaals genießt man einen herrlichen Blick auf die Piazza dei Priori. Piazza dei Priori im Zentrum von Volterra.

F Dom Santa Maria Assunta – Kirche aus dem 12. und 13. Jh. mit einigen Glanzstücken. Einer der Höhepunkte ist das kleine Fresko »Die Prozession der Weisen aus dem Morgenland« von Benozzo Gozzoli, das sich hinter der Terrakottakrippe der Kapelle des Nordschiffs versteckt. Über dem Hochaltar befindet sich ein atemberaubendes Werk der Alabasterkunst: Das Tabernakel aus dem 15. Jh. wurde in der Werkstatt von Mino da Fiesole gefertigt. Piazza San Giovanni.

G Museo Diocesano d'Arte Sacra – Museum, das Einblick in die Geschichte sakraler Kunst gibt. Via Roma 1.

H Palazzo Pretorio – Alter Stadtpalast mit einem Turm, der nach der Skulptur eines Schweins benannt ist, die von oben hervorschaut.

I Pinacoteca Comunale – Im Palazzo Minucci Solaini befindet sich eine Sammlung aus Kunstwerken verschiedenster toskanischer Künstler. Neben Werken von Pietro de Witte ist vor allem das sehr bewegende Werk »Kreuzabnahme« (1521) von Rosso Fiorentino hervorzuheben, das überwältigende Theatralik verbreitet. Via dei Sarti 1, Tel. 0588/875 80.

Sa, So 10–16.30 Uhr), die gern von Familien besucht werden: Neben einem Picknickplatz gibt es hier einen weitläufigen Spielplatz, und man genießt eine herrliche Aussicht über Volterra.

Das Zentrum

Zurück im Zentrum gelangt man zum zinnenbekrönten Palazzo dei Priori E von 1208, dem ältesten Stadtpalast der Toskana. Mit seinem festungsartigen Äußeren diente er als Vorbild für den Palazzo Vecchio in Florenz. Im Inneren befindet sich eine Gemäldegalerie, die vor allem toskanische Werke aus dem 13. und 15. Jahrhundert zeigt. Gesehen haben sollte man das Fresko von Piero Francesco Fiorentino, welches das gesamte Treppenhaus ziert. Es zeigt die Kreuzigung Christi (1490) mit der Jungfrau Maria, die vom Heiligen Franz von Assisi flankiert wird. Auf der rechten Seite kniet der Evangelist Johannes.

Biegt man in die Via Turazza und dann rechts in die Via Franceschini ab, erreicht man den während des 12. und 13. Jahrhunderts erbauten Dom Santa Maria Assunta F. Zur Rechten des Doms, in der Via Roma, liegt das Museo Diocesano d'Arte Sacra G, in dem Messgewänder und Reliquien sowie religiöse Kunst, unter anderem von Andrea della Robbia und Rosso Fiorentino, zu bewundern sind.

Von hier lohnt sich ein Abstecher in die Gässchen rund um den mittelalterlichen Palazzo Pretorio H mit der Torre del Porcellino (»Schweinchenturm«), der deshalb so genannt wird, weil von oben die kleine Skulptur eines Keilers herabblickt. Der Stadtrundgang endet in der Pinacoteca Comunale I, die eine kleine, aber feine Sammlung von Kunstwerken aus Siena, Florenz und Volterra von der Renaissance bis zum Barock zeigt (Via dei Sarti 1, März bis Okt. tgl. 9–19 Uhr, im Winter 10–16.30 Uhr).

Oben: Fortezza Medicea – eine frühere Wehranlage, die heute ein Gefängnis ist
Mitte: Pinakothek und städtisches Museum der Kunst – seit 1982 im Minucci-Solaini-Palast untergebracht
Unten: Deckenfresken im Palazzo dei Priori

Infos und Adressen

ESSEN UND TRINKEN

Trattoria il Poggio. Der Familienbetrieb im Turmhaus Lavorazzi bietet äußerst leckere Nudelgerichte in gemütlicher Atmosphäre. Hier stimmt auch das Preis-Leistungs-Verhältnis! Via Porta all'Arco 7, Tel. 0588/852 57, www.ilpoggiovolterra.it

Trattoria del Sacco Fiorentino. Der Name der sehr gepflegten Trattoria erinnert an die Eroberung der Stadt durch das Heer von Lorenzo dem Prächtigen im Jahr 1472. Die Küche serviert toskanische Spezialitäten vom Feinsten. Außergewöhnlich bezaubernde Tischdekorationen, vorbildlicher Service. Via Giusto Turazza 13, Tel. 0588/885 37.

Osteria dei Poeti. Zentral gelegen, bietet dieses gemütliche Restaurant in einem mittelalterlichen Gebäude Spezialitäten aus der Region an. Eine besondere Köstlichkeit ist die Wildschweinkreation *Cinghiale dolce forte*, bei der das Fleisch süß-sauer zubereitet wird. Via Matteotti 55, Tel. 0588/860 29.

Pizzeria da Nanni. Winziges Lokal mit ausgesprochen guten Pizzen, von Nanni selbst zubereitet. Typisch italienisch! Via delle Pregioni 40, Tel. 0588/840 47.

Familie Donaldi, Gastgeber im »Del Sacco Fiorentino«

Lauschige Stimmung im Restaurant »Del Sacco Fiorentino« in Volterra

ÜBERNACHTEN

Hotel San Lino. Mit viel Liebe eingerichtetes Viersternehotel in einem ehemaligen Kloster. Für Abkühlung sorgt die schöne Poolanlage im Garten. Von den meisten Zimmern genießt man einen schönen Blick auf die mittelalterliche Via San Lino. Via San Lino 26, Tel. 0588/852 50, www.hotelsanlino.com

Albergo Etruria. Preiswert und gemütlich präsentiert sich dieses Drei-Sterne-Haus im Zentrum, das von zwei sehr zuvorkommenden Damen geführt wird. Die etruskischen Wurzeln liegen hier nicht fern, denn im oberen Stockwerk kann man noch die Reste einer uralten Mauer entdecken. Via Giacomo Matteotti 32, Tel. 0588/873 77, www.albergoetruria.it

VERANSTALTUNGEN

Volterra A.D. 1398. Alljährlich am dritten und vierten Sonntag im August wird die Zeit zurückgedreht: Die Einwohner von Volterra verkleiden sich mit historischen Kostümen und zelebrieren das Mittelalter, unter anderem mit historischen Speisen und Musik. www.volterra1398.it

INFORMATION

Ufficio Turistico. Piazza dei Priori 20, Tel. 0588/872 57, www.volterratur.it

Mitte: Il Borgo, die Oberstadt von Colle di Val d'Elsa, auch »Santa Caterina« genannt
Unten: Der Wohnturm Casa Torre, in dem der Architekt Arnolfo di Cambio geboren wurde

25 Colle di Val d'Elsa

Typisch Toskana

Jeden Freitag pulsiert das bunte Leben in den Gassen von Colle di Val d'Elsa, das meist zu Colle Val d'Elsa verkürzt wird: Beim Wochenmarkt wird gefeilscht, gekostet, getratscht und vor allem gekauft. Vom riesigen Käselaib bis zur Rüschenunterwäsche findet man alle (un)möglichen Utensilien, doch vor allem eines: ein original italienisches Lebensgefühl. Die Stadt hat es trotz moderner Einflüsse geschafft, sich ihren ursprünglichen Charakter zu bewahren.

Natürlich herrscht nicht jeden Tag so viel Trubel wie freitags auf der Piazza Arnolfo. Es gibt in Colle di Val d'Elsa zwar eigentlich keine erwähnenswerten Kirchen, keine großartigen Kunstschätze oder erstklassige Museen. Dafür kann man hier aber tagaus, tagein ein authentisches Alltagsleben und den Charme einer ländlichen Marktstadt sowie kulinarische Höhenflüge in einigen überdurchschnittlich guten Restaurants erleben. Zum Sightseeing im eigentlichen Sinn geht man am besten in die historische Oberstadt Colle Alto, den geschichtlich wahrscheinlich interessanteren Teil. Doch keine Angst: Den steilen Berg muss man nicht mühsam selbst besteigen, denn von der Unterstadt Colle Basso (auch *Il Piano* genannt) verkehrt ein Aufzug zum hochgesteckten Ziel! Die Talstation ist in der Via San Sebastiano.

Colle di Val d'Elsa hat heute über 20 000 Einwohner, doch davon merkt man in der Oberstadt, die auch *Il Borgo* genannt wird, nichts. Die Stadt hat in ihrer Entwicklung eine stetige Dezentralisierung erfahren. Dadurch, dass sie schon im Mittelalter

Toskanische Blütenpracht

eine Handels- und Industriestadt war, ist sie beständig gewachsen. Das spiegelt sich in der städtebaulichen Gesamtstruktur wider, denn Colle di Val d'Elsa besteht aus mehreren selbstständigen Zentren, die erst mit der Zeit in den Ort integriert wurden.

Mittelalterlicher Wohnturm mit Weitblick

In der Oberstadt angekommen, sieht man gleich, warum man hierherkommen sollte: Der Ausblick über das Chianti-Gebiet ist einmalig. In der Via del Castello, nur einige Meter vom Aufzug entfernt, findet man schon die nächste Attraktion in Form eines mittelalterlichen Wohnturms (Casa Torre, Nummer 63), in dem der Architekt des Florentiner Palazzo Vecchio, Arnolfo di Cambio, geboren wurde. Das mittelalterliche Turm-Haus ist heute allerdings in privatem Besitz. Nur einige Schritte weiter werden im Museo d'Arte Sacra einige bedeutende Gemälde der Sieneser Meister ausgestellt (Via del Castello 31, Tel. 0577/92 38 88). Das älteste Viertel ist Il Castello, also das Burgviertel, in dem sich entlang einer sehr engen Straße Renaissance- und Turmhäuser abwechseln. Am höchsten

Nicht verpassen

IDEALE RADEXKURSION

Rund um Colle di Val d'Elsa bieten sich zwei Strecken für Radfahrfreunde an – egal, ob mit dem Rennrad, Touren- oder Mountainbike. Die anspruchsvollere führt von Casole d'Elsa über Monteguidi und den Fluss Cécina zum Dorf Montecastelli (19 km). Die leichtere beginnt mit einer Umrundung der Stadtmauer von Monteriggioni und führt dann nach Colle di Val d'Elsa, San Gimignano und Volterra (42 km).

Punkt steht die Festung, von der man einen tollen Blick auf das Elsa-Tal genießt. Il Borgo, die Oberstadt, die auch »Santa Caterina« genannt wird, trumpft mit dem Palazzo Campana auf, der ein prachtvolles Beispiel später Renaissancearchitektur und Mittelpunkt der Stadtanlage ist.

Der berühmte Nagel

Im neoklassizistischen dreischiffigen Dom aus dem 17. Jahrhundert, in einem Marmortabernakel, liegt er verborgen: Hinter vier Schlössern, die mit vier verschiedenen Schlüsseln, die sich im Besitz von vier verschiedenen Bürgern der Stadt befinden, zu öffnen sind, wird der kostbarste Schatz von Colle di Val d'Elsa gehütet. Es handelt sich um einen schlichten Nagel, der angeblich vom Kreuz Christi stammt. Die Kreuzritter übergaben ihn der Legende nach dem örtlichen Priester, und seitdem wird er in der Kathedrale aufbewahrt. Einmal im Jahr, am zweiten Sonntag im September, wird er in einem großen Umzug durch die ganze Stadt getragen und darf bewundert werden. Ansonsten kann man im Viertel Castello in der Via del Castello zumindest das Tabernakel begutachten.

Glasbläser in der Unterstadt

Colle di Val d'Elsa ist berühmt für seine Glasererzeugnisse. Wovon man beim Blick auf die Schaufenster eine leise Ahnung bekommt, nimmt auf einer Kristalltour Gestalt an. Von März bis Oktober werden Ausflüge zu Glasbläsern und -schleifern sowie Gravierwerkstätten oder Kristallglasausstellungen angeboten. Doch auch im Museo del Cristallo wird einem ein Einblick in die Glasherstellung und vor allem ihre Geschichte gegeben (Via dei Fossi 8a, Tel. 0577/92 41 35, Mai–Okt. Di–So 10–13.30 und 14–18.30 Uhr, Nov.–April Di–So 10–13 und 14.30–17.30 Uhr).

Oben: Für jeden Hunger etwas dabei – der Lebensmittelmarkt in Colle di Val d'Elsa
Mitte und **unten:** Sehenswert ist die Oberstadt Colle Alto, die durch einen Aufzug von der Unterstadt aus zu erreichen ist.

Infos und Adressen

ESSEN UND TRINKEN

Ristorante Arnolfo. Eines der besten Restaurants Italiens. Obwohl die Küche auf zwei Michelin-Sterne verweisen kann, sind die freundlichen Gastgeber, die Brüder Gaetano und Giovanni Trovato, auf dem Boden geblieben und verlangen keine übertriebenen Preise von ihren Gästen. Via XX Settembre 50, Tel. 0577/92 05 49, www.arnolfo.com

Il Frantoio. Allein die klangvollen Namen der Kreationen lassen einem das Wasser im Mund zusammenlaufen: Wie wäre es mit Brioche mit Rinderfilet auf Trüffeln mit Gemüsetörtchen? Für solche Spitzenküche gibt man gern etwas mehr aus. Via Castello 40, Tel. 0577/92 36 52, www.ilfrantoiorestaurant.com

Il Colombaio. Dieses hervorragende Restaurant mit bezauberndem Blick auf Weinberge wurde mit einem Michelin-Stern ausgezeichnet. Wie in der Umgebung spielt der Rebensaft auch im Lokal eine große Rolle: Die Karte verzeichnet rund 1400 Weinsorten aus der ganzen Welt. Unbedingt probieren sollte man das Käsesoufflé aus Pecorino, das auf einer Honig-Kastaniensoße angerichtet wird – einfach himmlisch! Casole d'Elsa, Ortsteil Il Colombaio, Tel. 0577/94 90 02, www.ilcolombaio.it

ÜBERNACHTEN

Arnolfo B&B. Freundliche Zimmer und ein ausgezeichnetes Frühstück im einzigen Hotel der Oberstadt. Via Campana 8, Tel. 0577/92 20 20, www.arnolfobb.it

Relais La Suvera. In der ehemaligen päpstlichen Residenz von Colle di Val d'Elsa residiert heute ein luxuriöses Fünfsternehotel, das seinesgleichen sucht. Die perfekt ausgestatteten Zimmer sind üppig dekoriert. Zum Hotel gehört neuerdings auch ein riesiger Spa-Bereich. Die ganze Anlage, die aus einem ehemaligen Farmhaus mit Ställen besteht, ist mit ihrer Kombination aus historischen und modernen Elementen einfach bezaubernd schön! Dazu passt das Restaurant in einer Olivenölmühle aus dem 18. Jh. hervorragend. Pievescola, Tel. 0577/96 03 00, www.lasuvera.it

INFORMATION

Via Campana 43, Tel. 0577/92 27 91, proloco.colle@tin.it, www.prolococollevaldelsa.it

Italiani – Chef Gaetano und Bruder Giovanni Trovato im Speisesaal des »Arnolfo« in Colle di Val d'Elsa

DIE MITTE

Seite 152/153: Hof im Herzen der Toskana
Mitte: Piazza del Campo – bekannt durch ihre Architektur, die halbrunde Form sowie das alljährliche Pferderennen Palio

26 Siena – die Stadt

Willkommen im modernen Mittelalter!

Die zwei größten Städte der Toskana haben jahrhundertelange Kämpfe hinter sich, doch auch heute noch konkurrieren Siena und Florenz um den Vorzug bei den zahlreichen Touristen. In der mittelalterlichen Noblesse Sienas spazieren Sie durch enge Gässchen, genießen die lebhafte Atmosphäre auf der muschelförmigen Piazza del Campo oder entdecken die beeindruckende gotische Architektur.

Siena weist für seine Größe ein erstaunliches internationales Flair auf: Etwa 25 000 Studenten an der staatlichen Universität und 5000 an der internationalen Hochschule sorgen in den verwinkelten Gassen für eine kosmopolitsche Atmosphäre. Eingebettet in eine zwar karge, aber (gerade deswegen) faszinierende Landschaft, relativ weit vom Meer entfernt, schaffte es Siena zumindest in der Gunst der Touristen, zu Florenz aufzuschließen.

GUT ZU WISSEN

DAS LEIDIGE PARKPROBLEM

Im Mittelalter dachte noch keiner ans Parken, und so wirkt das Parkplatzangebot in Siena etwas dürftig. Wenn die lange Parkplatzsuche kein Ende finden will, verliert man auch schnell die Lust aufs Sightseeing, und die Stimmung sinkt. Damit es erst gar nicht so weit kommt, stellen Sie Ihr Auto lieber gleich bei der Fortezza oder im Parkhaus Parcheggio del Campo ab (Via di Fontanella, www.sienaparcheggi. com). Für 1,50 Euro pro Stunde kann man dort stressfrei parken, und der Weg ins Zentrum ist auch nicht weit.

Der schönste Platz Italiens?

Unverfälschte Gotik

In Siena hat sich der backsteinfarbene Charme seiner Blütezeit (1260–1348) bis heute bewahrt. Spätestens seitdem die Altstadt zum UNESCO-Weltkulturerbe ernannt wurde, ist die mittelalterliche Faszination perfekt. Im engen Gassenlabyrinth an der eindrucksvollen Piazza del Campo erhebt sich der über 100 Meter hohe Rathausturm Torre del Mangia wie ein Pfeil. An diesem historischen Herz der Stadt treffen die drei Hügel, auf denen Siena erbaut wurde – Città, Camollia und San Martino – zusammen.

Stadtrundgang

Am besten beginnt man die Stadtbesichtigung im Nordwesten bei der Fortezza Medicea, weil rund um die alte Verteidigungsanlage drei Parkplätze bereitstehen. Die auch Fortezza di Santa Barbara genannte Backsteinfestung wurde im Stil des frühen Großherzogtums der Medici im 16. Jahrhundert erbaut und ist nicht zugänglich. Besuchen kann man aber die Enoteca, die hier ihre Räume hat und in der man in gemütlicher Atmosphäre Wein trinken und kaufen kann.

Einfach gut!

IL CHIOSTRO DEL CARMINE

Mitten im Universitätsviertel ist dieses Hotel in einem ehemaligen Karmeliterkloster untergebracht. Lange Jahre war es ein Studentenwohnheim, doch heute erinnern höchstens die langen, orangeroten Gänge an die frühere Nutzung. Jedes Zimmer des komfortablen Hotels ist individuell gestaltet. Der bezaubernde Innenhof fügt sich nahtlos in den charmanten Gebäudekomplex ein. Wenn Sie buchen, verlangen Sie das Zimmer mit der Nummer 19. Hier sieht man vom Fenster aus über die Stadtmauern auf die sanften Hügel rund um die Stadt. Zu Fuß gelangt man in zehn Gehminuten ins Stadtzentrum, dafür genießt man im altehrwürdigen Viertel den Charme der Authentizität.

Il Chiostro del Carmine. Via della Diana 4, Tel. 0577/22 38 85, www.chiostrodelcarmine.com

Hotel Garden
Viale A. Diaz
Santo Stefano
Via G. Garibaldi
Chiesa Inglese
Barriera S. Lorenzo
Beccafumi
Via D.
San Sebastiano
Piazza d. Sale
Viale R. Franci
La Lizza
Sant' Andrea
Porta Ovile
Fonte Nuova
Enzo
Viale Cesare Maccari
Piazza A.Gramsci
Via dei Montanini
Via della secca Stufa
Via del Pian d'Ovile
Via d. Orti
Via del Comune
Stadio
Fortezza Medicea
Via F. Tozzi
Via Vallerozzi
San Donato
L'Osteria di Rossi
Enoteca Italiana
Viale
Stadio Comunale
Pasticceria Nannini
Piazza Matteotti
Santa Maria dei Nevi
Palazzo Salimbeni
San Pietro Ovile
Comunale
Piazza Salimbeni
Via d. Rossi
Palazzo Spannocchi
Santa Ma di Provenz
Viale dei Mille
Palazzo Tantucci
Grand Hotel Continental
Piazza Provenzano Salvani
Via Curtatone
Via d. Paradiso
Via dei Termini
Via delle Terme
Via Banchi di sopra
Via della Sapienza
Piazza S. Domenico
La Pizzeria di Nonno Mede
Via d. Caterina
Palazzo Tolomei
San Cristoforo
Via S. Bandini
San Vigilio
Caffè del Corso
Univers
Casa di Santa Caterina
Via S.
San Domenico
Galluzza
Caffetteria Diacceto
Croce del Travaglio
Via Banchi di sotto
Verroc
Fonte Branda
Via di Fontebranda
Loggia d. Mercanzia
Fonte Gaia
Palazzo Piccolom
V. S. Ma
Porta Fontebranda
Ristorante Mugolone
Via Diacceto
Piazza del Campo
Piazza S. Giovanni
Casato di sotto
Palazzo Comunale
Palazzo del Magnifico
Via di Città
Via Esterna di Fontebranda
Battistero di San Giovanni
Museo della Tortura
Piazza del Mercato
Duomo Santa Maria Assunta
Museo dell'Opera Metropolitana
Drogheria Manganelli
San Sebastiano
Piazza del Duomo
Palazzo Chigi-Saracini
Via Giovanni Duprè
Prefettura
Palazzo delle Papesse
Via del Fosso di Sant' Ansano
Piazza Postierla
Casato di sopra
Pinacoteca Nazionale
San Giuseppe
Via Stalloreggi
Mensa Sant' Agata
Via Paolo Mascagni
Via di Fontanella
Prato S. Agostino
San Quirico
Via Tommaso Pendola
Via Pier Andrea Mattioli
Via Sarrocchi
Sant' Agostino
Palazzo Pollini
Museo di Storia Naturale
Porta Laterina
N
0
100
A
B
C
D
E
F
G
H
I

Stadtrundgang Siena

A Fortezza Medicea – Die auch als Fortezza di Santa Barbara bekannte Festung ist im Stil des frühen Großherzogtums der Medici mit Backstein erbaut worden. Eine Besichtigung ist leider nicht möglich, aber eine Enoteca lädt zum Besuch ein. Viale Maccari, Tel. 0577/28 84 97, Mo–Sa 15–1 Uhr.

B Casa di Santa Caterina – Die Schutzheilige der Stadt, Tochter eines Wollfärbers, beschloss mit acht Jahren, dass sie ihr Leben Gott widmen möchte. Das Haus, in dem sie mit ihren Eltern und 23 Geschwistern lebte, kann besichtigt werden. Via Costa di Sant'Antonio 6, Tel. 0577/441 77, März–Nov. 9–18.30 Uhr, Dez–Feb. 10–18 Uhr.

C Battistero di San Giovanni – Bemerkenswerte Fassade aus Marmor, die leider nie fertiggestellt wurde. Im Inneren findet man großzügige Fresken. Piazza San Giovanni, März–Okt. 10.30–19 Uhr, Nov–Feb. 10.30–17.30 Uhr.

D Duomo Santa Maria Assunta – Der zwischen 1136 und 1382 erbaute Dom ist einer der schönsten des Landes. Piazza del Duomo, Tel. 0577/28 30 48.

E Museo dell'Opera Metropolitana – Einst zierten die hier ausgestellten Originalkunstwerke den Dom. Höhepunkt ist die »Maestà« von Duccio. Piazza del Duomo 8, Tel. 0577/28 30 48, März–Aug. 9.30–20 Uhr, Sept.–Okt. 9.30–19.30 Uhr, Nov.–Feb. 10–17 Uhr.

F Pinacoteca Nazionale – Bedeutende Kunstwerke der Sieneser Meister. Villa della Rocca, Tel. 0577/94 12 67, Di–Sa 8.15–19.15 Uhr, So, Mo bis 13 Uhr, www.pinacotecanazionale.siena.it

G Palazzo Comunale – Auch heute noch wird dieser beeindruckende Stadtpalast als Rathaus genutzt. Nichtsdestotrotz können einige der Räumlichkeiten besichtigt werden, die zum Großteil mit Werken aus der Sieneser Schule ausgestattet sind. Außerdem kann man die Torre del Mangia besteigen, von deren Spitze man eine großartige Aussicht auf die ganze Stadt hat. Piazza del Campo 1.

Detail aus der Fassade des Doms Santa Maria

H Piazza del Campo – Der muschelförmige Platz ist Austragungsort des Palio und Mittelpunkt der Stadt.

I Palazzo Piccolomini – Dieser imposante Stadtpalast wurde vom Florentiner Architekten und Bildhauer Rosselino erbaut. Zwischen 1460 und 1495 entstand hier ein Meisterwerk für die wohlhabenden Piccolominis. Heute ist hier das Staatsarchiv untergebracht. Via Banchi di Sotto 52, Tel. 0577/24 71 45.

Oben: Immer über die Neuigkeiten in Siena informiert – ein Einheimischer
Mitte: Der Dom aus schwarzem und weißem Marmor ist eines der bedeutendsten Beispiele gotischer Architektur in Italien.
Unten: Ausruhen auf dem Campo

Die Mitte

Auf dem Weg ins Zentrum lässt man das Stadion links liegen und überquert die Piazza San Domenico, um zum Geburtshaus der Heiligen Caterina zu gelangen. In einem der Räume befindet sich eine Kapelle aus dem 15. Jahrhundert, die mit Fresken aus dem Leben der Heiligen geschmückt ist. Wenn man von hier den Schildern Richtung »Piazza del Duomo« nach Süden folgt, kommt man zunächst zum Battistero di San Giovanni auf der Piazza San Giovanni. Seine gotische Fassade blieb unvollendet, ist aber vor allem wegen des edlen Marmors sehr bemerkenswert.

Nur ein paar Schritte entfernt erhebt sich der Duomo Santa Maria Assunta, der im 14. Jahrhundert fertiggestellt wurde. Viele der Originalkunstwerke, die ursprünglich den Dom zierten, sind zu ihrem Schutz heute im Museo dell'Opera Metropolitana untergebracht. Über die Via del Capitano gelangt man in den Casato di Sopra, die direkt zur Pinacoteca Nazionale im Palazzo Buonsignori (14. Jahrhundert) führt (Sammlung Sieneser Maler).

GUT ZU WISSEN

DIE SACHE MIT DEM CAPPUCCINO

Wer in der Bar einen Cappuccino bestellt, sollte drei Dinge beachten: 1. Bestellt und trinkt man ihn direkt an der Theke, kommt man um einiges günstiger weg, als wenn man sich an einen Tisch setzt.
2. Verlässt man das Café, muss man unbedingt die Rechnung mitnehmen, auch wenn der Betrag gering ist. Tut man das nicht, macht man sich strafbar, denn das Papier ist Beweis, dass man bezahlt hat und der Verkäufer die Steuern korrekt eingetragen hat.
3. Man darf sich nicht über spöttische Blicke wundern, wenn man am Nachmittag einen Cappuccino oder Caffè Latte bestellt: Für Italiener steht ab dem Mittag nur noch Espresso auf der Tagesordnung.

Nun ist die nördlich gelegene Piazza del Campo nicht mehr weit. Das muschelförmige Schmuckstück ist Austragungsort für den berühmten Sieneser Palio. Hier stehen zwei Gebäude mit besonderer Bedeutung: Erstens der Palazzo Comunale (oder Palazzo Pubblico) mit der Torre del Mangia, Sitz für den Rat von Siena und Wahrzeichen der Stadt. Auch das Museo Civico mit seiner Freskensammlung befindet sich in den Räumlichkeiten (Tel. 0577/29 22 63, März–Okt. 10–19 Uhr, Nov. bis Feb. 10–18 Uhr). Zweitens der imposante Palazzo Piccolomini, vom Architekten Rosselino für die wohlhabende Familie Piccolomini erbaut.

Der Zwist mit Florenz

»Figlia della Strada« (»Tochter der Straße«) wurde Sienas Spitzname, denn ihre geografische Lage kam ihrer Entwicklung zugute. Direkt an der Via Francigena gelegen, war die Stadt wichtiger Teil des regen Handelsverkehrs zwischen Nordeuropa und dem Orient. Ab Mitte des 12. Jahrhunderts war sie selbstständige *comune* und erlebte einen wirtschaftlichen Aufschwung. Kein Wunder, dass die Rivalität mit Florenz um die Vorherrschaft im eigenen Land immer stärker wurde. Die Feindschaft gipfelte 1260 in einem Kampf am Hügel Montaperti. Dieser ging zugunsten der Sieneser aus. Die Vergeltung der Florentiner ließ aber nicht allzu lange auf sich warten. 1320 katapultierten sie Mist und verrottetes Eselfleisch über die Stadtmauern Sienas. Damit sollte eine Seuche ausgelöst und der Feind geschwächt werden. Mitte des 14. Jahrhunderts kam die Kaufmannsschicht an die Macht, ihr folgten mehrere Herrschaftswechsel – bis die Stadt 1555 nach einer Belagerung an Cosimo I. de' Medici und die mit ihm verbündeten Truppen Philipps II. übergeben wurde. Damit wurde auch Siena Teil des von Florenz beherrschten Großherzogtums Toskana.

Oben: Crete Senesi – wellige Hügellandschaft bei Siena
Unten: Der Kampf zwischen Florenz und Siena am Hügel Montaperti – schon früh wurden die Kämpfe der Mächte bildlich festgehalten.

Infos und Adressen

Walter Redaelli in seinem Restaurant »La Bandita«

ESSEN UND TRINKEN

Ristorante Mugolone. Das zentral gelegene Sieneser Traditionslokal steht für gute Qualität und zuvorkommenden Service. Auch in der Küche ist Tradition Trumpf: Pici mit Wildschweinsugo, Grilltaube oder gemischte Bratenplatte verwöhnen die Geschmacksnerven. Die Weinkarte kann sich sehen lassen. Via dei Pellegrini 8/12, Tel. 0577/28 32 35, www.ristorantemugolone.it

Il Verrocchio. Kleines Restaurant, nicht einmal 100 Meter von der Piazza del Campo entfernt. Gut und günstig sind hier die Pizzen, doch auch die etwas ausgefalleneren Gerichte sind es wert, gekostet zu werden. Logge del Papa 1–3, Tel. 0577/28 40 62.

La Pizzeria di Nonno Mede. Die grandiose Auswahl von Pizzen lässt einem schon beim Lesen der Speisekarte das Wasser im Mund zusammenlaufen. Wer einen Platz auf der Terrasse ergattert, hat Glück gehabt, denn von hier aus hat man eine wunderbare Aussicht. Camporegio 21, Tel. 0577/24 79 66.

L'Osteria dei Rossi. Klein aber fein! In familiärer Atmosphäre kostet man sich hier durch köstliche Antipasti, fantastische Hauptgerichte und spannende Nachspeisen! Wenn es Trüffelgerichte gibt, heißt es zugreifen, denn die sind ausgezeichnet! Via dei Rossi, Tel. 0577/28 75 92.

Enzo. Dieses modern eingerichtete Restaurant zählt nicht zu den günstigsten, bietet dafür allerdings überdurchschnittliche Qualität. Wer abends dort essen gehen möchte, sollte unbedingt reservieren. Via Camollia 49, Tel. 0577/28 12 77, www.daenzo.net

Mensa Sant'Agata. Die Bar und die fünf Essensausgabestellen sind immer voller Studenten und junger Leute. Schnell und günstig ist das Motto dieses Gastronomiebetriebs. Im Innenhof lässt es sich herrlich unter den Sonnenschirmen relaxen. Via Sant'Agata 1, Tel. 0577/22 25 92.

BARS UND CAFÉS

Drogheria Manganelli. Hier kann man alles erstehen, was in der Toskana gut und teuer ist. Süße Lebkuchenspezialitäten mit Mandeln, Nüssen, kandierten Melonen oder Mandelsüßigkeiten sorgen für den Zuckernachschub während eines Stadtspaziergangs, doch auch die Weinabteilung bietet vom Chianti Classico über den Vino Nobile di Montepulciano bis zum Brunello alles, was ein gut sortierter Weinkeller braucht. Via di Città 71/73.

Pasticceria Nannini. Ausgesprochen köstlicher Kaffee in allen Varianten und die Lieblingssüßigkeit der Sieneser – Ricciarelli – führen beim Besuch dieses Cafés zu einem besonderen Geschmackserlebnis. Nicht umsonst ist es immer voll. Via F. Tozzi 2, www.grupponannini.it

Caffetteria Diacceto. Nur zwei Gassen von der Piazza del Campo entfernt befindet sich diese Bar. Modern eingerichtet stellt sie einen klaren Kontrast zur sonst so mittelalterlich-traditionellen Stadt dar und ist auch gerade deswegen einen Besuch wert. Via Diacceto 14.

Caffè del Corso. Tagsüber gibt es hier ausgesprochen guten Cappuccino oder auch eine knusprige Pizza, abends geht allerdings gehörig die Post ab. Im oberen Stockwerk wird bis in den frühen Morgen getanzt und gefeiert. Banchi di Spora 25.

Enoteca Italiana. Wenn man die Enoteca besucht, hat man gleich zwei Fliegen mit einer Klappe geschlagen: Auf der einen Seite hat man zumindest einen Teil der Fortezza Medicea besichtigt, auf der anderen Seite kann man in der ehemaligen Pulverkammer in einer charmanten Enoteca das Weinerlebnis Toskana am eigenen Leib erfahren. Hier kann man aus 1500 Weinen wählen! Fortezza Medicea, Tel. 0577/28 84 97, www.enoteca-italiana.it

ÜBERNACHTEN

Hotel Santa Caterina. Auf den ersten Blick wirkt dieses Extraklassehotel zwar nicht so einladend: Die Lage an einer Straßenkreuzung schreckt eher ab! Allerdings kann man im Inneren der Villa aus dem 18. Jh. herrlich entspannen und das schöne, stimmungsvolle Ambiente genießen. Via Piccolomini 7, Tel. 0577/22 11 05, www.hscsiena.it

Grand Hotel Continental. Dieses Fünfsternehotel ist in einem vornehmen Palast untergebracht. In dem feinen Haus fühlt man sich in eine andere Welt versetzt, wenn man zwischen Ornamenten, Kronleuchtern und wunderschönen Deckengemälden logiert. Die Zimmer stehen dem übrigen Ambiente nicht nach: Sie sind luxuriös und stilvoll ausgestattet. Via Banchi di Sopra 85, Tel. 0577/60 11, www.grandhotelcontinentalsiena.com

Hotel Garden. Ruhig und gediegen ist dieses Hotel – wie der Name schon sagt – mitten in einem Park angelegt. Ein wenig abseits des Trubels bietet es die Möglichkeit zur Erholung und Entspannung. Die Zimmer sind elegant-modern oder klassisch-antik eingerichtet. Ein großer Swimmingpool und ein äußerst empfehlenswertes Restaurant runden das Angebot ab. Via Custoza 2, Tel. 0577/56 71 11, www.gardenhotel.it

VERANSTALTUNGEN

Settimana Musicale Senese. Im Juli findet alljährlich eine Musikwoche in Siena statt. Sie wird von der Accademia Musicale Chigiana veranstaltet. Via di Città 89, Tel. 0577/220 91, www.chigiana.it

Siena Jazz. Im Juli und August ist das musikalische Leben in Siena ganz auf Jazz ausgerichtet. Beim internationalen Festival der Associazione Siena Jazz wird in der Fortezza Medicea und an anderen Orten in Siena eine Jamsession nach der anderen hingelegt. Piazza Libertà, www.sienajazz.it

Estate Musicale Chigiana. Dieses Event findet von Juli bis Sept. an spektakulären Schauplätzen wie der Abbazia di Sant'Antimo (Tel. 0577/83 56 59), einer romanischen Kirche in der Nähe von Montalcino, oder der sehr sehenswerten Ruine der Abbazia di San Galgano (Tel. 0577/75 67 00), 20 Kilometer südwestlich von Siena, statt.

Festa di Santa Cecilia. Konzert- und Ausstellungsreihe im Nov. Hier wird die Schutzheilige der Musiker, Cecilia, geehrt.

INFORMATION

Piazza del Campo 56, Tel. 0577/28 05 51, www.terresiena.it

Die »Locanda dell'Amorosa« in Sinalunga

27 Siena – die Architektur

Gotische Schatztruhe

In Siena verhält es sich wie in den meisten größeren italienischen Städten: Auf Schritt und Tritt begegnet man altehrwürdigen Gebäuden und Plätzen mit einer faszinierenden Geschichte. Neben dem imposanten Dom Santa Maria Assunta mit seiner gestreiften Fassade gilt dies vor allem für die einzigartige Piazza del Campo, einen der beeindruckendsten Plätze Italiens.

Blick auf die Piazza del Campo

Als stünde man in einer überdimensionalen Muschel – so winzig und unbedeutend fühlt man sich, wenn man sich auf Sienas Herzstück, der Piazza del Campo, umsieht. Überragt wird der Platz von der Torre del Mangia und dem beeindruckenden Palazzo Pubblico. Auch die anderen Häuser, die rund um den Platz versammelt sind, können auf ihre eigenen Geschichten von Freud und Leid, Krieg und Frieden, Gemeinschaftsgeist und Rivalität zurückblicken.

Schon seit dem 14. Jahrhundert ist der *campo* Schauplatz des sozialen und politischen Lebens. Damals wurde er tatsächlich auf einem Feld (ital. *campo*) angelegt, das hinter dem Marktplatz auf das offene Land hinausging. Seit 1347 trägt die Piazza ihr typisches Gewand aus warmem, rotem Backstein, wobei das Pflaster fächerförmig in neun Abschnitte gegliedert ist, die für die Mitglieder des Regierungsrates stehen. Elf Gassen aus allen Himmelsrichtungen führen hierher. Die Fonte Gaia sprudelt schon seit 1346, doch das Relief, das den berühmten Brunnen ziert, ist eine Kopie: Die echten, von Jacopo della Quercia im 15. Jahrhundert gestalteten Kunstwerke kann man im Complesso Museale di Santa Maria della Scala besichtigen. Dort findet man dann auch heraus, warum sie nicht mehr an ihrem eigentlichen Platz stehen, denn sie sind schon sehr verwittert (Piazza del Duomo 2, Tel. 0577/22 48 11).

Palazzo Pubblico

Im Jahr 1238 wurde feierlich beschlossen, am tiefsten Punkt des Campo einen Sitz für den Rat von Siena zu errichten. Zehn Jahre später begannen die Bauarbeiten, 1310 fügte man die Seitenflügel hinzu, und 1325 kam auch die Torre del Mangia zu dem Ensemble. Dieses Gebäude setzte damals die Maßstäbe für die Sieneser Gotik und hat bis heute nichts von seiner Strahlkraft verloren. Obwohl der Palazzo noch immer aktiver Schauplatz der Regierungsgeschäfte ist, können einige der Prunkräume besichtigt werden, die mit Werken von Malern der Sieneser Schule geschmückt sind. Der große Sitzungssaal, auch »Sala del Mappamondo« genannt, hat seinen Beinamen von einer – leider verloren gegangenen – Weltkarte, die Ambrogio Lorenzetti Anfang des 14. Jahrhunderts geschaffen hat. Die Schmalseite ziert eine wunderbare »Maestà« (frühes 14. Jahrhundert) von Simone Martini, auf der Maria als Himmelskönigin, umgeben von Aposteln, Heiligen und Engeln, dargestellt ist.

Um die Torre del Mangia zu besteigen, geht man in den Hof des Palazzo. Benannt wurde sie nach dem ersten Glöckner, der wegen seiner Faulheit als *mangiaguardagni* (»Dukatenfresser«) bezeichnet wurde. 505 Stufen führen zu einer beeindruckenden Aussicht auf ganz Siena und das Umland. Als der 102 Meter hohe Turm gebaut wurde, war er eine Sensation, da er alle anderen Türme der

Nicht verpassen

TOSKANA PUR!

Ein Ausflug in die Crete Senesi lässt jedes Traumbild eines klassischen Toskana-Ideals in Erfüllung gehen. Zu jeder Jahreszeit zeigt sich die Landschaft in einer anderen prächtigen Farbinszenierung: ob violett, grün oder golden – die Crete Senesi sind ein zauberhafter Ort. Am besten, man nimmt sich einige Tage Zeit und erkundet die Gegend mit dem Rad oder Auto – so kann man auch immer wieder Zwischenstopps für Schnappschüsse einlegen. Für alle, die weniger Zeit mitbringen, bietet sich eine Fahrt in den historischen Dampfzügen von Treno Natura an. Die Züge sind heute nur noch für Touristen im Einsatz und zuckeln zwanzig Mal pro Jahr (im Mai, Juni, Sept. und Okt.) durch die malerische Landschaft. Die Termine findet man auf der Homepage!

Treno Natura. Tel. 0577/20 74 13, www.ferrovieturistiche.it

Allegorische Darstellung an der Fonte Gaia auf der Piazza del Campo

Oben: Das Innere des Doms
Unten: Decke der Piccolomini-Bibliothek

Toskana, und vor allem den Campanile in Florenz, in den Schatten stellte.

Katharina von Siena

Caterina Benincasa (1347–1380) wurde nur 33 Jahre alt, doch vor Ehrungen und Titeln kann sich diese ganz besondere Frau heute fast nicht retten: Als Schutzheilige von Europa, Patronin von Italien und Rom und zusätzlich noch »Doctor ecclesiae« erfährt sie große Bewunderung durch die Nachwelt. Dabei fing alles so einfach an: Als 23. von 25 Kindern wurde sie in Siena geboren. Sie war Tochter eines Färbers und entwickelte sich ganz und gar nicht, wie sich die Eltern das vorgestellt hatten. Mit zwölf Jahren wollten die Eltern sie auf die Ehe vorbereiten und baten sie, ihre Haare zu bleichen und sich hübsch zu machen. Caterina tat nichts dergleichen, sie schnitt sich eine Kurzhaarfrisur und zog sich in den Keller des elterlichen Hauses zurück, wo sie kaum noch schlief oder aß. Einzig und allein für den Gottesdienst und das Stundengebet verließ sie ihre kleine, karg eingerichtete Zelle. Oft aß sie viele Tage nur die Hostie bei der Messe, womit die Ärzte heute viele ihrer Visionen erklären. Sie schloss sich den Dominikanern an, und obwohl sie nie eine richtige Ausbildung absolviert hatte, ließ sie mehr als 300 Briefe schreiben, um sie an Staatsoberhäupter, den Papst oder andere wichtige Persönlichkeiten der damaligen Zeit zu schicken. Sie hatte drei wichtige Ziele: 1. Die Rückkehr des Papstes von Avignon nach Rom, 2. den Beginn eines Kreuzzugs und 3. die Reform der Kirche. Um dies zu erreichen, sprach sie aus, was viele dachten. In ihrem Geburtshaus, der Casa di Santa Caterina, kann man Fresken, die Szenen aus ihrem Leben zeigen, und persönliche Besitztümer bestaunen. In dem Kellerraum, in dem sie sich als Jugendliche selbst von der Welt abschottete, sieht noch immer alles

Rundgang Sieneser Dom

A Eingangsportal – Die Portale wurden zwischen 1284 und 1297 errichtet. Die Fassade ist die erste Italiens, die mit aufwendigem gotischem Formensatz nach Vorbild der französischen Kathedralen entstanden ist. 65 Büsten von Propheten und Patriarchen gruppieren sich um die Maria in der Mitte des Ensembles. Die Mosaike stammen aus dem 19. Jh.

B Biblioteca Piccolomini – Farbenfrohe Fresken von Pinturicchio schildern Szenen aus dem Leben des Piccolomini-Papstes Pius III. Darunter sind zahlreiche Porträts der kaiserlichen und päpstlichen Familie zu sehen.

C Nördliches Seitenschiff – Hier stehen Heiligenstatuen von Michelangelo. Zwei der 15 Statuen sind aus der Hand des Künstlers (der heilige Petrus und Paulus), die restlichen wurden wahrscheinlich nach seinen Plänen angefertigt.

D Kapelle Johannes des Täufers – Die Bronzestatue im Inneren der Kapelle schuf Donatello im Jahr 1457, als er schon 71 Jahre alt war. Wahrscheinlich hat er für die Details wie die Fransen des Umhangs oder die Haare des Heiligen ein Wachsmodell benutzt.

E Intarsienfußboden – 56 Bildfelder, die von den berühmtesten Sieneser Künstlern gefertigt wurden, schmücken den Boden des Doms. Man erkennt Felder mit Philosophen, Tugenden, Allegorien oder biblischen Szenen, die zusammengenommen die Geschichte von der Antike über die Entstehung des Christentums bis hin zur Gründung Sienas abbilden.

F Kanzel – Nicola Pisano schuf die mit Bildfeldern zum Leben Christi verzierte Kanzel von 1265 bis 1268. Sie zählt zu den bedeutendsten Kunstwerken des Doms.

G Taufbecken – Das von Jacopo della Quercia geschaffene Taufbecken ist im Battisterio di San Giovanni untergebracht. Es ist mit Bronzereliefs geschmückt, die Szenen aus dem Leben Johannes des Täufers zeigen.

H Museo dell'Opera del Duomo – Dieses Museum im geplanten, aber nie fertiggestellten Seitenschiff des Doms hütet viele Originale, die an anderen Stellen durch Kopien ersetzt wurden, darunter einige Statuen von Giovanni Pisano oder die »Maestà« von Duccio di Buoninsegna.

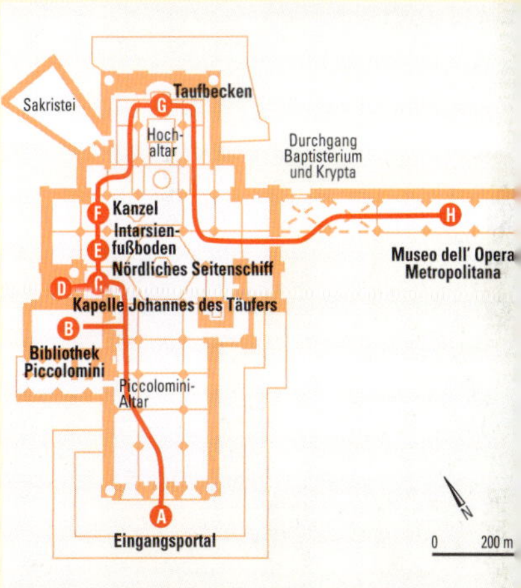

Donatellos »Madonna mit Kind« im Museo dell'Opera del Duomo

so aus wie zu ihren Lebzeiten (Costa di Sant'Antonio 6, Tel. 0577/22 15 62, tgl. 9–12.30 und 15–18 Uhr).

Duomo Santa Maria Assunta

Beim Bau des Domes von 1136 bis 1382 hatten Nicola Pisano, Donatello und Michelangelo ihre Hände im Spiel, und wenn die Pest nicht dazwischengekommen wäre, dann würde heute das größte Gotteshaus der Erde an der Piazza del Duomo in Siena stehen. Doch die Pest kam im Jahr 1348, und so wurde die Vergrößerung des Doms, bei der die bisherige Kirche als Querhaus einer neuen, viel größeren dienen sollte, nicht wie geplant ausgeführt. Die Reste dieses Unternehmens, den unvollendeten neuen Dom, kann man gut von der Piazza Jacopo della Quercia aus betrachten.

Allein schon von außen betrachtet ist der schwarz-weiß-grün-rot gestreifte Riese mitten in Sienas Innenstadt ein Meisterwerk. Alles wurde hier mit polychromem Marmor geschmückt. Giovanni Pisano hatte damit begonnen, konnte bis zu seinem Tod aber nur den unteren Teil vollenden. Bis ins 14. Jahrhundert hinein mussten sich die Sieneser gedulden, um stolz auf eine komplett fertiggestellte Vorzeigefassade verweisen zu können. Zur von Pisano entworfenen, reich mit Skulpturen verzierten Westfassade gehören Statuen von Philosophen und Propheten, bei denen es sich allerdings um Kopien handelt – die Originale befinden sich im Museo dell'Opera Metropolitana.

Der Dom von innen

Beim Betreten des Doms blickt man unwillkürlich nach unten – kein Wunder, denn der mit Intarsien verzierte Fußboden ist wahrlich ein Kunstwerk für sich! Insgesamt 56 marmorne Fußbodenbilder, die von 40 Künstlern innerhalb von 200 Jahren ge-

Oben: Domfassade
Mitte: Zahlreiche Intarsienarbeiten und Gravuren mit Bildern biblischer Szenen machen den Boden des Doms zu einem großen Gemälde.
Unten: Ein ungewöhnliches Bauwerk: Il Duomo vereint romanische Elemente mit gotischer Architektur.

staltet wurden, zeigen sowohl biblische als auch historische Bilder, wie das Rad der Fortuna oder das Wappentier der Stadt, die Wölfin. Schweift der Blick über die schwarz-weißen Stützpfeiler, die an die Außenansicht erinnern, nach oben an die Decke, hat das Staunen noch immer kein Ende: Das blaue Gewölbe ist mit Hunderten von goldenen Sternen verziert. Zu den größten Schätzen des Doms gehört jedoch die filigran verzierte, achteckige Marmorkanzel aus dem 13. Jahrhundert von Nicola Pisano, die von Doppelsäulen mit Löwen bzw. Allegorien der Freien Künste im Sockel gestützt wird.

Neben dem Piccolomini-Altar im Westen findet man den Zugang zur Libreria Piccolomini (1495), in der die Bücher von Kardinal Francesco Piccolomini, dem späteren Papst Pius III., untergebracht sind. Wirklich beeindruckend sind hier die farbenfrohen Fresken von Bernardino Pinturicchio (1502–1509), die das Leben Piccolominis zum Thema haben. Angefangen bei seinen Tagen als Sekretär bis zur Ernennung zum Papst und dem Tod in Ancona ist hier jede wichtige Station bebildert.

Pinacoteca Nazionale

Im Palazzo Buonsignori aus dem 14. Jahrhundert ist eine Sammlung Sieneser Malerei untergebracht. Den Anfang machen Werke aus dem 13. Jahrhundert, die Ausstellung endet mit dem Manierismus (1520–1600). Zu den wertvollsten Exponaten gehören Duccios »Madonna dei Franciscani« (um 1300), Simone Martinis »Wundertaten des Agostino Novello« (1330) oder Pietro Lorenzettis »Anbetung des Christuskindes« (um 1340). Wo die Florentiner schon lange den Renaissancestil pflegten, schienen die Künstler in Siena noch am Byzantinismus und an der Gotik festzuhalten (Via San Pietro 29, So, Mo 9–13 Uhr, Di–Sa 8.15–19.15 Uhr).

Infos und Adressen

INFOS ZUM DOM

Öffnungszeiten:
März–Okt. Mo–Fr 10.30–19 Uhr,
Sa 10.30–18 Uhr,
So 13.30–18 Uhr,
Nov.–Feb. Mo–Sa 10.30–17.30 Uhr,
So. 13.30–17.30 Uhr

Führung:
In Siena gibt es mehrere Stadtführungen, die den Dom beinhalten. Hier die zwei besten für deutschsprachige Touristen: Die eine geht über den gesamten Stadtkern und schließt San Domenico, die Piazza del Campo und den Dom mit ein, sie dauert 2–3 Stunden und kann unter Tel. 050/76 03 88 oder www.grifotour.com gebucht werden. Bei der anderen kann man sich selbst aussuchen, was man gern sehen möchte, und das auch individuell bestellen unter
Tel. 0328/484 47 02 oder
info@toskanaferien.de oder
www.toskanaferien.net

Der Dom von Siena gilt als ein Höhepunkt gotischer Architektur in Italien.

28 Siena – il Palio
Der Höhepunkt des Jahres

Was für Venedig der Karneval, ist für Siena der Palio. Nach einem ganzen Jahr der Vorbereitung ist es im Juli und August endlich so weit, und das Pferderennen der besonderen Art kann über die Bühne gehen: Die farbenfrohen Banner der 17 Stadtviertel zieren die Straßen – Leoparden, Schnecken, Drachen und andere Tiere sind darauf abgebildet. Alle fiebern den 100 Sekunden entgegen, in denen alles entschieden wird!

Mehrere Tage lang feiert man mit historischen Umzügen und Festessen.

Der Palio ist das berühmteste traditionelle Fest der Toskana. Vom grau-roten Farbenspiel der Pflastersteine an der Piazza del Campo ist an den zwei Palio-Tagen im Juli und August so gut wie nichts mehr zu erkennen. Dann nämlich wird der Platz von ca. 50 000 Menschen bevölkert. Alle warten gespannt nur auf das Eine: zehn Pferde, zehn Jockeys, Gebrüll, Gefahr, Geschwindigkeit, Geschrei, Triumph und Niederlage. Das menschliche Farbenmeer füllt die ganze Piazza aus, in der Mitte bleibt nur eine schmale Rennbahn übrig, die mit Sand bestreut ist. Jeder Platz ist besetzt, am begehrtesten sind die Logen und Balkone, die den besten Überblick über das Geschehen bieten. Schon seit 1344 beobachtet die Torre del Mangia jedes Jahr das unvergleichliche Fest, das sich zu ihren Füßen abspielt, und alle Jahre wieder herrschen die gleiche fiebrige Anspannung und eine große Nervosität.

Zu Ehren der Jungfrau Maria

Ein ganzes Jahr der Vorfreude, drei Tage intensive Vorbereitung, die Gefahr, sich zu verletzen oder schlimmstenfalls von einem gegnerischen Pferd zu Tode getrampelt zu werden: All das nehmen die Teilnehmer auf sich, um die begehrte Siegestrophäe, die seidene Flagge der Jungfrau Maria, für das eigene Stadtviertel zu erobern. Doch nicht nur der Mann der Stunde – die ganze Contrada, aus der er kommt, ist im Siegestaumel!

Die Stadtviertel

In Siena gibt es 17 Contraden, die sich im Lauf der Jahrhunderte aus den mittelalterlichen Wehr- und Lebensgemeinschaften rund um die Wohntürme und Paläste herum entwickelt haben. Wer mit offenen Augen durch die Gassen geht, merkt schnell, dass überall Hinweise auf die Contrada zu sehen sind. Kleine Keramiktafeln mit den speziellen Wappen und Farben sind in fast allen Straßen und an Häuserfronten auszumachen.

Die Namen der Contraden – zum Beispiel *leocorno* (Einhorn), *oca* (Gans), *drago* (Drache), *ciocciola* (Schnecke) oder *aquila* (Adler) – sind Überbleibsel aus der Ritterzeit. Trotz allgemein abnehmender Teilnahme am Contrada-Leben, stellt das Viertel nach wie vor einen erweiterten Familienverband dar, der alle Altersschichten zusammenschweißt. Früher gehörten die Sieneser automatisch der Contrada an, in die sie hineingeboren wurden. Doch das hat sich geändert. Mittlerweile gilt das Verwandtschaftsprinzip: So kann man zum Beispiel zur Contrada der Mutter, des Vaters oder des Onkels gehören.

In jeder Contrada gibt es eine eigene Kirche, ein Gemeinschaftshaus, einen Brunnen und ein kleines Museum. Für jedes Viertel sind 40 ehrenamtliche Vertreter zuständig, ihnen steht der Capitano oder Priore vor.

Einfach gut!

UND DANACH?

Wer den Palio-Abend in stilechter Atmosphäre bei ausgezeichnetem Essen beenden möchte, sollte schon im Voraus einen Tisch im »Da Divo« buchen. In alten etruskischen Mauern und Kellergewölben erstreckt sich das Restaurant über verschiedene Ebenen und bietet von der romantischen kleinen Nische bis zu höhlenartigen, etwas lebhafteren Speisesälen für jeden Anlass das Richtige. Vom magischen Ambiente der alten Gewölbe ist man sofort verzaubert, und wenn man die Speisekarte durchkostet, zeigt sich, welches Juwel an Gaststätte man hier entdeckt hat. Dafür zahlt man gern einmal etwas mehr!

Da Divo. Via Franciosa 25/29, Tel. 0577/28 60 54, www.osteriadadivo.it

Während des Palio ist ganz Siena aus dem Häuschen.

Oben: Tausende reisen aus ganz Italien an, um dem Palio beizuwohnen.
Mitte: Dieser ganze Trubel kann ganz schön müde machen.
Unten: Bunte Festlichkeiten – so weit das Auge reicht.

Zwei Tage im Juli und August

Monatelang im Voraus kümmert sich der Capitano bzw. Priore darum, alle wichtigen Vorbereitungen für die Marienfeiertage zu treffen, an denen der Palio stattfindet. Jedes Detail muss stimmen, damit am 2. Juli, zu Ehren der Madonna di Provenzano, und am 16. Aug., zum Fest Mariä Himmelfahrt, alles glattgeht.

Lebensmittelpunkt Palio

Der Palio ist für die Sieneser eine Art Lebensinhalt. Was Auswärtige eher als netten Zeitvertreib sehen, bei dem sich Italiener in bunte Kostüme aus dem 15. Jahrhundert werfen und ein Spektakel für Freunde und Gäste aufführen, ist für die Einwohner Sienas bitterer Ernst. An diesen zwei Tagen im Jahr erinnern sie sich daran, wie groß und mächtig Siena einst war, bevor es 1555 im Kampf gegen Karl V. und die Medici seine Unabhängigkeit verlor und unter die Herrschaft des großen Konkurrenten Florenz gezwungen wurde. Die Tradition lässt sich bis ins tiefste Mittelalter zurückverfolgen, denn die erste Dokumentation eines Palio stammt aus dem Jahr 1238.

Die spinnen, die Sieneser!

Bunte Umzüge, ein riskantes Pferderennen und Nationalpatriotismus sind eine Sache. Unter eine ganz andere Kategorie fallen jene Dinge, die um den Palio herum ablaufen und vor den Augen der Touristen versteckt bleiben. Die Sieneser sind in ganz Italien als abergläubisch verschrien. Nicht ganz zu Unrecht, wenn man sich die Bräuche einmal genauer ansieht: Für den Palio werden Pferde in Kirchen gesegnet, Hexen angerufen und beschworen sowie Pferde mit Sprüchen belegt, damit sie vor den magischen Pfeilen der gegnerischen Contraden geschützt sind.

Der Ablauf des Palio

Eigentlich dauert der Palio das ganze Jahr lang, wie die Sieneser so schön sagen: »Il palio dura tutto l'anno«, allerdings wird es erst drei Tage vor dem Rennen so richtig ernst. Die Vorbereitung beginnt damit, dass jede Contrada ihr Viertel schmückt und ein üppiges Abendessen für alle Mitglieder ausrichtet. Am nächsten Morgen wird jeder Contrada ein Pferd zugelost und vom Pfarrer gesegnet. Jeweils zehn der insgesamt 17 Contraden dürfen an einem Rennen teilnehmen, davon sind sieben diejenigen, die beim letzten Termin nicht drangekommen sind, die drei restlichen werden ausgelost.

Das Rennen

Aus Spiel wird Ernst, wenn die zehn Jockeys nach dem Startschuss die Zügel schießen lassen. Ohne Sattel ist es eine große Herausforderung für die Reiter, sich bei hoher Geschwindigkeit drei Runden lang auf den Pferden zu halten, und so passiert es nicht selten, dass ein Reiter »den Boden küsst«. Wenn die Pferde im Galopp Richtung Ziel preschen und etwa in einer Kurve haarscharf an den dort befestigten Matratzen vorbeischneiden, wird so mancher Jockey abgeworfen. Schwere Verletzungen sind bei Reitern und Pferden keine Seltenheit, denn im Fall eines Sturzes werden sie von der nachfolgenden Meute überrollt. Falls jedoch ein Pferd allein weiterlaufen und als Erster durch das Ziel preschen sollte, hätte es auch ohne Jockey die Marienflagge in den Heimbezirk geholt. Erlaubt ist beim Palio eigentlich alles. Die Jockeys dürften ihre Gegner sogar behindern. Was zählt, ist ausschließlich der Sieg, der Zweite und Dritte geht genauso leer aus wie alle weiteren Teilnehmer. Das eigentliche Wettrennen ist schnell vorbei, doch die Trommeln der Sieger-Contrada sind bis in die Nacht hinein zu hören.

Infos und Adressen

INFORMATIONEN ZUM PALIO

Training:
Schon einige Tage vor dem Palio findet auf der Piazza del Campo das Training statt. Hier bekommt man schon einmal ein Gefühl dafür, was am großen Tag ablaufen wird – und hat zudem eher die Chance, einen Platz in der ersten Reihe zu bekommen.

Ablauf:
Der Palio findet zwischen 17 und 19 Uhr statt. Davor wird der »Corteo Storico« abgehalten, ein festlicher Umzug mit bunten, historischen Kostümen. Ganz am Anfang marschieren die Steuereintreiber, ihnen folgt der Träger des städtischen Wappens, danach kommen die Musiker, verschiedene Bannerträger und zu guter Letzt – von einem Maremma-Bullen gezogen – ein Kriegswagen, der den heiß begehrten Preis enthält: die Marienflagge.

Website:
Alle Informationen zu den Contrade und Statistiken zu den vergangenen Rennen gibt es unter: www.ilpalio.siena.it

Zweimal im Jahr galoppieren gut trainierte Vollblüter um den Campo.

29 Monteriggioni

Gut konserviertes Mittelalter

Obwohl im Sommer eine hohe Touristenwelle über das Städtchen hereinbricht, konnte sich das malerisch auf einem Hügel gelegene Monteriggioni viel von seinem ursprünglichen Charme bewahren. Eine noch vollständig erhaltene Stadtmauer aus dem Mittelalter tut das Ihrige dazu und stellt einen gewichtigen Anziehungspunkt im Vergleich zu den meisten mittelalterlichen Kleinstädten dar. Vom hermetischen Mauerring bietet sich ein bezaubernder Weitblick.

Mitte: Monteriggioni in voller Pracht. Das Städtchen hat sich seinen natürlichen Charme bis heute erhalten.
Unten: Der Ort liegt auf dem Berg Monte Ala und wird von einer mittelalterlichen Stadtmauer von etwa 500 Metern Länge umgeben.

Schon Dante beschreibt die mächtige Stadtmauer Monteriggionis in seiner *Göttlichen Komödie* (Hölle, XXXI). Er vergleicht den Mauerring mit den Riesen, die den tiefsten Höllenschlund säumen. Wie beeindruckend muss auf ihn diese im 13. Jahrhundert errichtete Befestigungsanlage gewirkt haben, als er das erste Mal nach Monteriggioni kam! Auch heute noch wirkt der mit zahlreichen Türmen durchsetzte steinerne Ring ausgesprochen abweisend, ruft aber ob seines Seltenheitswertes und hohen Alters bei den meisten Neuankömmlingen eher Entdeckergeist als Furcht hervor.

Vorposten Sienas

Im Norden von Siena sieht man immer wieder kleine Städtchen auf den Hügeln thronen, die sich mit einer rüstigen Stadtmauer umgeben. Allerdings ist keines so schön wie das zwölf Kilometer nordwestlich von Siena inmitten von Wäldern, Weinbergen und Olivenhainen gelegene Monteriggioni. Kurz nach seiner Gründung wurde es zur Garnisonsstadt und daher 1203 mit einer Mauer geschützt, die sich wie ein Gürtel um den 7000-Einwohner-Ort zieht. Von dort ließ sich das Grenzgebiet zwischen den rivalisierenden Mächten Siena und Florenz gut kontrollieren. Nach dem Sieg Sienas bei Montaperti 1260 wurde die ringförmige Mauer erweitert und auf ein Rechteck mit einem Umfang von 570 Metern vergrößert. Die 14 stattlichen Wehrtürme kamen erst in dieser Erweiterungsphase hinzu. Sieben davon waren lange dem Verfall preisgegeben und wurden erst im 20. Jahrhundert originalgetreu wiederaufgebaut.

Hinter hohen Mauern

Was die Mauern versprechen, löst der kleine Ort dahinter ein: Mittelalter in seiner schönsten Form! Ein großer Platz, eine schöne romanische Kirche, viele Kunsthandwerksläden, Restaurants und Weinhandlungen machen den Besuch Monteriggionis zu einem unerwartet abwechslungsreichen Vergnügen. Beim Stadtbummel fühlt man sich ins Mittelalter zurückversetzt, denn fast alles sieht heute noch genauso aus wie damals – eine Zeitreise vor allem für Hobbyfotografen! Am Hauptplatz, der Piazza Roma, kann man die 1235 erbaute romanische Kirche Santa Maria Assunta besichtigen. Im 17. Jahrhundert bekam sie einen Campanile dazu, dessen Spitze man als einziges architektonisches Element außerhalb der Mauern von Monteriggioni sehen kann. Bei der Reiseplanung sollten Sie bedenken, dass besonders an Sommerwochenenden viele Ausflügler das Flair von Monteriggioni genießen wollen, was zu regelmäßiger Überfüllung führt.

Abbadia a Isola

Ein leichter Spaziergang von drei Kilometern führt durch Sonnenblumenfelder zum verfallenen Zis-

Einfach gut!

CASALTA

Im kleinen Bergdorf Strove, 5 Kilometer westlich von Monteriggioni hoch über den Hügeln des Chianti gelegen, lässt die Küche von Lazzaro Cimadoro keine Wünsche offen. Er serviert sowohl Gambas mit echtem Sieneser Speck als auch Gemüsetorte oder Rinderfilet mit einer fantastischen karamellisierten Soße aus Chianti-Wein. Hier genießen Sie garantiert extravagante Menüs, die entschieden von der regionalen Küche geprägt sind. Ein Fest für alle, die es lieben, heftig-deftig zu essen und das mit ausgezeichneter Weinbegleitung. Für alle, die den Abend ganz gemütlich ausklingen lassen möchten, gibt es auch zehn kleine Gästezimmer.

Albergo Casalta. Ortsteil Strove, Via Matteotti 22, Tel. 0577/301238.

Kulinarische Genüsse mit Gambas im »Albergo Casalta«

Oben: Porta Franca – eines der 14 Tore der Stadtmauer
Mitte: San Gusmè wird auch das Tor zum Chianti genannt.
Unten: Das kleine Dörfchen San Gusmè wurde erstmals 867 geschichtlich erwähnt.

terzienserkloster aus dem 12. Jahrhundert westlich von Monteriggioni. Der Name »Insel« (ital. *isola*) rührt daher, dass sich im frühen Mittelalter in diesem Gebiet Sümpfe befanden, und so erschien die auf einer kleinen Anhöhe errichtete Abtei wie eine Insel. Die hoch aufragende Fassade des von Benediktinern errichteten Klosters ist mit Bögen dekoriert und besitzt einen Bogenfries über dem Portal. Den oberen Teil des Mittelschiffs gliedern durch Säulen geteilte Doppelbogenfenster. Im Inneren enden die drei Kirchenschiffe jeweils mit einer Apsis. Am Altar findet man Reste der Fresken von Taddeo di Bartolo, einem Schüler von Duccio di Buoninsegna, das Altarbild zeigt die Jungfrau mit dem Kind.

San Gusmè

Ein Ausflug nach San Gusmè zahlt sich aus, egal, ob man die 45 Minuten von Monteriggioni oder die 30 Minuten von Siena fährt. Das kleine Hügeldorf wurde 867 zum ersten Mal erwähnt und nennt sich selbst gern »Porta del Chianti« (»Tor zum Chianti«). Mächtig auf der Anhöhe thronend, war es früher ein Respekt einflößender Grenzposten der Provinz Siena. Von der früheren Befestigungsanlage sind nur noch Teile zu sehen. Der herrliche Ausblick auf den Monte Amiata und die Hügellandschaft des südlichen Chianti-Gebiets ist im Frühling besonders pittoresk, wenn alles in Blüte steht und die Hügel in ein Meer aus Pastell getaucht werden.

Wenn man durch die engen Gassen und kleinen Plätze spaziert, verliebt man sich schnell in diese toskanische Perle mit den schönen Innenhöfen, in denen sehr gemütliche Trattorien ihre Tische aufgestellt haben. An lauen Sommerabenden ist San Gusmè oft überfüllt, denn die Mittelalterstadt wirkt magnetisch auf alle Toskana-Liebhaber.

Infos und Adressen

ESSEN UND TRINKEN

Ristorante il Pozzo. Direkt am Hauptplatz gelegen, kann sich das Restaurant über mangelnden Zulauf nicht beklagen, was der gemütlichen Atmosphäre allerdings keinen Abbruch tut. Die Küche zählt zum Besten, was die Region zu bieten hat, und die köstlichen Hauptgerichte werden allenfalls von den Desserts übertroffen, die allesamt aus eigener Herstellung stammen. Wenn es das Wetter zulässt, kann man auch draußen auf der Terrasse speisen. Piazza Roma 2, Tel. 0577/30 41 27, www.ilpozzo.net

Federico Bonfio. Ein wunderschönes Gewölbe und gewaltige Eichenfässer bilden die Kulisse dieser Enoteca, in der man sich ganz dem Weingenuss hingibt. Ebenso ansprechend wie das Ambiente sind die Weine, überwiegend Tropfen mit langer Flaschenlagerung. Im Angebot sind etwa ein »Chianti Colli Senesi Riserva« oder ein ausgezeichneter »Federico Bonfio«, ein Riserva, der nur in den besten Jahren hergestellt wird. Strada del Poggiolo 7, Tel. 0577/30 90 74, www.bonfio.it

ÜBERNACHTEN

Hotel Monteriggioni. Toskanischer Landhausstil, so weit das Auge reicht. Hier wurden zwei historische Steinhäuser zu einem homogenen Hotel verbunden, das großen Wert auf Ländlichkeit und Gemütlichkeit legt. Die sauberen Zimmer bieten nicht nur neue Bäder, sondern auch eine Bilderbuchaussicht. Ein kleiner Swimmingpool sorgt im Garten für Erfrischung. Via Primo Maggio 4, Tel. 0577/30 50 09, www.hotelmonteriggioni.net

Il Piccolo Castello. In den hellen, luxuriösen Räumen fühlt man sich bestens umsorgt. Die weitläufige Anlage mit großzügigem Pool lässt keine Wünsche offen. Will man in Monteriggioni gut essen gehen, kann man das auch im Hotel, denn die Küche ist hier ausgezeichnet. Probieren Sie anschließend auch einmal die Cocktails an der Poolbar! Via Colligiana 8, Tel. 0577/30 73 00, www.ilpiccolocastello.com

INFORMATION

Piazza Roma 23, Tel. 0577/30 48 34, www.monteriggioniturismo.it

Der luxuriöse Pool des Hotels »Il Piccolo Castello« in Monteriggioni

Im Zentrum von San Gimignano

30 San Gimignano
Skyline des Mittelalters

Der Blick schweift über die 14 Geschlechtertürme, die im Mittelalter Reichtum und Stärke symbolisierten und heute wie magnetisch auf Touristenbusse wirken. Umgeben von grünen, saftigen Feldern ähnelt das Städtchen der Kulisse eines fantastischen Märchens. Dazu ein Safranrisotto, begleitet von einem spritzigen Vernaccia – und das perfekte Sinneserlebnis von San Gimignano ist komplett!

Verwunderlich ist das überdurchschnittlich starke Touristenaufkommen hier nicht, denn vor allem, wenn man sich dem auf 324 Metern Seehöhe liegenden Ort von Osten her nähert, hat man eine beeindruckende Stadtsilhouette vor sich. Dabei blieben die Geschlechtertürme eigentlich nur erhalten, weil das einst durch Pilger und Handel wohlhabende San Gimignano im Spätmittelalter schlagartig an Bedeutung einbüßte und die verarmte Stadt keine Begehrlichkeit weckte.

Stadtrundgang

Am besten stellt man das Auto am Parkplatz in der Via Fossi ab, gleich beim Piazzale Martini Monte Maggio im Süden der Stadt. Über die Via San Giovanni gelangt man auf die dreieckige Piazza della Cisterna und die Piazza del Duomo. Um die beiden zentralen Plätze reihen sich repräsentative mittelalterliche Gebäude wie der Palazzo del Podestà mit der Torre della Rognosa, die Zwillingstürme des Palazzo Salvucci, die im Jahr 1148 geweihte Collegiata Santa Maria Assunta und der Palazzo del Popolo mit dem Museo Civico aneinander.

Stadtrundgang San Gimignano

A Piazza della Cisterna – Der zentrale Platz San Gimignanos wurde nach dem 1273 erbauten Ziehbrunnen in seiner Mitte benannt.

B Museo Civico – Gleich beim Eingang erinnert die Sala di Dante an den Besuch des großen Dichters, im ersten Stock ist eine Kunstsammlung untergebracht. Piazza del Duomo, Tel. 0577/94 03 40, tgl. 9–17 Uhr.

C Museo d'Arte Sacra – Glanzstück der Sammlung religiöser Kunstwerke ist das Gemälde »Il Volto Santo Adorato« von Sebastiano Mainardi, doch auch bemalte Holzstatuen sowie Roben, Kreuze und Wandbehänge gehören zur Ausstellung. Piazza Pecori 1, Tel. 0577/94 03 16, Öffnungszeiten wie Collegiata Santa Maria Assunta.

D Collegiata Santa Maria Assunta – Vor allem die vielen Fresken machen diese romanische Kirche zu etwas ganz Besonderem. Im Seitenschiff findet man 26 Episoden, die dem Alten Testament entnommen sind. Piazza del Duomo, April–Okt. Mo–Fr 10–19.30 Uhr, Sa 10–17.30 Uhr, So 12.30–19.30 Uhr, Nov–März Mo–Sa 10–17 Uhr, So 12.30–17 Uhr.

E Palazzo del Podestà – Dieser Palast mit der 51 Meter hohen Torre della Rognosa wurde im 13. Jh. errichtet. Piazza del Duomo.

F Museo del Vino – Im Weinmuseum dreht sich alles um den Vernaccia, Weinprobe und Filme über die Weinerzeugung inklusive. Rocca di Montestaffoli, Villa della Rocca, etwas außerhalb der Stadtmauer, Tel. 0577/94 12 67, April–Okt. tgl. 11.30–18.30 Uhr.

G Rocca – In der Ruine der ehemaligen Stadtfestung gibt es einen Spielplatz für die Kleinen und einen tollen Ausblick für die Größeren.

H Sant'Agostino – Im Gegensatz zur eher schlichten Fassade steht das üppige Rokoko-Interieur dieser Kirche. Die »Krönung Mariens« von 1483 ziert den Hauptaltar. Piazza Sant'Agostino.

Man trifft sich auf der Piazza.

Im Museum wird florentinische und sienesische Malerei des 13. bis 15. Jahrhunderts ausgestellt, darunter Werke von Bartolo di Fredi, Benozzo Gozzoli, Filippino Lippi und Pinturicchio. Zu dem Komplex gehört auch die Torre Grossa (»dicker Turm«) aus dem 13. Jahrhundert, der einzige Turm San Gimignanos, den man besteigen kann.

Vernaccia und Safran

Schon Michelangelo beschrieb den Vernaccia mit den Worten: »Er küsst, leckt, beißt, stößt und sticht.« Der rund um die Turmstadt gekelterte Wein mit edler goldgelber Tönung hat zwar einen leicht bitteren Abgang, dafür ist er im Geschmack sanft und aromatisch. Im Museo del Vino in der Ruine der Rocca auf dem Montestaffoli erfährt man alles über die Geschichte des berühmten Weißen.

Eines der teuersten Gewürze hat in San Gimignano langjährige Tradition. Die Herstellung des feuerroten, staubfeinen Pulvers ist bis heute langwierig und kompliziert: Die Stempelfäden aus der Safranblüte (*Crocus sativus*) werden per Hand ausgezupft und im Mörser zerrieben und eingeweicht.

Einfach gut!

GELATO VOM FEINSTEN

An der zentralen Piazza della Cisterna kreiert Sergio Dondoli ein Eis, das ihn über die Grenzen Italiens hinaus berühmt gemacht hat. Neben den klassischen Sorten gibt es hier auch Einzigartiges wie Safraneis mit Pinienkernen oder erfrischendes Vernaccia-Sorbet. Sergios vielfach preisgekrönte Kreationen werden aus den besten Zutaten hergestellt – und das schmeckt man!

Gelateria Dondoli. Piazza della Cisterna 4, www.gelateriadondoli.com

Feuerrote Safranfäden

Infos und Adressen

ESSEN UND TRINKEN

Ricca Pizza. Relativ günstige Pizzen original aus dem Holzofen. Praktisch zum Mitnehmen, es gibt aber auch wenige kleine Tische. Via San Matteo 5, Tel. 0577/94 22 73, www.riccapizza.it

Dulcis in Fundo. Direkt im Zentrum finden Liebhaber von Süßspeisen garantiert ihr Glück: Die Desserts sind hier mit viel Liebe zubereitet, und das schmeckt man auch. Vicolo degli Innocenti 21, Tel. 0577/94 19 19, www.dulcisinfundo.net

Le Terrazze. Einen schönen Ausblick auf die benachbarten Hügel bietet dieses Restaurant innerhalb der Stadtmauern. In einem Palast aus dem 13. Jh. werden ausgezeichnete toskanische Spezialitäten angeboten, allerdings sind sie nicht ganz billig. Piazza della Cisterna 24, Tel. 0577/94 03 28.

Osteria delle Catene. Mit alten toskanischen Rezepten machte sich diese Osteria einen Namen. In gemütlichen Gemäuern speist man unter anderem Kaninchen »alla Vernaccia«. Via Mainardi 18, Tel. 0577/94 19 66, www.osteriadellecatene.it

Osteria delle Carcere. In dieser Osteria bekommt man einiges für sein Geld. Lokale Spezialtäten wie die *Zuppa di farro e fagioli* (einer Suppe aus Getreide und weißen Bohnen) sollte man unbedingt kosten. Via del Castello, Tel. 0577/94 19 05.

ÜBERNACHTEN

Hotel la Cisterna. Schönes, zentral gelegenes und sehr komfortables Mittelklassehotel, das in einem beeindruckenden Gebäude aus dem 14. Jh. untergebracht ist. Für Zimmer mit Aussicht wird ein Aufpreis berechnet. Piazza della Cisterna 24, Tel. 0577/94 03 28, www.hotelcisterna.it

Hotel la Collegiata. Dieses wahre Prunkstück ist in einem ehemaligen Franziskanerkloster untergebracht. Nur von Mai bis Sept. geöffnet. Località Strada 27, Tel. 0577/94 32 01, www.lacollegiata.it

Safran-Knollen vor der Verarbeitung

L'Antico Pozzo. Drei-Sterne-Haus mit viel Komfort und freundlichem Ambiente, ideal gelegen für die Stadtbesichtigung. In den stilvollen Zimmern dieses Palasts aus dem 15. Jh. fühlt man sich zwischen Engel-Motiven, Himmelbetten und bemalten Decken sofort wohl. Via San Matteo 87, Tel. 0577/94 20 14, www.anticopozzo.com

Hotel Leon Bianco. Hier findet man alles, was man für einen Kurztrip braucht: zentrale Lage an der Piazza della Cisterna, freundliches Personal, Frühstück auf der Terrasse. Piazza della Cisterna 13, Tel. 0577/94 03 28, www.leonbianco.com

EINKAUFEN

Agriturismo Casanova di Pescille. Auf diesem Bauernhof bekommt man Safran, Olivenöl und Honig direkt vom Erzeuger. Die Mitarbeiter des Shops erzählen gern etwas zur Safranernte (mit etwas Glück auch auf Deutsch). Ortsteil Pescille, Tel. 0577/94 19 02, www.casanovadipescille.com

INFORMATION

Piazza del Duomo 1, Tel. 0577/94 00 08, www.sangimignano.com

31 Asciano und die Crete Senesi
Im Herz der typischen Toskana

Mitte und **unten:** Innerhalb der Crete bei Asciano liegt die Accona-Wüste, in der sich das Olivetaner-Mutterkloster Monte Oliveto Maggiore angesiedelt hat.

Asciano ist die Hauptstadt der Crete Senesi, einer toskanischen Landschaft wie aus dem Bilderbuch. Je nach Jahres- oder Tageszeit erscheinen die sanften Wölbungen dieser kargen Hügellandschaft in anderen Farben. Vor allem am Morgen, wenn sich in den kleinen Tälern noch ein wenig Nebel gefangen hält, glaubt man sich in eine mystische Welt versetzt. Asciano, die größte Stadt im Hügelmeer, bietet sich als Standort für die Erkundung an.

Südöstlich von Siena erstrecken sich zwischen den Provinzen Arezzo und Siena die Crete Senesi. Die Landschaft eignet sich ideal für Spaziergänge, Wanderungen und Radtouren. Am faszinierendsten sind die Crete im Herbst, wenn die Landschaft in Beige, Grau und Braun getüncht wie eine Mondlandschaft wirkt. Fremdartig und immer wieder neu laden die Crete zu Entdeckungstouren ein und fordern einen förmlich dazu auf, sich in den Schattierungen und Formschönheiten zu verlieren.

Die Crete Senesi

Entstanden ist diese höchst eigenwillige Landschaft dadurch, dass das Gebiet der mittleren Toskana einst vom Meer bedeckt war. Als sich das Wasser zurückzog, blieben Schlamm und Sud zurück, und so formten sich aus dem Bodensatz des Meeresgrundes Hügel. Die Römer und Etrusker begannen damit, die waldbedeckten Hügel abzuroden und setzten so die kahlen Lehmberge frei, die dem Gebiet den Namen Crete (»Tonerde«) verliehen. So findet man mitten in Europa Sanddünen neben Getreidefeldern, Wiesen mit spärlicher Schafspopulation und steile Abhänge. Dazwischen immer wieder Zypressen, die sich wie standhafte Ausrufezeichen gegen den Himmel stemmen.

Neben dem Tourismus ist die Landwirtschaft der Hauptwirtschaftszweig, speziell der Getreideanbau. Hier fließen Milch und Honig in Form von leckerem gereiftem Schafskäse und köstlichem goldenem Bienenhonig. Außerdem werden ausgezeichnete DOC-Weine produziert, und auch die Trüffel, die in den Trattorien serviert werden, stammen aus der Region.

Ascianos Schätze

Auf der Fahrt von Siena gen Südosten gilt das Motto: »Der Weg ist das Ziel«. Allerdings hat das 7000-Einwohner-Städtchen Asciano auch einiges an Kultur zu bieten. Der sehenswerte mittelalterliche Stadtkern des größten Ortes der Crete beherbergt unter anderem drei Museen. Die romanische Basilika Collegiata Sant'Agata aus dem 11. Jahrhundert besteht ganz aus Travertin und thront zuoberst einer Treppe über der Stadt.

In Asciano gibt es zwei große Märkte: Auf dem Mercato delle Crete werden jeden zweiten Sonntag im Monat kulinarische Erzeugnisse und Kunsthandwerk feilgeboten, auf dem Mercatino della Scialenga am vorletzten Sonntag im September kann man Korbwaren und Antiquitäten erstehen. Allein schon die Stimmung auf den Märkten, bei denen das Leben erwacht, ist einen Besuch wert.

Museen

Drei kleine Museen widmen sich der Kunst in Siena und etruskischen Funden aus der Umgebung:

Nicht verpassen

MIT DEM FAHRRAD DURCHS PARADIES

Besonders schön kann man die Landschaft der Crete Senesi vom Rad aus erleben. Für die meisten Strecken sollte man jedoch ein Mountainbike oder zumindest ein Tourenrad mitbringen, denn die Wege sind nicht befestigt. Die zwei schönsten Routen für Radfahrer sind eindeutig die auf den Straßen Monte Sante Marie von Asciano nach Torre a Castello und Pieve a Salti von Buonconvento nach San Giovanni d'Asso. Eine einfache Tour mit dem Tourenrad verläuft auf der Straße von Lauretana, die von Siena nach Asciano (und anschließend weiter nach Le Chiusure, Monte Oliveto Maggiore und Buonconvento) führt.

Ein toskanischer Landwirt bei der Arbeit

Oben: Hotel Casa Bianca, Asciano – wunderschönes Hotel mit erstklassigem Essen
Unten: Abendstimmung in den Crete Senesi. Typisch sind die Biancane: weiße, nur wenige Meter hohe Hügel mit schmalen Furchen und ohne jede Vegetation.

Das Museum für Sakralkunst (Piazza Fratelli Bandiera) zeigt sienesische Malereien und Skulpturen aus dem 14. und 15. Jahrhundert. Unter den Exponaten befinden sich Werke von Taddeo di Bartolo, Sasseta und Ambrogio Lorenzetti. Das Amos-und-Giuseppe-Museum (Via Mameli) feiert eine Künstlerdynastie: Amos Cassioli (1832–1892) und seinen Sohn Giuseppe, die für ihre Porträts berühmt waren. Im Archäologischen Museum (Corso Matteotti) kann man in der San-Bernardino-Kirche Funde aus einer etruskischen Nekropole besichtigen, die in der Nähe von Asciano gefunden wurden.

Abbazia di Monte Oliveto Maggiore

Folgt man der SS451 in südwestlicher Richtung, kommt man zu einer der beeindruckendsten Sehenswürdigkeiten der Toskana, der Abbazia di Monte Oliveto Maggiore. Diese Benediktinerabtei ist eine der schönsten und am besten restaurierten in der ganzen Toskana. Gegründet wurde sie 1313 von einem jungen Adligen namens Bernardo Tolomei. Mit dem Bau des Klosters wurde Ende des 14. Jahrhunderts begonnen. Im Laufe der Jahre entwickelte sich die Abbazia di Monte Oliveto Maggiore zu einem der größten und wichtigsten Klöster in ganz Italien.

Heute leben noch etwa 40 Benediktinermönche in den alten Gemäuern, zu deren Schätzen eine erstaunliche Bibliothek mit einzigartigen Handschriften und wertvollen Buchausgaben gehört (nur mit Führung zu besichtigen). Unbestrittenes Highlight ist jedoch der Freskenzyklus im 1426 bis 1443 erbauten Kreuzgang, den Luca Signorelli begann und Il Sodoma ab 1505 vollendete. Die großformatigen Wandgemälde schildern Szenen aus dem Leben des heiligen Benedikt, dem asketischen Gründer des Benediktinerordens.

Infos und Adressen

ESSEN UND TRINKEN

Ristorante La Mencia. Von der *Zuppa di cipolle gratinate* (Suppe aus gratinierten Zwiebeln) über die handgemachten Pici mit Fleischsugo bis zur klassischen *Bistecca alla Fiorentina* ist das Essen hier ein Gedicht! Im Sommer kann man zwischen den typisch toskanisch eingerichteten Räumen und dem großen Garten wählen. Direkt in der Altstadt. Piazza Corso Giacomo Matteotti 85, Tel. 0577/718 22 27, www.lamencia.it

1260. Im modernen Hotel Monaperti kann man nicht nur luxuriös nächtigen, sondern auch exquisit speisen. Hochmodern und stylish eingerichtet, ist das Ambiente nicht jedermanns Sache, aber keine Angst: Die Gerichte mit frischen Zutaten aus der Region sind vollkommen im Geschmack. Ortsteil Arbei, Tel. 0577/36 53 95, www.montapertihotel.com

ÜBERNACHTEN

Hotel Borgo Casa Bianca. In dem urigen toskanischen Landhaus genießen Sie Vier-Sterne-Komfort. Das mit viel Liebe zum Detail eingerichtete Hotel bietet große Zimmer und ein exzellentes Restaurant. Im Sommer werden hier Kochkurse angeboten. Ortsteil Casa Bianca Asciano, Tel. 0577/70 43 62, www.casabianca.it

Hotel La Pace. Hier stimmt das Preis-Leistungs-Verhältnis. Die Zimmer sind zwar nicht besonders aufregend, erfüllen aber ihren Zweck. Ein weiterer Vorteil des Hotels: Es liegt direkt in der Stadt, bietet aber trotzdem die Möglichkeit, seinen fahrbaren Untersatz abzustellen. Im Garten steht auch ein Swimmingpool zur Abkühlung bereit. Via Roma 14, Tel. 0577/71 86 29, www.hotellapace.net

Casolare Santa Lucia. In dem frisch renovierten Bauernhaus aus dem 14. Jahrhundert befindet sich heute ein Agriturismo-Betrieb mit sieben Ferienwohnungen, die alle geschmackvoll eingerichtet sind und teilweise sogar einen privaten Garten haben. Hier urlaubt man mitten in der Natur, zwischen Obstbäumen, Olivenbäumen und Blumen mit einem traumhaften Blick auf die Crete Senesi. Ortsteil Medane, Tel. 0577/36 58 92, www.agriturismosantalucia.com

INFORMATION

Corso Giacomo Matteotti 78, Tel. 0577/71 88 11, www.comune.asciano.siena.it

Pool der »Casa Bianca« – Viersternehotel in Asciano

DER SÜD-WESTEN

Seite 184/185: Romantische Bucht von Porto Ercole
Mitte: *Buttero* – der berittene Hirte der Maremma mit seinem typischen Pferd, dem Maremmano
Unten: Aussicht vom Monte Argentário auf die Bucht von Orbetello im Parco Naturale della Maremma

32 Maremma
Italiens Wilder Westen

Hier gibt es noch echte Männer, die das Leben des Viehhirten nicht scheuen: Die Cowboys der Toskana werden butteri genannt, sind Meister im Reiten und kennen die raue Natur dieser Gegend wie ihre Westentasche. Die Landschaft der Maremma bietet fruchtbare Hügel, karge Ebenen, Strände und dazu noch ein geschütztes Naturreservat mit unberührter Landschaft und Wildtieren. Vom Massentourismus blieb die Maremma bisher weitgehend verschont – zur Freude all derer, die im Urlaub Ruhe und Erholung in ursprünglicher Umgebung suchen.

Das Gebiet der Maremma liegt am südwestlichen Rand der Toskana. Der Naturpark (Parco Regionale della Maremma) reicht dabei vom Ombrone bis zum Ort Talamone im Süden und im Osten bis an den Fuß des Monte Bottigli. Südlich von Livorno beginnt die Alta Maremma, die sich über die Colline Metallifere bis zur Provinzhauptstadt Grosseto erstreckt.

Die Hüter des Wilden Westens

Die *butteri* werden ihrem Ruf als Hüter von Italiens Wildem Westen mehr als gerecht: Voller Eifer pflegen sie die alte Hirtentradition in einer unvergleichlichen Szenerie, obwohl ihr Berufsstand seit Jahrzehnten vom Aussterben bedroht ist. Die durch Kultur, Tradition und Leidenschaft verbundenen letzten Cowboys haben etwas Melancholisches, Archaisches an sich, und es ist eine Bereicherung, ihnen bei ihrer abenteuerlichen Arbeit zuzusehen.

Ein *buttero* in Aktion

Vom Albtraum zum Geheimtipp

Noch vor etwas mehr als 100 Jahren war die Maremma ein sumpfiges, mit Malaria verseuchtes Gebiet, in dessen Wildnis ein paar Rinder und Pferde halbwild in der Natur weideten. An ein paar wenige Hügel in der ärmsten Gegend der Toskana klammerten sich kleine Dörfer mit finsteren Gassen. Wer wollte schon in dieser trostlosen Wildnis leben? Doch in den 1930er-Jahren kam man auf die Idee, die einige Tausend Jahre vorher schon die Etrusker hatten: Wenn man die Sümpfe trockenlegt, könnte man den Boden für die Landwirtschaft nutzen. So wurde die Region wieder bewohnbar und zog (menschliches) Leben an: Vor allem Bergarbeiter kamen hierher, die in den Colline Metallifere oder in Ribolla Schwefel, Kupfer, Braunkohle und Gips abbauten. Doch der neu gewonnene, fruchtbare Boden ebnete auch den Weg für die Landwirtschaft, und so leuchten einem heute Sonnenblumenfelder und Obstbäume den Weg in die noch recht unerschlossene Tourismusregion, wo Abenteuer- und Aktivurlaub großgeschrieben werden.

Geheimtipp

COWBOY-ACTION

Ein Abenteuer ist es, den *butteri* einmal bei der Arbeit zuzusehen. Die Abläufe ihrer Glanzleistungen, wie zum Beispiel das Brandmarken, werden schon seit Generationen weitergegeben. Gelegenheit dazu bietet sich bei zahlreichen Aufführungen, die von Juli bis Sept. im Vereinsgelände der italienischen wilden Burschen stattfinden. Hier kann man Zeuge einer Kuhbrandmarkung werden oder sich dazu entschließen, Ende September auf die *transumanza* mitzukommen. Das kostet allerdings 150 € und ist nur für Abenteuerlustige empfehlenswert, die fest im Sattel sitzen.

Associazione Butteri d'Alta Maremma. Podere San Michele, Sassa, Tel. 0588/378 65, www.butteri-altamaremma.com

Oben und **Mitte:** Im Naturpark Parco Regionale della Maremma (auch Parco dell'Uccelina) – ein Mix aus Sümpfen und felsigen Hängen
Unten: *Butteri* – die Cowboys der Toskana

Parco Regionale della Maremma

Seit 1975 ist das Gebiet zwischen den Monti dell'Uccellina und der unberührten Küste ein Naturschutzgebiet. Hier sagen sich Stachelschwein und Wildkatzen gute Nacht, denn der Naturpark bietet vielen bedrohten Tierarten wie dem Maremmen-Abruzzen-Schäferhund, den Wölfen oder Wildkatzen einen natürlichen Lebensraum. Aber auch weniger bedrohte Arten wie Wildschweine und Wildpferde haben in der geschützten Natur ihre Heimat gefunden.

In dem besucherfreundlichen Park kann man viel Zeit an der frischen Luft verbringen, egal, ob man lieber wandert, reitet oder mit dem Fahrrad fährt. Stille Berge und ruhige Täler warten in der saftiggrünen, zerklüfteten Hügellandschaft darauf, entdeckt zu werden. Eine der schönsten Abenteuerrouten ist zum Beispiel der mit »A2« beschilderte Wanderweg, der von Pratini auf sechs Kilometern Länge (Dauer ca. drei Stunden) durch beinahe alle Habitate des Schutzgebietes führt. Wer es etwas sportlicher mag, sollte die zwölf Kilometer lange Route »A4« nehmen, die zwar weder steil noch gefährlich ist, dafür aber sehr lang. Für Einsteiger eignet sich der Weg »A7« (ca. zwei Stunden). Informationen und Wanderkarten zu den (gebührenpflichtigen) Touren gibt es im Tourismusbüro.

Besonders schön sind die Reittouren, die in einer Landschaft von Olivenbäumen und Brombeerbüschen durch Eichen- und Edelkastanienwälder zu alten Mühlen und Gehöften führen. Das Resort Antico Casale di Scansano (s. S. 191) eignet sich für alle, die zwar tagsüber gern in der Wildnis ihre Abenteuer erleben, abends aber komfortabel ausspannen möchten. Mit einem ortskundigen Führer geht es auf Trekking- und Wanderreittouren zu den schönsten Orten der Maremma. Mehr Informationen zum Park auf www.parco-

Rundfahrt durch die Alta Maremma

A Roccatederighi – Eines der interessantesten und am besten erhaltenen mittelalterlichen Dörfer der Region. Am höchsten Punkt des Ortes befindet sich die Kirche San Martino Vescovo aus dem 10. Jh., www.roccatederighi.info

B Montemassi – Mittelalterliches Dorf, das von der eindrucksvollen Montemassi-Burg dominiert wird. In den engen mittelalterlichen Gassen ist man als Tourist relativ allein und kann noch die ungezwungene Atmosphäre eines toskanischen Bergdorfes genießen.

C Ribolla – In der einst wichtigen Minenstadt wurden Massen an Braunkohle abgebaut. Nach einer Explosion in den 1950er-Jahren war Schluss, aber die alte Struktur des Minenortes wurde weitgehend erhalten. So stehen auch heute noch die einfachen Arbeiterhäuser, in denen jahrhundertelang die Minenarbeiter wohnten.

D Sticciano – Erstmals im Jahr 996 erwähnt, ist Sticciano eine der ältesten Städte der Region. Vor allem die Lage ist beeindruckend: Auf 300 Höhenmetern kommt es einem so vor, als befände man sich auf einem Balkon, der die ganze Maremma inklusive vorgelagerten Inseln Giglio, Elba und Korsika überblickt. Die romanische Kirche Santissima Concezione ist ebenfalls einen Besuch wert: Die Altarbilder eines unbekannten Meisters fügen sich hervorragend in die Kirche ein und machen sie so zu einer Perle der romanischen Sakralarchitektur.

E Roccastrada – Der Hauptort des Bezirks wurde etwa im 10. Jh. erbaut. Die Kirche des Heiligen Niccolò stammt aus dem Jahr 1238 und birgt in ihrem Inneren zwei besonders schöne Fresken aus dem 16. Jh., »Die Verkündung« und »Madonna mit Kind«.

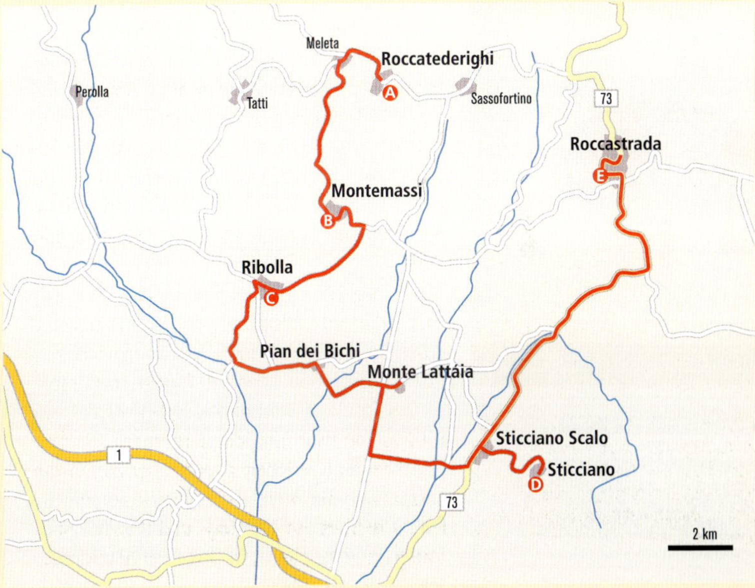

Oben: Pinienwälder – wohin das Auge reicht. Diese Pinienart zieht sich durch die ganze Toskana.
Mitte: La Rocca auf der Halbinsel Monte Argentário am Meer
Unten: Sonnenuntergang in der Maremma

maremma.it oder im Informationsbüro. Am besten kommt man zur Übergangszeit in den Park, der das ganze Jahr über geöffnet ist.

Kleine Ortschaften in der Alta Maremma

Die Obere Maremma, also der nördlich des Flusses Ombrone gelegene Teil, nimmt eine weite Fläche im Südwesten der Toskana ein und dehnt sich auf den erzhaltigen Hügeln der Provinz Grosseto aus. Diese verlaufen in weichen Linien Richtung Meer, bis sie am Golf von Follonica fast die Küste berühren. Die Orte, in denen früher niemand leben wollte, sind heute kleine Edelsteine inmitten der rauen Natur. Das Bergdorf Roccatederighi mit seinen steilen Gässchen und seiner atemberaubenden Aussicht scheint sich an die steinerne Kirche zu klammern. Am Kirchplatz angekommen, stockt einem der Atem doppelt: einerseits vom steilen Anstieg, andererseits wegen des überwältigenden Blicks von einem der schönsten Aussichtspunkte der Alta Maremma. Von dort blickt man auf eine Landschaft, die scheinbar jeden Monat in anderen Farbkombinationen leuchtet. In weiter Ferne, hinter den Steineichenwäldern und den grünen Hügeln, erahnt man sogar das Meer. Wer die Maremma per Drahtesel erkunden möchte, bekommt bei Maremma Bici (Via delle Cortine 1, Tel. 0564/56 96 60, www.maremmainbici.it) neben einem Fahrrad auch geführte Radtouren. In Roccatederighi kann man sich auch mit Lebensmitteln eindecken, da es einen Supermarkt gibt.

Auch die übrigen Orte der Alta Maremma, Roccastrada, Montemassi und Civitella Marittima sind noch recht ursprünglich, wennschon teilweise größere Renovierungen erfolgen mussten. So wurde zum Beispiel öfters das Kopfsteinpflaster durch Asphalt ersetzt.

Infos und Adressen

ESSEN UND TRINKEN

Da Nada. Wer hierher kommt, sollte auf jeden Fall etwas Italienisch sprechen, da die Gerichte des Tages von der Köchin persönlich vorgetragen werden. Die Küche ist zwar einfach, aber superfrisch und preiswert. Via Trento 13, Roccatederighi, Tel. 0564/56 72 26, www.trattoriadanada.com

La Conchiglia. Am Südhang des Dorfes gelegen, genießt man vom Garten dieses traditionellen Lokals einen wunderschönen Panoramablick. Empfehlenswert sind sowohl Pizza als auch Fischgerichte, insbesondere die *Antipasti di mare caldo* (warme Vorspeise mit Meeresfrüchten). Das Ganze zu sehr vernünftigen Preisen. Via Roma 24, Roccatederighi, Tel. 0564/56 74 30.

Da Paguro. Wer hätte gedacht, dass man sein Glück mitten im Nirgendwo finden kann? In der gemütlichen Gaststube wird am offenen Kamin gegrillt – einfach köstlich und dazu noch preiswert! Via delle Collacchie 43, Ortsteil Pian d'Alma, Podere Sant'Anna, Tel. 347/184 77 86.

ÜBERNACHTEN

Antico Casale di Scansano. Dieses familiäre Vier-Sterne-Haus bietet saubere, im toskanischen Landhausstil gehaltene Zimmer. Hierher kommt man entweder mit seinem eigenen Pferd oder man borgt sich eines vor Ort für Ausflüge. Ortsteil Castagneta, Scansano, Tel. 0564/50 72 19, www.anticocasalediscansano.it

Hotel Refugio Prategiano. Gepflegtes Dreisternehotel mit etwas altmodischen Zimmern und köstlicher Küche. Ein Swimmingpool sorgt für Erfrischung. Vor allem für Pferdeliebhaber zu empfehlen, da man von hier aus tolle Wanderritte unternehmen kann. Das Hotel verleiht auch Pferde. Ortsteil Prategiano 45, Tel. 0566/99 77 00, www.hotelprategiano.it

AKTIVURLAUB

Equinus Association. Das engagierte Team organisiert Wein- und Genusstouren zu den besten Restaurants und charmanten Trattorien, Aufenthalte in eleganten, historischen Hotels oder wunderschönen luxuriösen ehemaligen Bauernhäusern. Doch auch Golf, Kultur und Reiten mit erfahrenen Führern werden angeboten. Tel. 0564/249 88, www.cavallomaremmano.com

INFORMATION

Agenzia per il Turismo della Maremma. Viale Monterosa 206, 58100 Grosseto, Tel. 0564/46 26 11, www.turismoinmaremma.it

Park-Information. Via Bersagliere 7–9, Alberese, Tel. 0564/40 70 98, www.parco-maremma.it

Pool im »Il Pellicano« in Porto Ercole

TOSKANAS INSELN – die Diamanten unweit der Küste

Blick auf Portoferraio

Der Legende nach handelt es sich um die sieben Diamanten, die einst aus dem Diadem der Venus gefallen sein sollen: Gorgona, Capraia, Elba, Pianosa, Giglio, Montecristo und Giannutri.

Nach Elba zieht es jedes Jahr etwa ein Sechstel aller Toskana-Urlauber, die Hälfte davon sind Italiener. Der berühmteste Bewohner des 224 Quadratkilometer großen Eilands war wohl Napoleon, der jedoch nur von Mai 1814 bis Februar 1815 in seinem souveränen »Fürstentum Elba« blieb. Doch schon in früheren Jahrhunderten war die Insel Schauplatz einer turbulenten Geschichte voller Piratenüberfälle und wechselnder Machthaber. Heute zieht das bergige Eiland mit seinen malerischen Buchten sonnenhungrige Strandurlauber ebenso an wie Natur- und Segelfreunde aus aller Welt.

Auf Gorgona, der kleinsten toskanischen Insel, befindet sich seit 1869 eine Strafanstalt. Für Touristen ist sie nur nach Voranmeldung zugänglich. Auch Capraia, die einzige Insel des Archipels mit vulkanischem Ursprung, beherbergte bis in die 1980er-Jahre Strafgefangene. Heute ist sie von etwa 400 Menschen bewohnt und bietet neben ihrer üppigen Vegetation auch vielen Vogelarten eine Heimat. Ebenfalls aufgegeben wurde die Strafkolonie auf Pianosa. Die flache Insel ragt an der höchsten Stelle nur 29 Meter aus dem Meer. Die sie umgebende Unterwasserwelt ist eine unberührte Oase geblieben, die heute besonderen Schutz genießt.

Giglio, mit der Fähre von Porto Santo Stèfano in etwa einer Stunde zu erreichen, gilt als die mondänste unter den kleinen Inseln des Archipels. Der romantische Hafen und einige schöne Strände locken jede Saison zahlreiche Besucher auf die von etwa 1700 Menschen bewohnte »Lilieninsel«.

Montecristo ist wohl diejenige unter den toskanischen Inseln, um die sich die meisten Legenden ranken. Der bis zu 645 Meter aus dem Meer ragende Granitfelsen beherbergte seit dem 5. Jahrhundert Einsiedler und Mönche. Später kamen Gerüchte um einen auf der Insel versteckten Schatz in Umlauf, die wohl auch Alexandre Dumas zu seinem berühmten Roman »Der Graf von Monte Christo« ispirierten. Montecristo steht unter strengem Naturschutz, pro Jahr werden nicht mehr als 1000 Besucher zugelassen.

Giannutri ist für eine reiche Unterwasserwelt und die Delfine bekannt, die sich immer wieder rund um die Insel tummeln. Außerdem befinden sich hier die Überreste einer römischen Villa aus dem 1. Jahrhundert.

Seit 1996 existiert zum Schutz der einzigartigen Natur der Inseln der »Nationalpark Toskanischer Archipel«. In seinen Grenzen gelten strenge Regeln für die touristische Nutzung, außerdem dürfen sich Boote und Schiffe einigen der kleineren Inseln nur auf 1000 Meter nähern.

33 Grosseto
Lucca im Kleinformat

Nicht nur die sechseckige, gut erhaltene Stadtmauer erinnert an die große toskanische Schwester Lucca, sondern auch die magische Stimmung, die entsteht, während man eine abendliche passeggiata durch die Altstadt unternimmt. Der geheime Charme Grossetos hat sich zum Glück noch nicht allgemein herumgesprochen, sodass man hier vor Touristenmassen weitgehend geschützt ist.

Mitte: Der Palazzo Aldobrandeschi auf der Piazza Dante in Grosseto
Unten: Nach einer Fahrradtour im nahe gelegenen Naturschutzgebiet der Maremma kann man in Grosseto schön einkehren.

Der Verwaltungssitz der Maremma ist mit seinen 72 000 Einwohnern der größte Ort weit und breit. Weil das Zentrum aber von einem Mauergürtel aus dem 16. Jahrhundert begrenzt wird, behält man leicht den Überblick. Zwar gibt es in der als Fußgängerzone ausgewiesenen Altstadt keine monumentalen Bauten, doch durchaus einige Kunstschätze. Das einfache Ensemble an Häusern mit schmucken Palazzi, preiswerten Restaurants und günstigen Hotels macht Grosseto (noch) zum Geheimtipp. Eigentlich seltsam, dass in einer so schönen und dazu relativ großen toskanischen Stadt so wenig Touristen unterwegs sind.

Entstehung des Sechsecks

Die Sieneser umgaben die Siedlung während ihrer Herrschaft im 14. Jahrhundert mit einer schützenden Mauer. Bis ins 18. Jahrhundert hinein bestand der einzige Zugang in der Porta Vecchia, deren Reste heute noch zu sehen sind. Das Tor im Süden gewährt Einlass in die Altstadt. 1554 fiel die Stadt in die Hände der Medici, und Cosimo I. beauftragte Baldassare Lanci, eine neue, wehrhafte Stadtmauer zu bauen, in deren sechs Ecken jeweils eine

Bastion platziert wurde. Im 19. Jahrhundert ereilte den Mauerring das Schicksal vieler Stadtmauern: Sein oberer Wall wurde in einen Park umgewandelt, auf dessen öffentlicher Anlage man heute flanieren oder anderen Freizeitaktivitäten nachgehen kann.

Geschichte

Etrusker und Römer verwandelten die zur Versumpfung neigenden Landstriche um Grosseto in fruchtbares Land. Der Niedergang des Römischen Reichs sorgte für Entvölkerung und Verwahrlosung des einst ertragreichen Gebiets. Vor allem die Vernachlässigung des Entwässerungssystems sorgte dafür, dass sich Seuchen und Malaria in den Niederungen ausbreiten konnten. Erst im 18. Jahrhundert verbesserten sich die Lebensverhältnisse allmählich. Die Wende kam 1766, als Großherzog Pietro von Lorena das ehemalige Sieneser Reich in zwei Provinzen teilte und Grosseto zur Hauptstadt der südlichen machte. Nach und nach begannen die Sanierungen, in den 1830er-Jahren entstanden Bauten wie der nach Vorbild des Sieneser Rathauses errichtete Palazzo della Provincia, das heutige Rathaus, mit seinen sienesischen Bögen und Zinnen. Weitere Verbesserungen brachte der Zusammenschluss des italienischen Reiches und die daraus resultierende systematische Trockenlegung der Sümpfe, wodurch bald die Malaria ausgerottet werden konnte und Landwirtschaft und Viehzucht wieder florierten. Davon profitieren heute noch die Touristen, denn viele Bauernhöfe bieten Unterkünfte in Form von Agriturismi an.

Der Dom

Nur wenige historische Baudenkmäler überstanden den verheerenden Bombenangriff im Zweiten

Nicht verpassen

FÜR HOBBY-ARCHÄOLOGEN

Ausflüge in die nahe gelegenen Dörfer Roselle und Vetulonia lohnen sich. In Roselle, dem etruskischen Rusellae, wurden ein Amphitheater, Überreste von Wohnhäusern aus dem 7. bis 2. Jh. v. Chr., Straßen und ein Marktplatz freigelegt (Tel. 0564/40 30 67, 9 Uhr bis Sonnenuntergang). Die archäologische Stätte von Vetulonia umfasst vier etruskische Gräber beziehungsweise Nekropolen (Via Sepolcri, 10–19 Uhr). Am beeindruckendsten ist jenes in ca. 1 Kilometer Entfernung, das man nur zu Fuß über einen Feldweg erreichen kann.
Die Funde von Vetulonia werden im Museo Archeologico dokumentiert, das eine umfangreiche Ausstellung von Artefakten zeigt (Piazza Vetluna, Tel. 0564/94 80 58,
tgl. außer Mo, Okt.–Feb. 10–16 Uhr,
März–Mai 10–18 Uhr,
Juni–Sept. 10–14 und 16–20 Uhr).

Cattedrale di Grosseto – der Dom San Lorenzo in charakteristischer italienischer Gotik

Oben und **unten:** Gastgeberin und Innenräume des Ristorante »La Locanda dei Briganti« in Grosseto

Weltkrieg: Eines davon ist der Dom San Lorenzo, der auch heute noch der Mittelpunkt der Altstadt ist. Der Bau des Gotteshauses mit seinen aus rotem und weißem Marmor gestreiften Außenwänden wurde zwar schon 1294 begonnen, doch erst im 14. Jahrhundert abgeschlossen. Eine Zwerggalerie teilt die Fassade in zwei Hälften: Im schmalen oberen Teil erstrahlt eine filigrane Fensterrosette, im unteren befinden sich die drei Portale, deren Pfeiler mit Skulpturen der Evangelistensymbole verziert sind. Bemerkenswert ist die südliche, der Piazza Dante zugewandte Seite des Doms, die quasi eine zweite Fassade bildet. Im Inneren der Kirche sollte man vor allem auf das Altartabernakel mit einer Madonnentafel von Matteo di Giovanni (1474) achten, wie auch auf das detailreiche Taufbecken aus Marmor (1470).

Stadtrundgang

Auf der Piazza Dante Alighieri erhebt sich eine Marmorstatue von Leopold II., dem letzten Großherzog der Toskana. Der Corso Carducci führt zur Piazza d'Indipendenza mit der Kirche San Francesco. Der einfache Ziegelbau wurde im Jahr 1289 fertiggestellt; im Inneren dominiert ein großes Kruzifix den Hauptaltar. Nebenan befindet sich das Museo Archeologico e d'Arte della Maremma, das Exponate prähistorischer, etruskischer und römischer Zeit präsentiert, die vor allem im nahen Roselle ausgegraben wurden, sowie Silberschmuckarbeiten und Gemälde im Diözesanmuseum. Im zweiten Stock sind etruskische Artefakte aus anderen Fundstellen in der Maremma ausgestellt, und ganz oben findet man religiöse Kunst wie Kelche oder antiquarische Bücher. Geht man von hier aus immer in Richtung Osten, gelangt man zur Fortezza Medicea aus dem 16. Jahrhundert, die sehr gut erhalten ist. Betreten kann man sie nur, wenn dort eine Ausstellung stattfindet.

Infos und Adressen

ESSEN UND TRINKEN

La Buca di San Lorenzo. Die Kreationen des Küchenchefs sind es wert, mal tiefer in die Brieftasche zu greifen: Spaghetti mit Drachenkopffleisch und Kürbisblüten oder Panna Cotta Fantasia. Via Agostino Bertani 14/16, Tel. 0564/251 42.

Ristorante Il Canto del Gallo. Hier werden regionale Spezialitäten mit Zutaten aus kontrolliert biologischem Anbau serviert. In der gemütlichen, kleinen Taverne kocht die Wirtin noch selbst. Via Mazzini 29, Tel. 0564/41 45 89.

Trattoria Canapino. Unweit vom Dom befindet sich dieses nette kleine Lokal. Bei gutem Wetter kann man im Freien sitzen. Piazza Dante 3/6, Tel. 0564/245 46.

ÜBERNACHTEN

Bastiani Grand Hotel. Das erste Haus am Platz, einen Steinwurf vom Dom entfernt, ist schmuck und prachtvoll. Hier kann man in gediegener Atmosphäre wohnen. Negative Überraschungen erlebt man hier sicher nicht, dafür muss man allerdings die gesalzenen Preise in Kauf nehmen. Die mit Massivholzmöbeln eingerichteten Zimmer verfügen über elegante Badezimmer. Parken kostet extra. Piazza Gioberti 64, Tel. 0564/200 47, www.hotelbastiani.com

INFORMATION

Via Monte Rosa 206, Tel. 0564/46 26 11, www.turismoinmaremma.it

Stadtrundgang Grosseto

Ⓐ **Porta Vecchia –** Lange Zeit der einzige Zugang zur Stadt, Reste des Stadttors sind heute noch zu sehen.

Ⓑ **Dom –** Parallelen zu Bauten in Siena sind erkennbar. Der Bau aus dem 13. Jh. wurde im 19. Jh. im neoromanischen Stil umgebaut. Das Innere besteht aus unterschiedlichen Marmorschichten, die ein braun-weißes Streifenmuster ergeben. Tgl. 7.30–12 und 15.30–19 Uhr.

Ⓒ **Chiesa San Francesco –** Ein einfacher Ziegelbau aus dem Jahr 1289. Das Highlight im Inneren ist das große Kreuz, das den Hauptaltar dominiert. Piazza dell'Indipendenza.

Ⓓ **Museo Archeologico e d'Arte della Maremma –** Zu besichtigen sind römische und etruskische Fundstücke, die meist in Roselle ausgegraben wurden. Piazza Baccarini 3, Tel. 0564/48 87 50, April–Mai Di–Fr 9.30–16 Uhr, Sa, So 10–13 und 16–19 Uhr, Juni–Sept. Di–Fr 10–18 Uhr, Sa, So, 10–13 und 17–20 Uhr, Okt.–März Di–Fr 9–14 Uhr, Sa, So 10–13 und 16–19 Uhr.

Ⓔ **Fortezza Medicea –** Die Befestigungsanlagen sind im Zuge der Neuerungen von Cosimo I. entstanden. In den sechs Ecken der Stadtmauer wurde jeweils ein Bollwerk gebaut, in einer auch eine Festung errichtet.

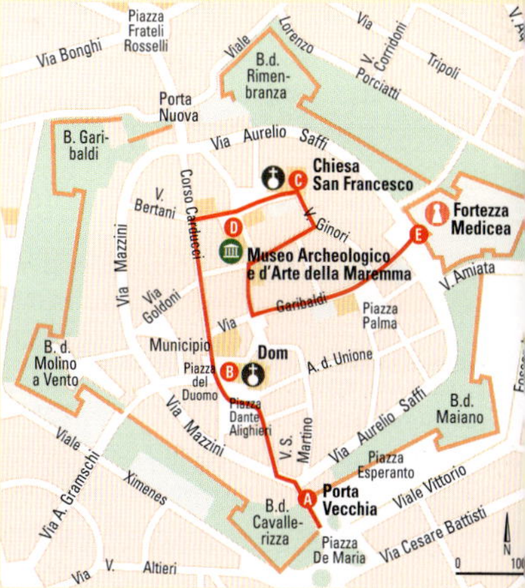

34 Castiglione della Pescáia

Stadt der *bagni*

Weit und breit gilt Castiglione della Pescáia als einer der schönsten Badeorte im ganzen Land. In der Toskana hat das Städtchen mit seinen 48 bagni allemal die besten Karten, falls es einmal einen Schönheitswettbewerb der Seebäder geben sollte. Wichtige Argumente für einen Sieg bei der Schönheitswahl stellen die sauberen Strände, das klare Wasser und der unvergleichliche Badespaß beim Tretbootfahren, Suchen von Muscheln, Tauchen oder Schwimmen dar.

Mitte: Castiglione liegt direkt an der Küste des Tyrrhenischen Meeres. **Unten:** Den Naturpark Uccellina kann man gut mit dem Kanu erkunden.

Castiglione della Pescáia zählt etwa 7300 Einwohner und liegt zu Füßen des 342 Meter hohen Poggio Petriccio an der Flussmündung des Bruna. Im Mündungsbereich gibt es ein Sumpfgebiet mit ausgedehnten Kanälen und dem Naturreservat Diaccia Botrona sowie einem Hafen, in dem stets reger Betrieb herrscht, da in Castiglione nach wie vor der Fischfang eine große Rolle spielt. Im Zentrum rund um die Via Vittorio Veneto finden die Gäste alles für einen angenehmen Aufenthalt: Restaurants, Läden, Bars. An der Küste erstrecken sich beiderseits der Flussmündung herrliche Sandstrände über insgesamt 24 Kilometer. Der kleine historische Ortskern mit einer Festung liegt dagegen auf einer Anhöhe und überblickt die Pinienwälder im Umland.

Bagni strandauf, strandab

Was haben die Italiener nur mit ihren *bagni*? Während viele Urlauber den freien Strand bevorzugen, zwingen einem die Italiener ihre Liegen, Sonnenschirme und Duschen regelrecht auf. Natürlich gegen gutes Geld. Doch wer etwas Komfort haben möchte, muss wohl oder übel die Strandmiete zahlen.

Am langen feinen Sandstrand von Castiglione della Pescáia reihen sich nicht weniger als 48 Strandbäder aneinander. Da fällt die Entscheidung, in welche Hände man sein Badevergnügen legen möchte, schwer: Allen voran empfiehlt sich das Bagno La Valetta, das mit allem aufwarten kann, was man sich nur von einer Badeanlage wünschen kann (Viale Kennedy 23, Tel. 0564/93 51 74, www.lavallettabeach.com). Oder doch lieber das Bagno Medusa? Es gilt als das familienfreundlichste weit und breit (Via del Giglio, Tel. 0564/93 34 39). Doch auch das Bagno Le Cannucce kann in puncto Service und Komfort locker mit den anderen mithalten (Via Verdi, Tel. 0564/93 94 34, www.bagnolecannucce.it). Versuchen Sie nicht, ohne bezahlten Liegeplatz die Toilette zu besuchen oder kurz das Meerwasser abzuduschen, denn damit handeln Sie sich Ärger ein. Doch egal, ob *bagno* oder freier Strand: Der Strandabschnitt in Castiglione della Pescáia bietet das sauberste Wasser der Toskana.

Castiglione Castello

Relativ harmonisch geht das moderne Strandbad in die höher gelegene historische Altstadt über. Besonders viele Denkmäler hat Castiglione Castello zwar nicht, aber der mittelalterliche Kern lohnt einen kurzen Rundgang. Das Castello Rocca Aragonese aus dem 14./15. Jahrhundert, nach dem auch der Ort benannt ist, kann man leider nur von außen betrachten, da es sich in Privatbesitz befindet. Die Pisaner, die hier einmal herrschten, umschlossen es mit einem Mauerring, in den elf

Nicht verpassen

PUNTA ALA FÜR ALLE

Das auf einer Landzunge 15 Kilometer nördlich von Castiglione gelegene Punta Ala ist einer der exklusivsten Ferienorte am Tyrrhenischen Meer. Seit reiche Römer und Florentiner hier ihre Sommerhäuser errichtet haben, ist nur das Teuerste gut genug. Im Hafen reihen sich millionenschwere Jachten aneinander, auf dem millimeterkurzen Rasen des 18-Loch-Luxus-Golfplatzes lochen Industriekapitäne und Medienmogule ein, und die traumhaften Hotels kann sich ein Normalsterblicher allenfalls nach einem Lottogewinn leisten. Ein Ausflug hierher ist allerdings zu empfehlen, um das Treiben zu beobachten und einmal den tollen Strand auszuprobieren, der mit seinem weißen Sand und türkisfarbenem Wasser stark an die Karibik erinnert (www.puntaala.net).

Der Convento dei Passionisti, in dem vor fast 300 Jahren San Paolo della Croce seine Mission begann, liegt zwischen Porto Santo Stéfano und Porto Ercole.

Oben: Ein Guide im Parco Naturale dell'Uccellina
Mitte: Die Altstadt von Castiglione ziert ein Kapuzinerkloster.
Unten: Der Fischerort gilt als der schönste Hafenort der Maremma – schön genug, um gezeichnet zu werden.

Türme integriert wurden. Von hier oben genießt man einen wunderschönen Blick auf das Meer und die Strände. Auf dem Weg zum Castello kommt man etwa fünf Minuten nach dem Ortszentrum an der Kirche Santa Giulia vorbei. Ihr altes Holzportal ist mit halb verrosteten Nägeln und Eisenbeschlag nur noch in Teilen vorhanden.

Naturreservat Diaccia Botrona

Überquert man die Brücke über den Fluss Bruna Richtung Süden und biegt danach auf der ersten Straße ins Landesinnere ab, gelangt man in die Sumpfgebiete der Flussmündung und in das Naturreservat Diaccia Botrona. Dort steht die Casa Mediale Ximenes, auch »Casa Rossa« genannt, die wie eine Art Wehr über zwei Kanälen erbaut wurde. Die interessante Architektur des nach seinem Architekten Leonardo Ximenes benannten Hauses geht auf das 18. Jahrhundert zurück, als mit der Entwässerung der Maremma begonnen wurde. Es diente als Schleuse, die das Süß- vom Salzwasser trennen sollte. Dies war eines der Mittel, die man zur Malariabegrenzung einsetzte: So sollte der »Gestank« (ital. *mal aria*) abgehalten werden, in dem man die Ursache der Krankheit sah.

Heute findet man in der Casa Rossa ein Museum, das über das Naturreservat Diaccia Botrona aufklärt, aber auch über die Geschichte der Trockenlegung des ehemaligen Sumpfgebietes Maremma. Zusätzlich zu den Erklärungen der Tiere und Pflanzen der Region kann man mittels Monitoren, die Live-Bilder von Außenkameras übertragen, die Tierwelt beobachten. Highlight ist die Exkursion: Mit dem Motorboot erkundet man von hier aus in ca. 1,5 Stunden das Reservat (Ortsteil Casa Rossa, Tel. 0564/484 58 01 27, Mitte Sept.–Mitte Juni Do–So 15 Uhr bis Sonnenuntergang, Mitte Juni–Mitte Sept. Di–So 16–20.30 Uhr, Ausflüge im Jagdboot tgl. 17 Uhr).

Infos und Adressen

ESSEN UND TRINKEN

Corallo. Die einfache Pension mit ein paar sauberen, kleinen Zimmern besitzt ein vorzügliches Restaurant: Vom Kaninchen über den Wolfsbarsch bis zur Crème brûlée ist hier alles köstlich und geschmackvollendet. Wer nicht hier nächtigt, muss seinen Tisch mindestens einen Tag vorher reservieren. Via Sauro 1, Tel. 0564/93 36 68, www.coralloresidence.it

Ristorante La Fortezza. In dem günstigerweise mitten in der Altstadt gelegenen Restaurant kann man im höhlenähnlichen Inneren oder draußen im grünen Garten sitzen. Die Küche bietet Typisches aus der Maremma zu vertretbaren Preisen. Via del Recinto 1/3, Tel. 0564/93 61 00, www.lafortezzacdp.it

La Scaletta. Perfekt, wenn man auf einem abendlichen Spaziergang zur Burg plötzlich Hunger bekommt: Hier gibt es ausgezeichnete Pizzen in allen möglichen Varianten. In dem terrassenförmig angelegten Lokal isst man relativ günstig – sicher einer der Gründe, warum es immer recht voll ist. Via Montebello 9, Tel. 0564/93 42 96.

Kapuzinermönch in seinem Garten

Typische Rinder der Maremma

ÜBERNACHTEN

Hotel Lucerna. Für einen reinen Badeurlaub ist dieses Hotel strategisch perfekt gelegen: Zu Fuß ist man in 10 Minuten am Meer, ins Stadtzentrum braucht man nur 2 Minuten. Das altmodische Interieur kündet von der Tradition dieses Hauses und sorgt für angenehme Zimmerpreise. Parken kann man gratis! Via IV Novembre 27, Tel. 0564/93 36 20, www.hotellucerna.it

L'Andana. Inmitten der wunderbar geschwungenen Hügel geht hier eindeutig ein Traum in Erfüllung: Die 33 luxuriösen Zimmer sind stilvoll eingerichtet und warten mit jeglichem nur erdenklichen Komfort auf. Das Außenschwimmbad fungiert als Meerersatz und im hauseigenen Spa-Bereich mit Sauna können Sie sich vollstens entspannen. Im mit drei Michelin-Sternen ausgezeichneten Restaurant zaubert Küchenchef Alain Ducasse sagenhaft köstliche Kreationen. Tenuta La Badiola, Ortsteil Badiola, 7 km östlich von Castiglione, Tel. 0564/94 43 21, www.andanahotel.com

INFORMATION

Piazza Garibaldi 6, Tel. 0564/93 36 78, www.castiglionepescaia.it

35 Monte Argentário

Exklusives Badeparadies

Eines der exklusivsten Urlaubsziele in Italien ist der Monte Argentário mit seinen herrschaftlichen Villen, gepflegten Gärten und verschwiegenen Buchten. Doch ungeachtet der vielen Spitzenhotels hat sich die Halbinsel vor der südlichen Maremma-Küste ihren ursprünglichen Charakter bewahrt. Malerische Fischerdörfer sorgen vor allem im südlichen Teil für tolle Fotomotive und eine einmalige Kulisse.

Wer sich mit der Halbinsel vertraut machen möchte, sollte auf der Panoramastraße von Porto Santo Stéfano im Norden einmal rund um den Monte Argentário fahren. Die ganze Halbinsel ist ein Berg, der 635 Meter aus dem Meer ragt. Daher muss man während des Aufenthalts einiges an Höhenmetern zurücklegen, egal, ob man zu seinem Hotel oder ins nächste Café geht. Zum Großteil bestehen die Küsten aus felsigen Steinstränden, allerdings gibt es immer wieder kleine natürliche Lagunen.

Mitte: Porto Ercole ist der kleinere der beiden Orte auf der Halbinsel Monte Argentário am Südrand der Toskana.
Unten: Von Follonica aus hat man einen wunderschönen Blick aufs Meer.

GUT ZU WISSEN

VORSICHT, DIE RÖMER KOMMEN!

Die Mischung aus schöner Landschaft und exklusivem Ambiente, die der Monte Argentário bietet, übt eine starke Anziehung aus. Durch die Nähe zu Rom muss man an Sommerwochenenden mit einem unglaublichen Andrang von Kurzurlaubern aus der Hauptstadt rechnen, die hier ein paar Tage Erholung haben wollen. Alle Strände, Hotels und Restaurants sind dann zum Bersten voll, die Preise steigen in die Höhe. Daher gilt: Wer sich hier wohlfühlen möchte, sollte die Hochsaison meiden!

Monte Argentário

Zwei Landstege verknüpfen die Lagune von Orbetello mit dem Festland. Tatsächlich war der Monte Argentário aber bis ins 18. Jahrhundert hinein eine Insel. Erst durch die stetige Anhäufung von Sand wurde er nach und nach Teil des Festlandes. Auf dem Monte Argentário leben 13 000 Menschen, allerdings verdoppelt sich die Einwohnerzahl in der Hauptsaison, wenn zahlreiche Touristen hierher pilgern, um Sonne, Strand und Meer zu genießen. In überwiegend erlesenem Ambiente, zwischen stattlichen Villen, einsamen Sandbuchten und Fischerdörfern genießt man einen angenehmen Aufenthalt. Hier bleibt die bessere Gesellschaft unter sich, dafür sorgen die gesalzenen Preise. Allenfalls im Norden muss man Abstriche machen, wo durch rücksichtsloses Bauen und schlechte Stadtplanung ein paar Schandflecke entstanden sind.

Panoramastraße

Die herrliche Panoramastraße verläuft von Porto Ercole bis nach Porto Santo Stéfano, gesäumt von Macchia und Weingärten, und eröffnet wunderschöne Blicke aufs dunkelblaue Meer. Man parkt das Auto einfach am Straßenrand und macht sich auf zu einem versteckten Traumstrand. Cacciarella, die erste kleine Bucht, nachdem man Porto Santo Stéfano auf der Via Panoramica verlassen hat, erreicht man bei Kilometer 1+500. An der Villa Miragiglio beginnt ein kleiner Weg, der durch flache Büsche und Felsen in 20 Minuten zum Strand führt. Hier kann man auf einem der ausgewaschenen Felsen sein kleines Badelager errichten.

Laguna di Orbetello

Die Halbinsel konnte ihre beeindruckende Vielfalt an Flora und Fauna bewahren. In der Lagune von

Einfach gut!

EINFACH TRAUMHAFT!

Schon Prominente wie Barbra Streisand oder Eros Ramazzotti ließen sich hier verwöhnen, denn in diesem direkt am Meer gelegenen Luxushotel, einer der besten Adressen in der ganzen Toskana, fehlt es an nichts. Durchgestylt und formvollendet die Hotelanlage, stilvoll und vorzüglich das Restaurant, dabei zugleich entspannt und ohne steife Etikette: Hier sind Promis aus Kultur, Wirtschaft und Gesellschaft unter sich. Aus den in Creme und Weiß gehaltenen Zimmern möchte man gar nicht mehr ausziehen, das Restaurant ist sogar mit einem Michelin-Stern dekoriert. Normalverdiener verirren sich selten hierher beziehungsweise können von der Atmosphäre allenfalls ein wenig an der Bar schnuppern.

Il Pellicano. Cala di Santi, Porto Ercole, Tel. 0564/85 81 11, www.pellicanohotel.com

Die Cala Grande – größte Bucht des Argentário – hat zwar keine Sandstrände, aber andere Qualitäten: keine Autos, keine hektischen Ballspiele und keine kreischenden Badegäste.

Oben: Bucht von Porto Ercole
Unten: Porto Ercole wird von den enormen Befestigungen, Meisterstücken der militärischen Architektur des 14. Jahrhunderts, überragt.

Orbetello wurden nicht weniger als 140 Vogelarten gezählt. Zur Beobachtung geht man auf die für Autos gesperrte Tombola di Feniglia, den südlichen Verbindungsdamm zum Festland. Das Auto stellt man am Campingplatz ab, von wo man zu den Bird-Watching-Plätzen gelangt. Führungen werden von Sept. bis April angeboten (Do, Sa, So um 10 und 14 Uhr, Infobüro des WWF, Tel. 0564/82 02 97, www.wwf.it). Auch zum Baden eignet sich dieser Küstenstreifen ideal.

Orbetello

Die geschäftige Kleinstadt ist seit 1842 mit dem Festland verbunden und strahlt trotz ihrer 15 000 Einwohner Ruhe aus. Die Spuren von 150 Jahren spanischer Herrschaft treten deutlich hervor. So zum Beispiel am gotischen Dom, den die Spanier im 16. Jahrhundert umgestalteten. Sehenswert ist die Fassade mit gotischem Portal (Piazza della Repubblica, 9–12 und 15–18 Uhr). Auf die Spanier geht auch die ehemalige Residenz des Vizekönigs mit ihrem wuchtigen Glockenturm zurück (Piazza dei Due Mondi).

Porto Ercole

Porto Ercole mit seinen Luxushotels und ausgezeichneten Restaurants gilt als einer der exklusivsten Badeorte am Tyrrhenischen Meer. Kaum zu glauben, dass trotz des Besucheransturms noch Charakterzüge eines Fischerdorfs auszumachen sind! Eingeklemmt zwischen zwei Festungen schmiegen sich die vielen bunten Häuser an den Berg. Kunstliebhaber sollten die Chiesa di Sant'Erasmo besuchen, denn hier fand der große Caravaggio (1571–1610) seine letzte Ruhestätte. Die Strände und das Wasser sind sehr sauber und wurden in den letzten Jahren stets mit der »Blauen Flagge« ausgezeichnet.

Infos und Adressen

ESSEN UND TRINKEN

L'Oste Dispensa. Hier bereitet der Koch Stefano Sorci regionale Köstlichkeiten nach den Prinzipien der Slow-Food-Bewegung zu. Strada Provinciale Giannella 113, Tel. 0564/82 00 85, www.ostedispensa.it

La Pergola. Gemütliche, zentral gelegene Trattoria, in der es locker zugeht. Hier trifft man auf Einheimische, die sich den fangfrischen Fisch und die herrliche Pasta schmecken lassen. Via Roma 14, Tel. 0564/86 75 85.

Il Gambero Rosso. In diesem Restaurant direkt am Hafen isst man hervorragenden Fisch. Lungomare Andrea Doria 70, Tel. 0564/83 26 50.

ÜBERNACHTEN

I Presidi. Das Dreisternehotel ist zwar ein wenig kitschig eingerichtet, dafür aber sehr zentral an der Promenade zur südlichen Lagune gelegen. Die Zimmer im dritten Stock besitzen kleine Balkone, auf denen man die laue Abendluft genießen oder auch einfach nur seine Badesachen trocknen kann. Via Mura di Levante 34, Orbetello. Tel. 0564/86 76 01, www.ipresidi.com

Argentário Golf Resort. Dieses Luxushotel wurde von Andrea Fogli durchdesignt und ist ein wahrer Augenschmaus mit seinen modernen Formen und Lichtinszenierungen. Die Zimmer bieten jeden Luxus, vom Jacuzzi über den Plasma-Fernseher bis hin zur eigenen Terrasse. Via Acquedotto Leopoldino, Porto Ercole, Tel. 0564/182 84 00, www.argentariogolfresort.com

AUSFLUG

Im faszinierenden, 1979 angelegten »Giardino dei Tarocchi« der Künstlerin Niki de Saint Phalle warten riesige von Tarotkarten inspirierte Figuren auf Neugierige. April–Okt. tgl. 14.30–19.30 Uhr, im Winter Sa 9–13 Uhr, www.ilgiardinodeitarocchi.it

INFORMATION

Piazza della Repubblica 1, Orbetello, Tel. 0564/86 04 47, info@proloco-orbetello.it, www.proloco-orbetello.it

Via Caravaggio 78, Porto Ercole, Tel. 0564/83 10 19, www.argentario.net

Tolle Aussicht vom Hotel »Il Pelicana« im Monte Argentário

Mitte: Blick über Villen auf einsam im Meer liegende Felsen. Im Hintergrund die Isola di Giglio.
Unten: Mediterrane Farbigkeit mit Panoramablick auf das Meer. Porto Santo Stéfano lockt mit feinen Boutiquen und Ristoranti.

36 Porto Santo Stéfano

Ein Fischerdorf mit Stil

In Porto Santo Stéfano bekommt man mit großer Wahrscheinlichkeit ein Zimmer mit fantastischem Meerblick. Die Häuser schmiegen sich an den steil ansteigenden Monte Argentário und bieten nicht nur einen geradezu märchenhaften Anblick, sondern ebensolche Aussichten. Dazu kommen versteckte Badebuchten und luxuriöse Hotels und Restaurants. Kein Wunder, dass Porto Santo Stéfano im Sommer ein Touristenmagnet ist. In der Nebensaison bietet sich Gelegenheit, das verwinkelte Städtchen Schritt für Schritt in Ruhe kennenzulernen.

Am Hafen von Porto Santo Stéfano herrscht stets geschäftiges Treiben. Marina und Handelshafen sind durch die sichelförmige Bucht voneinander getrennt, und so beobachtet man auf der einen Seite wohlhabende Urlauber in Freizeitkleidung und nicht weit entfernt davon Fischer bei der Arbeit. Beides hat seine Reize: Einerseits bekommt man beim Vorbeischlendern an den luxuriösen Jachten eine Vorstellung vom Leben der oberen Zehntausend, andererseits erlebt man den Alltag einer geschäftigen Hafenstadt. In der Marina spielt sich das gesellschaftliche Leben der Stadt ab: Restaurants, Geschäfte aller Preisklassen und Eispaläste schmücken die Uferpromenade des Jachthafens. Die Strände rund um Porto Santo Stéfano sind überwiegend felsig.

Frischer Fisch

Neben den üblichen Urlaubsbeschäftigungen wie Schwimmen, Spazierengehen, Wandern oder

Im Naturhafen von Porto Santo Stéfano

Bootsausflügen widmet man sich in Porto Santo Stéfano vor allem dem Essen, denn hier wird der Seefisch absolut fangfrisch zubereitet. Jeden Morgen stechen etwa 30 Fischerboote in See, um am späten Nachmittag reich beladen mit allen Früchten des Meeres zurückzukehren. Seezunge, Knurrhahn, Meerbarbe, Heilbutt, Zahnbrasse und Goldbrasse zählen zu den gängigsten Arten, die hier gefangen werden. Zwischen 19 und 20 Uhr finden sich die Köche der örtlichen Restaurants an der Anlegestelle ein, denn dann wird die Beute versteigert. Dieses Spektakel sollte man sich durchaus einmal ansehen – um danach ein Fischlokal aufzusuchen.

Spanische Spuren

1557 wurde der Ort Teil des Stato dei Presidi und fiel unter die Kontrolle der Spanier, die lange Zeit die Macht über das Tyrrhenische Meer ausübten. Die im 16. Jahrhundert erbaute Rocca (auch »Fortezza Spagnola«) an der Piazza del Governatore, dem höchsten Punkt von Porto Santo Stéfano, ist ein Relikt aus spanischer Zeit (Juli, Aug. tgl. 18.30–23.30 Uhr, im Winter nur am Wochenende

Nicht verpassen

AUF ZUR BLUMENINSEL!

Porto Santo Stéfano ist das Tor zur Insel Giglio, der zweitgrößten Insel der Toskana nach Elba. Sie liegt etwa 15 Kilometer vor dem Monte Argentário und bietet sich mit ihren nur 28 Kilometern Küstenlinie für einen Tagesausflug an; die Überfahrt dauert 60 Minuten. Auf dem unwirtlichen Steinboden, der die Landschaft Giglios prägt, wachsen erstaunliche 400 Pflanzenarten. Vor allem zum Tauchen eignet sich der einstige römische Hafen Giglio perfekt. Vom überraschend kleinen Ort Porto Giglio an der Ostküste verkehren Busse ins Hinterland. Die meisten Badestrände findet man auf der Westseite der Insel.

Fährverbindungen. Toremar, Tel. 0564/81 08 03, www.toremar.it und Maregiglio, Tel. 0564/81 29 20, www.maregiglio.it
Tourismusbüro. Proloco Isola del Giglio, Via Umberto 1, Tel. 0564/80 94 00, www.isoladelgiglio.it

Oben: Der schicke Ort Porto Santo Stéfano
Mitte: Sonnenbaden und relaxen am Strand
Unten: Hier liegen die Luxusjachten wohlhabender Römer und Florentiner.

geöffnet). Neben der Kirche Santo Stéfano aus dem 17. Jahrhundert ist sie einer der wenigen erhaltenen historischen Bauten und beherbergt eine vielseitige Sammlung an archäologischen Unterwasserfunden wie Vasen und Münzen sowie eine Ausstellung, die sich dem Bau von Holzbooten widmet. Der schweißtreibende Aufstieg wird mit einem wunderschönen Rundblick auf die Küste belohnt.

Prominenz

So richtig »in« wurde Porto Santo Stéfano vor etwa 50 Jahren, als sich Susanna Agnelli, die Enkelin des Fiat-Gründers, ihre Sommerresidenz hier errichten ließ. Ihr folgten der Italo-Musiker Renato Zero und der Schauspieler Carlo Pedersoli alias Bud Spencer. Auch Sophia Loren kaufte sich hier eine Villa, außerdem wurden in den vergangenen Jahrzehnten immer wieder bekannte Politiker und Sprösslinge europäischer Adelsdynastien gesichtet, die ihre Jacht im Hafen von Porto Santo Stéfano abstellten, um sich in den Bars und Restaurants des Ortes oder am Strand zu vergnügen. Es ist das nostalgisch-elegante Flair einer Fischerstadt mit Naturhafen, das die Reichen und Schönen bis heute anzieht. Urlauber mit kleinem Reisebudget werden sich dagegen nicht unbedingt wohlfühlen, denn sowohl die Hotels als auch die Restaurants nehmen für ihre zuvorkommenden Dienste ein durchaus überdurchschnittliches Entgelt.

Infos und Adressen

ESSEN UND TRINKEN

Da Orlando. Angenehme Trattoria abseits der Touristenpfade. Der Fisch kommt jeden Tag fangfrisch, schonend zubereitet und zu angemessenen Preisen auf den Tisch. Via Breschi 3, Tel. 0564/81 27 88.

Da Siro. Fragt man einen Einheimischen, wo man den besten Fisch der Stadt bekommt, wird er das Siro nennen. In diesem typischen Küstenrestaurant stimmt einfach alles, wennschon man vorab einen Blick auf die Preise werfen sollte.
Corso Umberto I 102, Tel. 0564/81 27 88.

Il Moletto. Vor allem die Lage direkt am Meer zeichnet dieses Fischrestaurant aus. Weit weg vom Trubel der Stadt kann man hier in aller Ruhe ausgezeichneten Fisch verspeisen und genießt einen tollen Blick. Mi Ruhetag. Via del Molo 52, Tel. 0564/81 36 36, www.moletto.it

ÜBERNACHTEN

Hotel La Caletta. Eine Armee von Sonnenschirmen bewacht das renommierte Hotel La Caletta: Der Sandstrand ist für die Gäste reserviert. Vom Restaurant genießt man einen wunderschönen Panoramablick aufs Meer. Leider steigen die Preise dieses Dreisternehotels in der Hochsaison.
Via del Fortino 51, Tel. 0564/81 29 39, www.hotelcaletta.it

Hotel Torre di Cala Piccola. Sowohl die komfortablen Zimmer (teilweise mit Panoramablick) als auch das ausgezeichnete Restaurant haben ihren Preis, allerdings genießt man hier völlige Abgeschiedenheit vom Rummel der Stadt. Rund um den Wachturm der Spanier von Cala Piccola, etwas südlich von Porto Santo Stéfano, wartet das Hotel mit tollem Meerblick und einem wunderschönen Garten auf. Zum Privatstrand fährt ein kleiner Bus. Cala Piccola, Tel. 0564/82 51 11, www.torredicalapiccola.com

AKTIVURLAUB

Diving Center. Tauch-Center direkt am Hafen. Anmeldung zu Kursen unter Tel. 335/820 14 80.

VERANSTALTUNGEN

Palio Marinaro. Regatta mit historischen Ruderbooten zu Ferragosto, am 15. August. Rund um das sportliche Event, das auch »Palio dell'Argentário« genannt wird, findet ein bunter Kostümumzug mit Blaskapelle und Fahnenschwingern statt. Der ganze Ort verwandelt sich in eine einzige feuchtfröhliche Partymeile, auf der bis tief in die Nacht hinein gefeiert wird (www.palioargentario.it).

Karneval. Am Faschingsdienstag wird nicht ausgelassen gefeiert, vielmehr versammeln sich die Bewohner zum Schweigemarsch mit schwarzen und weißen Karnevalskostümen, deren Kapuzen das ganze Gesicht verdecken.

INFORMATION

Piazzale Sant'Andrea, Tel. 0564/81 06 81, www.turismoinmaremma.it

Jedes Jahr ein großes Ereignis: der Ruderwettkampf »Palio Marinaro« in Porto Santo Stéfano

TOSKANISCHES WEINWUNDER

Seite 210/211: Lichtkunst im Weinkeller: »Fattoria Petra«
Mitte: Angelo Gaja vom »Ca'Marcanda«-Weingut in Castagnetto Carducci
Unten: Im Weinkeller von »La Frateria di Padre Eligio«, Cetona Convento San Francesco

37 Greve in Chianti

Genuss in jedem Winkel

Zwischen den malerischen Hügeln mit silbernen Teppichen aus Olivenbäumen, stolzen Zypressenfamilien und sonnenverbrannten Bauernhäusern liegt die Kleinstadt Greve eingebettet. Ihrem Marktplatz wird man mit der Bezeichnung »gute Stube« absolut gerecht: Die malerischen Häuschen mit ihren Arkaden, in denen viele Läden und Trattorien regionale Spezialitäten anbieten, könnten ohne Probleme als Filmkulisse dienen.

Greve macht seiner Mitgliedschaft bei *»Cittàslow«*, einer Vereinigung, die auf die Slow-Food-Bewegung zurückgeht, alle Ehre, denn hier läuft der Alltag ruhig ab, man ist bedacht auf gutes Essen, ausgezeichneten Wein und exzellentes Olivenöl. Dennoch weht der Hauch der großen weiten Welt durch die Gassen Greves. Der berühmteste Sohn der Stadt, Giovanni da Verrazzano (1485–1528), entdeckte einst die New York Bay. Auf dem Marktplatz ist ihm ein Standbild gewidmet, das den Seefahrer in heroischer Pose zeigt. Sein Geburtshaus, das Castello di Verrazzano, befindet sich drei Kilometer nördlich der Stadt. Sowohl die Kellereien als auch die weitläufigen Gärten sind zur Besichtigung freigegeben (Via San Martino in Valle 12, Tel. 0558/54243, www.verrazzano.com).

Hier geht's um die Wurst

Ein zweiter klingender Name, der unweigerlich mit Greve in Verbindung gebracht wird, ist Falorni, denn schon seit 1729 ist die »Antica Macelleria Falorni« für ihre ausgezeichneten Wurstwaren bekannt. Zu einem Gläschen Chianti Classico kostet

Plausch vor der bekannten »Macelleria Falorni«

man toskanischen Schinken der Cinta-Senese-Schweine, Finocchiona (Salami mit Fenchelsamen) oder auch Bistecca Fiorentina (Beefsteak auf Florentiner Art) allerbester Qualität.

Chianti Classico

Der einfache Chianti Classico darf sich nur so nennen, wenn er zu 80 Prozent aus den Sangiovese-Trauben besteht, außerdem wird er erst am 1. Oktober im Jahr nach der Lese freigegeben. Wer etwas Feineres bevorzugt, sollte den Riserva probieren, dieser reift bis zu 18 Monate in kleinen französischen Eichenfässern zu seiner vollen Note heran. Im Allgemeinen sind die Chianti-Weine für ihren fruchtigen, saftigen Geschmack und den typischen Duft nach Veilchen sowie dunklen Früchten bekannt.

Harmonie in Grün – Weinberge und Zypressen

Infos und Adressen

ESSEN UND TRINKEN

Mangiando Mangiando. Gemütliches Bistro mit wuchtigen Holztischen. Piazza Matteotti 80, Tel. 0558/54 63 72, www.mangiandomangiando.it

ÜBERNACHTEN

Villa Vignamaggio. 5 km südlich von Greve liegt dieses extravagante Anwesen, das auf eine lange Geschichte zurückblickt. Angeblich wurde sogar Mona Lisa hier geboren, denn die Tochter der Familie, die zu Leonardo da Vincis Zeiten hier wohnte, war vermutlich sein Modell. Die Shakespeare-Verfilmung von »Viel Lärm um Nichts« (1993) von Kenneth Branagh wurde hier gedreht. Die Appartements und Häuser für Selbstversorger sind sehr stilvoll eingerichtet. Via Petriolo 5, Tel. 0558/546 61, www.vignamaggio.it

INFORMATION

Piazza Matteotti 11,
Tel. 0558/54 62 87,
www.greve-in-chianti.com

Mitte: Das Castello di Ama glänzt mit modernen Kunstwerken, vor dem Rusticogebäude steht eine Installation von Daniel Buren.
Unten: Der Keller des Weinguts »Montevertine«, Radda in Chianti

38 Castellina und der Chianti Classico

Wein und traumhafte Landgüter

Im Herzen des Chianti-Gebiets liegt Castellina, einst Grenzstadt zwischen den sich stets bekriegenden Provinzen Siena und Florenz. Das Anbaugebiet des Chianti, eines der ältesten Weinbaugebiete Italiens, ist in eine bezaubernde Hügellandschaft eingebettet, die zu jeder Jahreszeit in anderen Farbkombinationen erstrahlt. Castellinas mittelalterlicher Stadtkern fügt sich perfekt in die landschaftlichen Gegebenheiten ein.

Mitten im Anbaugebiet des Chianti Classico gelegen, ist Castellina von großen Höhenunterschieden geprägt. So liegt der Hauptort in einer Höhe von 578 Metern, während am Bahnhof in Castellina Scalo nur ca. 180 Höhenmeter gemessen werden. Der höchste Punkt der Gemeinde, auf deren Gebiet der Fluss Arbia entspringt, ist der 626 Meter hohe Monte Cavallaro.

Mitten im Chianti Classico

Schon bei der Einfahrt in die Ortschaft wird man daran erinnert, dass man sich mitten im toskanischen Weinland befindet, denn zwei große Silos, gefüllt mit Chianti Classico, stehen Spalier. Beim Rundgang erkennen Neuankömmlinge auf Schritt und Tritt, dass der Wein in Castellina eindeutig die erste Geige spielt. In den Straßen und Gassen reiht sich eine Weinhandlung an die andere, überall wird fleißig Wein probiert und natürlich auch gekauft.

Ein Höhepunkt des Stadtspaziergangs ist die Via delle Volte, die von der Hauptstraße Via Fiorentina abzweigt und entlang der östlichen Stadtmauer verläuft. Sie wurde im Mittelalter nach und nach mit Häusern überbaut und ist heute eine Arkadenpassage mit zahlreichen Geschäften und Vinotheken. Geht man von hier aus weiter in die Via Ferruccio und biegt in Richtung Westen ab, kommt man zum Museo Archeologico del Chianti Sienese mit Exponaten aus der Periode der Etrusker (Piazza del Comune 18, www.museoarcheologicochianti.it).

Ein Stück Weingeschichte

Im Chianti wird schon seit dem 11. Jahrhundert Wein angebaut. Zu Beginn waren es Klöster, die den Weinanbau vorantrieben, doch schon bald war der Rebensaft bei den reichen Städtern beliebt, und die Nachfrage wurde größer. Viele wohlhabende Familien legten sich einen Landsitz zu und ließen dort Wein anbauen. Ein wahrer Boom allerdings wurde in den 60er- und 70er-Jahren ausgelöst, als die Güter von internationalen Geschäftsleuten gekauft wurden. Diesen Quereinsteigern aus Mailand, Rom, Deutschland, der Schweiz oder auch England traute anfangs niemand so recht über den Weg. Doch sie waren es, die der Region den Aufschwung brachten und auch die alteingesessenen Winzer zu neuen Höchstleistungen anspornten.

Der Klassiker

Die Hügellandschaft zwischen Florenz und Siena ist mit 7136 Hektar eines der größten Weinanbaugebiete des Landes. Schon 1716 wurden die Grenzen des Chianti-Gebiets exakt definiert. Damit das Produkt »Chianti Classico« heißen darf, gibt es strenge Regeln: Mindestens 80 Prozent des Weins müssen von der Sangiovese-Rebe stammen, wobei

Geheimtipp

MODERNE KUNST IM WALD

Wem zwischen all den Weinverkostungen in alten Gemäuern der Sinn nach ein bisschen Natur und Moderne steht, sollte unbedingt einen Ausflug in den Chianti-Skulpturenpark unternehmen. Künstler aus 20 verschiedenen Ländern haben Werke extra für diese Anlage geschaffen, die in ein ausgedehntes, unberührtes Waldstück südöstlich von Castellina eingebettet wurde. Im dazugehörigen Amphitheater finden im Sommer regelmäßig Musik- und Theaterveranstaltungen statt. Nach Anmeldung werden auch geführte Touren angeboten.

Parco Sculture del Chianti. Loc. La Fornace, Pievasciata, Tel. 0577/35 71 51, April–Okt. tgl. 10 Uhr bis Sonnenuntergang, Nov.–März nach telefonischer Anmeldung.

Giorgio Rocco vom Weingut »San Fabiano Calcinaia«

Oben: Der Weintresor des James Sherwood, Besitzer von »Capannelle«, in Gaiole in Chianti
Mitte: Familie Mazzei vom »Castello di Fonterutoli« in Castellina in Chianti
Unten: Die »Fattoria Nittardi« in Castellina in Chianti legt Wert auf von Künstlern gestaltete Etiketten.

seit 2005 nicht mehr mit weißen Sorten gemischt werden darf. Zusätzlich muss er für eine gewisse Zeit in Eichenfässern lagern, ein Riserva zum Beispiel zwei Jahre. Der »Gallo Nero« (»schwarzer Hahn«), die Schutzmarke des Chianti Classico, bürgt für eine gewisse Qualität. Ein Literaturtipp für Weinliebhaber: Der Weinführer »Vini d'Italia«, auch »Gambero Rosso« genannt, erscheint jedes Jahr aktuell im Hallwag-Verlag.

Gute Güter

Da sich im Chianti-Gebiet alles um den Wein dreht, sollte man auch das eine oder andere Weingut besichtigen, um ein Gespür für das Lebensgefühl des Chianti zu bekommen. Besonders bieten sich für Weinverkostungen Betriebe wie die »Fattoria Nittardi« oder das »Castello di Fonterutoli« fünf Kilometer südlich an. Das Weingut ist seit 1453 im Besitz der Familie Mazzei (Via Ottone III 5, Loc. Fonterutoli, Tel: 0577/735 71, www.mazzei.it). Viele dieser Güter legen nicht nur größten Wert auf qualitativ hochwertige Weine, sondern lassen sie mit künstlerisch gestalteten Etiketten zu begehrten Sammlerstücken werden. Peter Femfert von der Fattoria Nittardi produziert zum Beispiel jedes Jahr 4000 Flaschen mit Kunstetiketten, die von Künstlern wie Rudolf Hausner, Friedensreich Hundertwasser oder Miguel Berrocal gestaltet wurden.

Ausflug nach Gaiole

Castellina ist zwar die touristische Hochburg des Chianti-Gebiets, aber auch an anderen Orten kann man durchaus sein (Wein-)Glück finden! Vor allem ein Abstecher nach Gaiole lohnt sich! Dort empfehlen sich vor allem die Weingüter »Castello di Ama« (Tel. 0577/74 60 31, www.castellodiama.com) und die »Azienda Agriada Montevertine« (Tel. 0577/73 80 09, www.montevertine.it).

Infos und Adressen

ESSEN UND TRINKEN

Albergaccio di Castellina. Egal, ob Sie auf der romantischen Terrasse oder im urigen Restaurant Platz nehmen, hier sind Sie bestimmt gut beraten! Tauchen Sie in die Geschmäcker des Chianti ein. Die Preise sind gehoben, aber nicht abgehoben. Via Fiorentina 63, Tel. 0577/74 10 42, www.ristorantealbergaccio.com

WEINVERKOSTUNG

Fattoria Nittardi. Auf dem Weingut des gebürtigen Deutschen Peter Femfert und seiner venezianischen Frau Stefania Canali gibt es nicht nur ausgezeichneten Wein, sondern auch vorzügliches Olivenöl. Bei Bedarf kann man hier auch Appartements mieten. Castellina in Chianti, Tel. 0577/74 02 69, www.nittardi.com, www.stefania-canali.de

Rocca delle Macìe. Eines der besten Weingüter der Chianti-Region mit Weinverkostung und Verkauf. Es liegt 5 km südwestlich von Castellina. Le Macìe 45, Tel. 0577/73 21, www.roccadellemacie.com

ÜBERNACHTEN

Fizzano. Mit viel Liebe zum Detail gestaltete Appartements, ideal als Ausgangspunkt für Weintouren. Am Pool hat man eine bezaubernde Aussicht auf die leicht geschwungenen Hügel. Fizzano (6 km westlich von Castellina), Tel. 0577/73 71, www.riservadifizzano.com

Locanda La Capannuccia. In einem einsamen Tal, am Ende einer schmalen Schotterstraße, liegt dieses gemütliche Domizil. Es bietet Platz für höchstens zehn Gäste. Wer im Hotel auch essen möchte, gibt der freundlichen Gastgeberin einfach morgens Bescheid. Borgo di Pietrafitta (2 km nördlich von Castellina), Tel. 0577/74 11 83, www.lacapannuccia.it

Hotel Salivolpi. Ein historisches Haupthaus und zwei modernere Nebengebäude bieten exakt so

Klaus J. Reimitz, Azienda »Montevertine«, Radda in Chianti

viel Platz, dass die Atmosphäre stets ruhig und angenehm ist. Die geschmackvoll eingerichteten Zimmer sorgen dafür, dass man am liebsten ein paar Tage länger bleiben möchte. Via Fiorentina 89, Tel. 0577/74 04 84, www.hotelsalivolpi.com

Tenuta di Ricavo. Dieses außergewöhnliche Viersternehotel 1 Kilometer nördlich von Castellina besteht aus mehreren historischen Gebäuden. In den 1950er-Jahren ging es aus einer kleinen Siedlung hervor, die von ihren Bewohnern verlassen wurde. Rustikal eingerichtet, strahlt die wunderschöne Anlage stets Ruhe und Zufriedenheit aus. Auch dem dazugehörigen Restaurant sollte man einen Besuch abstatten. Tel. 0577/74 02 21, www.ricavo.com

INFORMATION

Via Ferruccio 26, Tel. 0577/74 13 92, www.essenceoftuscany.it

Mitte: Lichtkunst im Weinkeller der »Fattoria Petra«
Unten: In der Super-Tuscan-Region von Suvereto liegt das Weingut »Petra« von Vittorio Moretti.

39 Bolgheri
Die Wiege der Supertoskaner

Bolgheri – für immer in dunkelblauer Tinte in die Annalen der italienischen Literaturgeschichte eingegangen. Der Dichter Giosuè Carducci gab dem Dorf zehn Jahre lang alle Ehre und verliebte sich in die imposante Zypressenallee, die den Besucher idyllisch bis zum Kastell führt, in dem sich auch das Stadttor befindet. Der zeitgenössische Ruhm des Städtchens lässt sich allerdings mit zwei Worten zusammenfassen: Super Tuscans!

Den eigentlichen Charme Bolgheris mit seiner geschichtsträchtigen Atmosphäre und Naturverbundenheit erkannte im 19. Jahrhundert schon der italienische Literaturnobelpreisträger Giosuè Carducci: Er verewigte seine Wahlheimat in seinem Gedicht »Davanti San Guido«, worin er die berühmte Allee Bolgheris besonders hervorhebt. Er lebte an der kleinen Piazza an der Strada Guidi und fand in Bolgheri zehn Jahre lang Inspiration für sein schriftstellerisches Tun, so gehört das

GUT ZU WISSEN

NUR FÜR ENTHUSIASTEN

Zwar befindet man sich an der Wiege der Super Tuscans, doch leider sind die berühmten Weingüter wie »Tenuta Ornellaia« oder »Tenuta San Guido« kaum für Besucher zugänglich. Dadurch heben sich diese elitären Weingüter eher negativ von den übrigen Weinproduktionsstätten der Toskana ab, denn generell gilt: Was man hat, zeigt man und lässt man natürlich auch kosten. Die einzige Chance, sich den ganz Großen zu nähern, besteht durch eine frühzeitige Voranmeldung.

Dörfchen heute zum literarischen Allgemeinwissen eines jeden Italieners. Sein Wohnhaus, an dem eine Tafel auf den Dichter hinweist, kann man leider nicht besichtigen, auf der Piazza Bionda Maria steht seine Büste.

Ein Gruß ans Mittelalter

An Sonn- und Feiertagen ist Bolgheri für den Autoverkehr gesperrt, sodass es noch authentischer wirkt. Im mittelalterlichen Dorfkern bieten viele, allerdings recht teure Läden Wein und weitere Mitbringsel an. Das Kastell im Stadttor und die romanische Chiesa di SS Giacomo e Cristoforo wurden beide im 19. Jahrhundert umgebaut. Während dies im Fall der Kirche zu einem etwas eigenartigen Stilmix aus Gotik und Neoklassizismus führte, profitierte das Kastell davon, denn es sieht bis auf den im 19. Jahrhundert angefügten Turm noch genauso aus wie im Jahr 1200 und wirkt heute wie aus dem Ei gepellt. Zur Festung, in der mittlerweile ein Hotel residiert (www.castellodibolgheri.eu), gehören auch ein kleiner Park im englischen Stil und großartige Ländereien, die sich über ein Gebiet von 130 Hektar erstrecken.

Das benachbarte Castello di Castiglioncello aus dem 10. Jahrhundert dominiert die Hügel zwischen Bolgheri und dem nahe gelegenen Castagneto. Leider ist es immer nur am 16. Juli im Rahmen eines großen Festes für die Öffentlichkeit zugänglich.

Durchbruch zum Spitzenwein

Das Jahr 1968 war wahrscheinlich das innovativste in der Geschichte des Weinbaus in Bolgheri, wenn nicht der ganzen Toskana: Man beschloss, den italienischen Wein in französischen Eichen-

Einfach gut!

KLEINER ABSTECHER

Man sollte den Kopf nicht hängen lassen! Wer in Bolgheri nicht den richtigen Wein gefunden hat, hat ausgezeichnete Alternativen! Es gibt auch Güter, die hervorragende Qualität zu vernünftigen Preisen anbieten. Hier ist man herzlich willkommen und kann sich durch die edlen, aber bei Weitem nicht so teuren Tropfen kosten. Ein historisches Gutsgebäude gehört ebenso dazu wie der wunderschöne Blick auf traumhaft geschwungene Weinberge.

Macchiole. Via Bolgherese 189a, Tel. 0565/76 60 92, www.lemacchiole.it
Michele Satta. Casone Ugolino 23, 57022 Castagneto Carducci, Tel. 0565/76 38 94, www.michelesatta.com
Grattamacco. Località Grattamacco, 57022 Castagneto Carducci, Tel. 0565/76 39 33, www.agriturismo-grattamacco.com

Von Licht, Luft und Sonne verwöhnt – die Weinberge von »Ornellaia« in Bolgheri

Oben und **unten:** Auf dem Weingut »Ornellaia«, Bolgheri – bei der Weinlese und Kunst am Bauzaun

fässern (»Barrique«) auszubauen und schuf so den bekanntesten italienischen Wein, den »Sassicaia«. Er wurde zum Symbol der neuen Weine, die auch als »Super Tuscans« beziehungsweise »Supertoskaner« bekannt sind und einen neuen Impuls für den italienischen Weinbau darstellten. Ende der 1960er-Jahre erblickte der erste Super Tuscan das Licht der Welt, ein Wein, der aus den Rebsorten Carbernet Sauvignon und Carbernet Franc zusammengesetzt ist. Schon bald folgten viele dem Beispiel des »Sassiacaia«, wie der »Ornellaia« (siehe rechte Seite). Die Meeresnähe, die unvergleichliche Hügellage und die langen Trockenperioden, die bis in den Herbst hinein dauern, ermöglichen in der Gegend um Bolgheri einen außergewöhnlich harmonischen Reifeprozess, der sich äußerst positiv auf das Aroma des Endprodukts auswirkt.

Die ganz Großen

Der renommierte Weinführer »Gambero Rosso« (»Vini d'Italia«, Hallwag-Verlag) lobt den bekanntesten aller italienischen Rotweine in den höchsten Tönen: »Er hat eine unvergleichliche, umhüllende, körperliche Art mit würzig, fast rauchgetöntem Duft und ist intensiv, lang und elegant im Geschmack.« Wenn das nicht anspornt, den Ursprung dieses besonderen Tropfens in den Weinbergen um die »Tenuta San Guido« zu besuchen, doch auch die »Tenuta Dell'Ornellaia« ist mit ihrem 50 Hektar großen Weinberg und den schön renovierten historischen Gutshäusern ein lohnendes Ziel. Dort, wo die wilde Maremma beginnt und sich das milde Meeresklima mit der ungewollt perfekten Hügellandschaft zu einem einzigartigen Terroir verbindet, modelliert der Geschäftsführer und Agronom Leonardo Raspini jedes Jahr Weine, die auch international für Wirbel sorgen.

Infos und Adressen

ESSEN UND TRINKEN

Osteria Magona. In diesem gemütlichen Gasthaus außerhalb der Ortschaft mit Gerichten wie bei *mamma* bekommt man ein authentisches Toskana-Feeling. Via Bolgherese 199, Tel. 0565/76 21 73, www.osteriamagona.com

La Taverna del Pittore. Bodenständige Taverne mit romantischer Atmosphäre. Der nett mit Blumen dekorierte Gastgarten ist das Herzstück des Betriebs – hier vergisst man schnell die Zeit. Largo Nonna Lucia 4, Tel 0565/76 21 84, www.latavernadelpittore.it

Der Önologe Leonardo Raspini vom Weingut »Ornellaia« in Bolgheri

ÜBERNACHTEN

Il Chiassetto. Kleine Pension (Bed & Breakfast) mitten im Ort. Ein wenig kitschig eingerichtet. Via Lauretta 2, Tel. 0339/6 63 01 71, www.ilchiassetto.com

Agriturismo Casale Nonna Carina. Der überaus freundliche Agriturismo-Betrieb liegt inmitten eines großen Olivenhains und besitzt einen großen Swimmingpool – beste Gelegenheit zum Relaxen! In den freundlichen, hellen Zimmern fühlt man sich gleich wie zu Hause. Ortsteil Osteria Vecchia 146 c, Tel. 0565/74 96 43, www.agriturismoosteriavecchia.com

WEINGÜTER

Tenuta San Guido. Die Wiege der Super Tuscans: Hier wird der berühmteste Wein Italiens, der »Sassicaia«, gekeltert. Man kann das wie aus dem Ei gepellte Gut nur nach Voranmeldung besichtigen, die Preise sind horrend! La Capanne 27, Tel. 0565/76 20 03, www.sassicaia.com

Tenuta Dell'Ornellaia. Der Ornellaia Bolgheri DOC gehört zur Oberliga der Weine. Der 50 Hektar große Weinberg beeindruckt mit seiner Pracht und Gleichmäßigkeit. Besichtigung der Kellerei nur bei Voranmeldung möglich. Preislich hat der »Ornellaia« fast mit dem »Sassicaia« gleichgezogen. Via Bolgherese 191, Tel. 0565/71 82 42, www.ornellaia.it

Ca' Marcanda. Die 9000 Quadratmeter große Kellerei wurde nach Plänen des Architekten Giovanni Bo erst vor wenigen Jahren fertiggestellt. Via Fiorentina 63, Tel. 0577/74 10 42, www.terlatobolgheri.com

LITERATURTIPP

Italienische Lyrik. 50 Gedichte, herausgegeben von Jürgen von Stackelberg, Reclam Verlag. Hier kann man das oben erwähnte Gedicht von Carducci nachlesen, in dem Bolgheri eine wichtige Rolle spielt.

Mario Bottas Architektur im Fasskeller von »Petra«

40 Montalcino

Brunello und andere Weine

Das malerische Winzerstädtchen thront hoch über den Hügeln südlich von Siena. Allein der bezaubernde Blick über die Täler der Flüsse Asso, Ombrone und Arbia mit ihren silbrig strahlenden Olivenhainen und pittoresken Dörfern ist einen Abstecher wert. Nach einem Rundgang durch die steilen, mittelalterlichen Gassen sollte man in der massiven Fortezza di Montalcino unbedingt die regionalen Weine probieren.

In dem hübschen Städtchen hoch über dem Val d'Orcia lässt es sich herrlich bummeln, wennschon den Wadenmuskeln durch die Hanglage einiges abverlangt wird. Um sich vom ständigen Auf und Ab in der 5100-Seelen-Gemeinde zu erholen, sollte man zum Schluss des Rundgangs die Festung besichtigen, in der man quasi als Belohnung den berühmten Wein Montalcinos probieren kann. 1361 wurde die ausgezeichnet erhaltene Bilderbuchfestung errichtet, denn die ehemalige »Republik von Siena in Montalcino« war eine der letzten

Mitte: Sonnenuntergang über den Brunello-Weinbergen bei Montalcino
Unten: Weingüter des Castello Banfi rund um Castello di Poggio

GUT ZU WISSEN

HÜHNERFLEISCH BEIM DROSSELFEST

Wer am letzten Sonntag im Oktober nach Montalcino kommt, wird Zeuge eines bunten Volksfestes, der Sagra del Tordo. Früher wurden beim »Drosselfest« tatsächlich die gleichnamigen Vögel verspeist. Doch keine Sorge: Inzwischen ist man längst auf Hühnchen umgestiegen. Und der Umzug in historischen Gewändern sowie das Bogenschützenturnier lohnen den Besuch allemal!

Die Stadt und ihr Panorama

Bastionen gegen Florenz, nachdem Siena gefallen war. Wer möchte, kann den Festungswall besteigen, allerdings hat man in etwa den gleichen Ausblick wie im Innenhof. Piazzale Fortezza, Apr.–Okt. 9–20 Uhr, Nov.–März 10–18 Uhr.

Reizvoller Spaziergang durch die Gassen

Der Ort, der von 1559 bis zum Eintritt ins vereinigte Italien unter der Herrschaft der Medici stand, hat einige schöne Bauten zu bieten. Bei der Fortezza im Süden stellt man das Auto ab und spaziert Richtung Norden in die Via Ricasoli zum Museo Civico e Diocesano (Tel. 0577/84 81 35, Di–So 10–13 Uhr, 14–17.50 Uhr). Im ehemaligen Konvent werden unter anderem Gemälde von Bartolo di Fredi und eine Bibel aus dem 12. Jahrhundert ausgestellt. Die benachbarte Chiesa di Sant'Agostino wurde im 14. Jahrhundert erbaut

Geheimtipp

BRUNELLO, WIE ER IM BUCH STEHT

Fährt man von Montalcino auf der Straße nach Grosseto und biegt in Richtung Tavernelle ab, kommt man zum Weingut des umtriebigen Schriftstellers Ferenc Maté. In mehreren unterhaltsamen Büchern hat er über sein neues Leben in der Toskana geschrieben – und ganz nebenbei noch ein Weingut renoviert, das heute einen hervorragenden Brunello hervorbringt. Ein Besuch lohnt sich alleine schon wegen des wunderschönen Gartens, doch auch die Weinprobe sollte man sich keinesfalls entgehen lassen! Die farbenfrohen Etiketten der Maté-Flaschen werden übrigens von Candace, der Ehefrau des Autors, gestaltet.

Maté. Podere il Colombaio, Santa Restituita, www.matewine.com

Oben: Der italienische Künstler Sandro Chia gestaltete die Fassade des Weinkellers von Castello Romitorio in Montalcino.
Mitte: Im Glasmuseum des Castello di Poggio alle Mura
Unten: Alte Tür in Montalcino

und hat eine zweigeteilte Fassade: Den unteren Teil dominiert ein Portal, das mit Zinnen und stilisierten Blättern verziert ist, den oberen schmückt eine Rosette. Die Wände im Inneren zieren Fresken von Sieneser Künstlern mit Szenen aus der Passion Christi und dem Leben des heiligen Augustinus.

Ein paar Meter weiter, in der Via Spagni, befindet sich der Dom aus dem 14. Jahrhundert, der im 19. Jahrhundert leider neoklassizistisch umgestaltet wurde. Folgt man der Costa Spagni nach Osten und biegt dann rechts in die Via Mazzini ab, kommt man auf die weitläufige Piazza del Popolo mit dem Rathaus. In den kleinen Lädchen dort wird Stöbern und Entdecken großgeschrieben. Vor allem aber sollte man eines nicht versäumen: seinen persönlichen Brunello zu erstehen.

Brunello di Montalcino

Im südlichsten Teil des Chianti-Gebiets heißt die typische Rebsorte Sangiovese Brunello, und damit der Wein ebenso heißen darf, muss er zu 100 Prozent aus dieser lokalen Traube bestehen. Erfunden wurde der Wein von der Familie Biondi-Santi in den 1960er-Jahren, heute stellen etwa 250 Erzeuger den üppigen und äußerst beliebten Rotwein her. Vor allem die südliche Lage und die mageren Böden ermöglichen die Herstellung der konzentrierten und besonders langlebigen Weine. Dass der Brunello so viel kostet, liegt wohl auch daran, dass das Anbaugebiet so eng begrenzt ist: Auf nur 26 Quadratkilometern werden pro Jahr 350 000 Kisten Brunello erzeugt, was in etwa dem Ausstoß einer einzigen mittelgroßen Kellerei entspricht. Der kleine Bruder des Brunello, der »Rosso di Montalcino«, unterliegt übrigens weniger Vorgaben und ist preiswerter, schmeckt aber trotzdem ausgezeichnet.

Infos und Adressen

ESSEN UND TRINKEN

Taverna dei Barbi. Rustikales Ambiente und Hausmannskost. Dazu sollte man einen Brunello bestellen. Loc. Podernovi 170 (im Süden der Stadt), Tel. 0577/84 71 17, www.fattoriadeibarbi.it

Taverna il Grappolo Blu. Hier wird der Brunello nicht nur getrunken, sondern auch die Gerichte mit ihm verfeinert. Preise gehoben, dafür stimmt das Ambiente. Scale di Via Moglio 1, Tel. 0577/84 71 50, www.grappoloblu.it

ÜBERNACHTEN

Hotel Vecchia Oliviera. In einer ehemaligen Olivenmühle. Die Aussicht ist sensationell, die Preise sind in Ordnung. Angolo Via Landi 1, Tel. 0577/84 60 28, www.vecchiaoliviera.com

Hotel Il Giglio. Familienbetrieb mit persönlichem Service im ältesten Hotel der Stadt. Bucht man ein Doppelzimmer, ist der Panoramablick im Preis inbegriffen. Via Soccorso Saloni 5, Tel. 0577/84 82 67, www.gigliohotel.com

WEINGÜTER

Castello Banfi. Fast 3000 ha gehören zum Anbaugebiet, aus denen zehn Rotweine, drei Weißweine und ein Dessertwein gekeltert werden. Doch auch Olivenöl, Balsamico und Grappa werden verkauft. Montalcino, Tel. 0577/84 04 44, www.banfi.com

Castello Romitorio. Der Weinkeller gehört dem Künstler Sandro Chia, der zwischen Rom, New York und Montalcino pendelt. Der Star ist der »Brunello di Montalcino«. Loc. Romitorio 279, Tel. 0577/84 72 12, www.castelloromitorio.com

INFORMATION

Costa del Municipio 1, Tel. 0577/84 93 31, www.prolocomontalcino.com

Stadtrundgang Montalcino

A Fortezza – Die Festung steht am höchsten Punkt der Stadt. In der Enoteca kann man Weine aus der Region verkosten. Piazzale Fortezza, Tel. 0577/84 92 11.

B Museo Civico e Diocesano – Museum im ehemaligen Konvent der Chiesa di Sant'Agostino. Gezeigt wird überwiegend sakrale Kunst. Via Spagni 4, Tel. 0577/84 81 35.

C Chiesa di Sant'Agostino – Kirche aus dem 14. Jh. mit schönen Fresken.

D Dom – Eine neoklassizistische Renovierung im 19. Jh. hat den Dom einiges an Schönheit gekostet. Ursprünglich wurde sein Bau 1462 von Papst Pius II. veranlasst.

E Piazza del Popolo – Hier steht das außergewöhnlich schmale Rathaus.

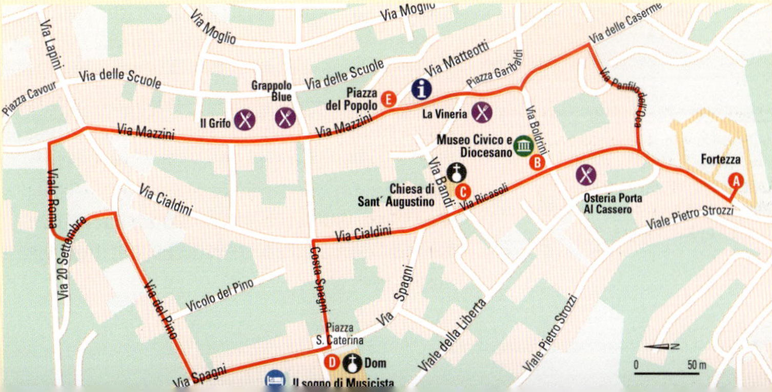

Mitte: Blick auf den Weinort Montepulciano und die wunderbare Wallfahrtskirche San Biagio
Unten: »Le Logge del Vignola«, Massimo Stella (Sommelier) und Lucca Cardoli (Chef)

41 Montepulciano
Grazile Renaissance, berühmter Wein

Die kleine Stadt mit atemberaubendem Weitblick ist vor allem eines: ein Mekka für Weinliebhaber und -kenner! Aus Montepulciano kommt unter anderem der berühmte »Vino Nobile«, einer der besten Tropfen der Toskana. Doch auch Kunstliebhabern gefällt es hier, denn das bezaubernde Renaissance-Städtchen verfügt über einen erstaunlichen Fundus an Palazzi, Kirchen und Museen.

Montepulciano übt schon aus der Ferne eine starke Anziehungskraft aus: Das grazile Städtchen mit rund 14 000 Einwohnern erhebt sich auf etwa 600 Metern Höhe und ist damit eine der höchstgelegenen Siedlungen der Toskana. Von den ehemaligen Stadtmauern hat man einen unvergleichlichen Blick auf weite Teile Umbriens und der südlichen Toskana. Natürlich hat man von der Stadt aus auch die Anbaugebiete des berühmten »Vino Nobile« stets im Blickfeld.

Hinter alten Mauern

Auf der Piazza Savonarola wurde 1511 die Colonna del Marzocco mit dem majestätischen Steinlöwen errichtet, um dem großen Florenz Loyalität zu bekunden. Folgt man der Via di Gracciano nel Corso in Richtung Süden, kommt man an der Anfang des 15. Jahrhunderts von Michelozzo di Bartolommeo entworfenen Chiesa di Sant'Agostino vorbei. Das außergewöhnliche Terrakotta-Relief über ihrem Eingang zeigt die Madonna mit dem Jesuskind, Johannes den Täufer und den Heiligen Augustinus.

Montepulciano

Weiter Richtung Süden erreicht man die Markthallen (Loggia del Mercato; vormittags geöffnet) und über die Via dell'Opio nel Corso die Chiesa del Gesù. Der schlichte Backsteinbau aus dem 17. Jahrhundert überrascht im Inneren mit pompösem Barock. Von hier aus folgt man den Schildern zur Piazza Grande: Dort erstrahlt der etwa 1600 errichtete Dom in vollem Glanz, der außen von Taddeo di Bartolo und innen von Andrea della Robbia gestaltet wurde. Etwas nördlich präsentiert das Museo Civico eine Sammlung, die von etruskischen Grabbeigaben über Wappen und Chorbücher bis zu Terrakotta-Arbeiten von Andrea della Robbia reicht (Via Ricci; März–Okt. Di–So 10–13 und 15–18 Uhr, Aug. Di–So 10–19 Uhr, Nov.–Feb. Sa, So 10–13 und 15–18 Uhr). Vor oder nach dem Stadtrundgang lohnt sich ein Ausflug zur unterhalb des Ortes mitten im Grünen gelegenen Kirche Madonna di San Biagio (1518–1545). Der Architekt Antonio da Sangallo hat mit dem streng gegliederten Zentralbau ein strahlendes Beispiel für den von klaren Linien geprägten Stil der Renaissance geschaffen.

Wein mit großer Tradition

Dass Weinkenner in Montepulciano weitaus öfter fündig werden als in anderen Regionen, verwun-

GUT ZU WISSEN

MODE HIN ODER HER ...

Wer Montepulciano erkunden möchte, sollte allzu schickes und unbequemes Schuhwerk besser im Hotel lassen. Der Stadtrundgang gleicht einer kleinen Wanderung, und darauf sollte man als Besucher auch vorbereitet sein. Wer eine Pause braucht, gönnt sich am besten in einer Enoteca ein Glas »Vino Nobile« und genießt den Blick über die toskanische Landschaft.

Einfach gut!

WEIN HAUTNAH

In und um Montepulciano spielt der Wein die Hauptrolle, darum sollte man auch einmal ein Weingut gesehen haben. Einer der schönsten und authentischsten Orte, wo man den Trauben, die zu »Vino Nobile« verarbeitet werden, beim Wachsen zusehen kann, ist die Fattoria Avignonesi, deren Weine in vier unterschiedlichen Lagen angebaut werden.

Avignonesi. Valiano di Montepulciano, Tel. 0578/72 43 04, www.avignonesi.it

In Montepulciano und der Toskana allgemein spielt die Sangiovese-Traube eine wichtige Rolle.

Oben und **Mitte:** Das Weingut Avignonesi in Valiano di Montepulciano ist eines der angesehensten in der Toskana: die Tochter des Besitzers Elena Falvo im Weinberg und ein Blick in den Weinkeller.
Unten: Kapelle auf den Feldern in der Nähe von Montepulciano

dert nicht weiter, denn der Weinbau wurde hier schon von den Etruskern betrieben. Dies belegen Funde von etruskischen Weinschalen neben einem Grab aus dem Jahr 500 v. Chr. Selbst im Mittelalter riss die Liebe zum Weinbau nicht ab. Ein Dokument von 1350 beschreibt Handels- und Exportbedingungen für Wein aus Montepulciano.

Der »Vino Nobile«

Das kühle Klima und der sandige Boden rund um Montepulciano eignen sich ideal zum Weinbau. Sowohl der DOCG-Wein »Vino Nobile di Montepulciano« als auch der DOC-Wein »Rosso di Montepulciano« werden hier erzeugt. Die lokale Variante der Sangiovese-Rebe, Prugnole Gentile, hat ihren Namen von den Aromanoten der *prugne* (»Pflaumen«), die darin enthalten sind. Zusätzlich dürfen 30 Prozent des Weins aus anderen Sorten zusammengesetzt sein. Obwohl der »Vino Nobile« noch immer im Schatten seiner großen Brüder »Brunello« und »Chianti Classico« steht, hat er sich in den letzten Jahren an deren Qualität angenähert. Dies wurde möglich, weil viele Winzer ihre Weinkeller modernisierten und neue Maschinen und Gerätschaften kauften. Zu den berühmtesten Kellereien gehört »Le Berne«, wo ausgewogene Weine produziert und zu reellen Preisen verkauft werden (Ortsteil Cervognano, Via Poggio Golo 7, Tel. 0578/ 767328, www.leberne.it). Schon seit den 1960er-Jahren steht »Bindella« für Qualität. Hier gibt es auch deutschsprachige Degustationen, die allerdings nicht billig sind (Via delle Tre Berte 10a, Tel. 0578/767777, www.bindella.it). Auf den ca. 380 Hektar der »Fattoria la Braccesca« wird ein sehr guter Wein erzeugt, der ebenfalls seinen Preis hat. Bei einer Weinverkostung bekommt man einen Überblick, welche Flaschen man sich für zu Hause mitnehmen sollte (Via Stelle di Valiano 10, Tel. 0578/ 724252, www.antinori.it).

Infos und Adressen

ESSEN UND TRINKEN

Le Logge del Vignola. Als Lokalpatrioten bieten die Gastgeber 300 Weine aus Montepulciano an. Die Preise sind in Ordnung. Via delle Erbe 6, Tel. 0578/71 72 90, www.leloggedelvignola.com

Trattoria Diva e Maceo. Trattoria mit fantastischer Küche zu günstigen Preisen. Empfehlenswert: die Tagliatelle mit frischen Trüffeln. Via di Gracciano nel Corso 90, Tel. 0578/71 69 51.

ÜBERNACHTEN

Albergo Il Marzocco. Das mit Efeu überwachsene historische Gebäude ist schon seit 100 Jahren ein Familienbetrieb. Piazza Savonarola 18, Tel. 0578/75 72 62, www.albergoilmarzocco.it

Villa di Nottola. Ausgestattet mit einem Swimmingpool erfüllt dieses Landhaus alle Anforderungen an einen entspannten Urlaub. Das dazugehörige Restaurant bietet Weinverkostungen an. Ortsteil Nottola 15, Tel. 0578/70 78 13, www.villadinottola.com

Albergo il Borghetto. Von außen wenig gastlich, innen jedoch ist es ein wahres Schmuckkästchen voller Antiquitäten und Betten, die noch aus Napoleons Zeit stammen. Via Borgo Buio 7, Tel. 0578/75 75 35, www.ilborghetto.it

INFORMATION

Touristeninformation. Piazza Don Minzoni, Tel. 0578/75 73 41, www.prolocomontepulciano.it

Stadtrundgang Montepulciano

Ⓐ **Colonna del Marzocco –** Südlich des Tores auf der Piazza Savonarola. Ganz oben sitzt ein Steinlöwe (Kopie). Das Original findet man im Museo Civico. Via di Gracciano nel Corso.

Ⓑ **Chiesa di Sant'Agostino –** Die Kirche wurde im 15. Jh. nach Plänen von Michelozzo erbaut. Herausragend ist das Relief über dem Eingang. Piazza Michelozzo, 9–12 und 15–18 Uhr.

Ⓒ **Loggia del Mercato –** Markthalle mit geschäftigem Treiben.

Ⓓ **Chiesa del Gesù –** Außen ist die Kirche aus Backstein ziemlich unscheinbar: Innen glänzt sie in üppigem Barock.

Ⓔ **Dom –** Etwa um 1600 errichtet. Der Turm stammt allerdings noch vom Vorgängerbau aus dem 15. Jh. Schön ist das farbenfrohe Triptychon, das Taddeo di Bartolo geschafffen hat. Andrea della Robbia erstellte den Terrakotta-Altar gleich links neben dem Eingang. Piazza Grande, tgl. 8–13 und 15–19 Uhr.

Ⓕ **Museo Civico –** Terrakotta-Reliefs und Gemälde aus Gotik und Renaissance. Via Ricci 10, Tel. 0578/71 73 00.

Mitte und **unten:** In der Piccolomini-Stadt Pienza lässt sich der intime Charme der Renaissance noch erleben, egal, ob an der (überraschend kleinen) Piazza Pio II (Mitte) oder in den Seitengassen bei einem kleinen Brunnen (unten).

42 Pienza
Päpstliche Renaissancepracht

Imposante Gebäude wie der altehrwürdige Dom Santa Maria – ein Papst, der den Plan hat, ein ganzes Dorf umzugestalten, und jede Menge Pecorino – das gibt es nur in der 2300-Einwohner-Gemeinde Pienza. Die Idealstadt der Renaissance ist heute ein idyllisches toskanisches Städtchen mit Feinschmecker- und Spezialitätengeschäften im Miniformat an jeder Ecke. Nicht nur Käsefreunde werden hier ihre helle Freude haben.

Auf dem Weg von Montepulciano nach Westen ins Orcia-Tal und nach Montalcino kommt man unweigerlich an Pienza vorbei. Hier gibt es allerhand zu sehen, vor allem eine geschlossene Renaissance-Architektur, die daher rührt, dass das Zentrum der Stadt sozusagen auf dem Reißbrett entworfen wurde. Niemand Geringerer als Papst Pius II. verfügte im 15. Jahrhundert über den Umbau des Ortskerns im prächtigen Renaissancestil, womit er seinen Geburtsort Corsignano erneuern wollte. Obwohl sein Plan nicht ganz vollendet wurde, zieht die einzigartige Stadtanlage nicht nur Architekturfreunde in ihren Bann. Bei einer 360-Grad-Drehung an der Piazza Pio II ist der Betrachter von einzigartigen Baudenkmälern der Renaissance umgeben, die faszinierenderweise in einer Zeitspanne von nur drei Jahren errichtet wurden. Typisch für das Renaissance-Zeitalter ist das Spiel mit der Perspektive: So wurden die den Dom flankierenden Palazzi Borgia und Piccolomini im spitzen Winkel zur Kirche platziert, um die Würde des größeren Gebäudes zu betonen.

Auf dem Corso il Rossellino

Il Duomo

Die Fassade des Doms hebt sich durch den Travertinstein von den übrigen Gebäuden ab. Von Säulen und Bögen gegliedert, prangt im Giebel der vermutlich durch Alberti inspirierten Fassade das Wappen des päpstlichen Auftraggebers. Besonders faszinierend sind die über beide Geschosse gezogenen Blendarkaden. Durch eine Päpstliche Bulle, die jegliche Änderung verbot, steht der heutige Besucher vor einer Kirche, die im Prinzip völlig identisch ist mit der aus dem späten Mittelalter. Der Dom wurde im 15. Jahrhundert auf den Mauern der romanischen Kirche Santa Maria erbaut. Im Inneren der dreischiffigen Hallenkirche herrscht ein fast bizarrer Mix aus Gotik und Renaissance. Fünf Gemälde von Sieneser Künstlern zieren den Altar. Statische Probleme im Bereich der Apsis führten zu einigen Rissen in den Mauern. Seit 2016 finden Arbeiten zur Stabilisierung des Gebäudes statt.

Stadt des Pius

Papst Pius II. (1405–1464) war nicht nur auf dem Gebiet der Stadtplanung seiner Zeit voraus: Der als Enea Silvio Piccolomini geborene Kirchenfüh-

Nicht verpassen

BURGDORF FÜR ROMANTIKER

Auf einem Hügel nur wenige Kilometer von Pienza entfernt thront das charmante Burgdorf Monticchiello. Ein Streifzug durch den Ort kommt einer Zeitreise ins Mittelalter gleich. Im Juli und August führen die Einwohner Freilufttheater auf dem Dorfplatz auf – dieses »Teatro Povero« zieht Kulturinteressierte aus ganz Europa an. Doch auch die netten Lokale und die kleinen, aber feinen Textilgeschäfte machen den Besuch in Monticchiello zu einem ganz besonderen Erlebnis!

Tele Artigianali Fidia Cappelli. Via di Mezzo, Tel. 338/728 58 00.
Boutique Madalisa. Daniele Mangiavacchi, Via di Mezzo, Tel. 0578/75 51 75.

Oben: Der Blick über die Zypressenallee ist traumhaft.
Mitte: Pienza ist bekannt für exquisiten Schafskäse.
Unten: Der Dom in Pienza, erbaut 1459 bis 1462, trägt noch gotische Züge.

rer hatte eine bewegte Vergangenheit. Er war weit gereist, verfasste sowohl komische als auch erotische Geschichten und wirkte unter anderem als Hofdichter und Diplomat. Pius II. wollte seinen Geburtsort unbedingt aufwerten und beauftragte deshalb den Architekten Bernardo Rossellino mit der Planung der repräsentativen Piazza Pio II. Seit dieser Verschönerungskur ist die Stadt nach ihrem berühmten Sohn benannt.

Die Höhepunkte des Stadtrundgangs liegen alle an der Piazza Pio II: Der Palazzo Piccolomini verbirgt hinter seiner stimmungsvollen Renaissance-Architektur das Schlafgemach von Papst Pius II. sowie seine Bibliothek. Das Museo Diocesano im Palazzo Borgia zeigt eine Kunstausstellung, die von flämischen Wandteppichen (16. Jahrhundert) über Tafelbilder aus dem 14. Jahrhundert bis zu Miniaturen reicht. Außerhalb der Stadtmauern findet man die wunderschöne romanische Kirche Pieve di Corsignano, in der auch Pius II. getauft wurde.

Feinschmeckerkäse

Pienzas Geschäfte bieten feinsten Käse, herrliche Fleisch- und Wurstwaren sowie beste Konserven feil. Doch die Hauptrolle in Pienza spielt der Schafshartkäse Pecorino: In drei Reifestufen und manchmal sogar mit Safran oder Paprika hergestellt, wird er am liebsten mit Feigenkonfitüre genossen. Eine absolute Spezialität!

Infos und Adressen

ESSEN UND TRINKEN

La Buca delle Fate. Stilvolles Restaurant mit kleiner, aber feiner Speisekarte. Lassen Sie unbedingt noch Platz für eines der vorzüglichen Desserts! Corso il Rossellino 38a, Tel. 0578/74 82 72.

La Guardiola. Hervorragende Gerichte und eine ausgezeichnete Weinauswahl in entspannter Atmosphäre. An lauen Sommerabenden sitzt man hier im Grünen. Man kann sich hier auch einfach einen Becher von dem leckeren Eis mitnehmen! Viale Marino Cappelli 1, Monticchiello, Tel. 331/880 04 43, www.laguardiolawinefood.it

ÜBERNACHTEN

Casalpiano. Dieser Agriturismo liegt im Grünen zwischen Pienza und Monticchiello. Sehr gepflegte Zimmer und Appartements, ein weitläufiger Garten und ein Pool laden zum Entspannen ein, außerdem sorgen die ausgesprochen freundlichen Gastgeber für ein reichhaltiges Frühstück. Podere Casa del Piano 28, Monticchiello, Tel. 0578/75 50 60, www.agriturismocasalpiano.it

Oliviera Camere. Angenehme Pension in einer ehemaligen Olivenmühle. Via Condotti 4b, Tel. 0578/74 82 74, www.nautilus-mp.com/tuscany/affiti/oliviera

EINKAUFEN

L'Enoteca di Ghino. Hier werden Weinkäufer exzellent beraten. Und falls Sie einen Brunello aus Ihrem Geburtsjahr suchen, kann Ihnen Ghino sicher weiterhelfen. Via del Leone 16, www.enotecadighino.it

INFORMATION

Corso il Rossellino, Tel. 0578/74 99 05, www.pienza.com

Stadtrundgang Pienza

A Palazzo Piccolomini – Hier erhält man einen guten Eindruck von den gestalterischen Ambitionen von Pius II. Das päpstliche Schlafgemach und die Bibliothek können bei einer Führung besichtigt werden. Piazza Pio II, Tel. 0578/74 85 03, Okt.–März Di–So 10–16, März–Okt. 10–18.30 Uhr.

B Dom – Hinter der Renaissancefassade aus Travertin findet man eine Mischung aus Gotik und Renaissance. Tgl. 8.30–13 und 14.15–19 Uhr.

C Museo Diocesano/Palazzo Borgia – Die erstaunliche Mischung aus Kunst, Wandteppichen und Miniaturen lohnt den Besuch.
Corso il Rosselino 30, Tel. 0578/74 99 05, März–Okt. Mi–Mo 10.30–13.30 und 14.30–18 Uhr, Nov.–Feb. nur Sa/So 10–16 Uhr.

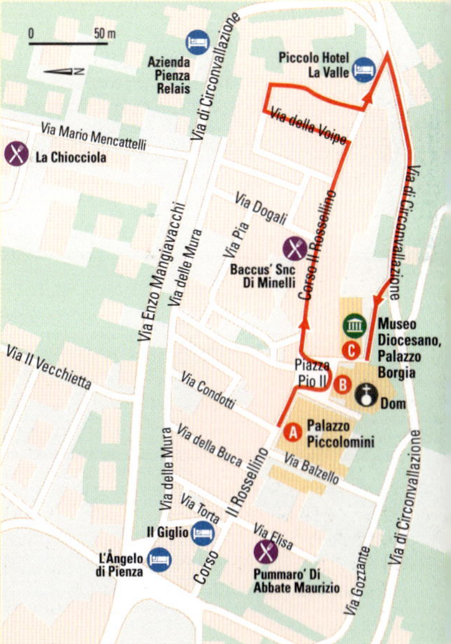

THERMEN-REGION

Seite 234/235: Hotel »Adler Thermae« in Bagno Vignoni
Mitte: Oliven mögen das Klima im Val d'Orcia besonders gern.
Unten: Die Collegiata-Kirche in San Quirico d'Orcia stammt aus dem 12. Jh.

43 San Quirico d'Orcia

Typisch Toskana

Gibt es einen Ort, der mehr nach Toskana aussieht, schmeckt und riecht? Im Herbst sind es die Kastanien, die ihren zauberhaften Duft in den schmalen Gassen verbreiten, im Sommer Basilikum und Olivenöl. Im kleinen San Quirico d'Orcia im malerischen Orcia-Tal warten sehenswerte Kirchen, eine herrliche Gartenanlage und ein Bischofspalast mit modernen Skulpturen auf entdeckungsfreudige Besucher.

Ehemalige Pilgerstadt

Wie bei vielen anderen Orten im Orcia-Tal geht die Gründung von San Quirico d'Orcia auf den Pilgerstrom an der Via Francigena zurück. Die Pilger, die seit dem 8. Jahrhundert auf dieser wichtigen Verbindungsstraße nach Rom reisten, ließen im Orcia-Tal kleine Weiler entstehen. Meist gab es auch ein Hospital, in dem die Reisenden verpflegt wurden und die Kranken sich auskurieren konnten. In San Quirico d'Orcia steht eines der wenigen erhaltenen Häuser dieser Art: Das etwas unscheinbare Gebäude in der Via Dante Alighieri aus dem 13. Jahrhundert dient heute als Wohnhaus und kann daher nur von außen bewundert werden.

Mit seinen etwas mehr als 2700 Einwohnern ist San Quirico d'Orcia heute ein sehr ruhiger Ort, der mit vielen netten Geschäften und sympathischen Lokalen immer mehr Besucher anlockt. Anders als in den Touristenhochburgen ist es hier noch immer möglich, unverfälschtes toskanisches Flair zu erleben.

Collegiata di Santa Maria Assunta

An der vorbildlich restaurierten mittelalterlichen Straße, die heute Via Dante Alighieri heißt, liegt die Kirche Santa Maria Assunta (12. Jahrhundert). Eine breite Treppe führt hinauf zum Westportal, dem aufwendigsten der drei romanischen Portale. Verknotete Säulen, die links und rechts des Eingangs von Löwenskulpturen getragen werden, stützen den schmalen Vorbau. Die symbolischen Darstellungen auf den Türen deutet man als Warnungen für die Pilger. Am Westportal befinden sich zum Beispiel Sirenen, welche die Versuchung symbolisieren. Das Südportal wurde um einiges später erbaut und ähnelt den Werken aus der Werkstatt Giovanni Pisanos. Der Campanile wurde erst zu Beginn des 19. Jahrhunderts hinzugefügt. Im einschiffigen Inneren ist vor allem das Gemälde von Rutili Manetti erwähnenswert: »Die Madonna des Rosenkranzes rettet ein ertrunkenes Mädchen«, das stark an die Werke seines Landsmannes Caravaggio erinnert.

Palazzo Chigi

Gleich neben der Collegiata und gegenüber dem Palazzo Pretorio mit seinen gotischen Portalbögen steht der wuchtige Palazzo Chigi aus der zweiten Hälfte des 17. Jahrhunderts. Kardinal Flavio Chigi, von Cosimo III. in den Stand eines Marchese erhoben, konnte es sich leisten, einen Mitarbeiter Berninis, den Architekten Carlo Fontana, für sein Projekt zu engagieren. Trotz Beschädigungen im Zweiten Weltkrieg lässt sich der üppige Barockstil noch sehr gut erkennen. Die Fassade mit den gekuppelten Fenstern zeigt das Familienwappen. Als Vorbild der beiden Portale, die in die Vorhalle hineinführen, dienten römische Paläste jener Zeit. Deckengemälde von Corallo, Stanchi, Ricciolini

Geheimtipp

URLAUB HINTER KLOSTERMAUERN

Die wunderschöne Landschaft rund um San Quirico lädt gestresste Gemüter dazu ein, zur Ruhe zu kommen und sich auf das Wesentliche zu konzentrieren. Einer der besten Orte dafür ist das ehemalige Kloster Sant'Anna in Camprena, das zwischen San Quirico und Pienza liegt. Der 1517 fertiggestellte Komplex mit Kirche, Wohntrakt und Speisesaal beherbergt heute ein Agriturismo, dessen schlichte und trotzdem ansprechende Ausstattung die spirituelle Tradition des Ortes berücksichtigt. Filmfans werden Sant'Anna in Camprena vielleicht wiedererkennen – hier wurden nämlich 1996 einige Szenen des Films »Der Englische Patient« gedreht.

Sant'Anna in Camprena.
Tel. 0578/748037,
www.camprena.it

Der Palazzo Chigi (17. Jahrhundert) wartet mit wechselnden Ausstellungen auf seine Besucher.

Oben: Blick von der Rocca d'Orcia ins weite Tal
Mitte: Stadtpark Horti Leoni – 1,3 ha große Renaissancegärten
Unten: Das Val d'Orcia bietet typisch toskanische Natur
Seite 240: Die Türme von San Gimignano

und Paradisi schmücken die oberen Stockwerke des Palastes, in dem heute das Rathaus und die Touristeninfo untergebracht sind. Im Anschluss an das internationale Skulpturenfestival »Forme nel verde« werden im Palazzo moderne Werke bildender Kunst ausgestellt.

Horti Leoni

Es ist kein gewöhnlicher Stadtpark, der im 16. Jahrhundert auf der Piazza della Libertà am südwestlichen Rand der Altstadt angelegt wurde. Erstens macht das 1,3 Hektar große Areal schon auf den ersten Blick einen herrschaftlichen Eindruck, und zweitens strotzt diese mit allen Raffinessen gestaltete Gartenanlage vor Geschichtsträchtigkeit. Die Horti Leoni wurden im Zeitalter der Renaissance angelegt und sehen noch heute unverwechselbar danach aus. Diomede Leonis Absicht war es, seinen Geburtsort etwas aufzuwerten. Das ist ihm gelungen, und auch heutige Besucher staunen über die Gestaltungskraft des Gartenarchitekten.

Im Süden begrenzt von der Stadtmauer, erstreckt sich der Park auf zwei unterschiedliche Teile. Der untere ist geprägt von Buchsbaumhecken, die ganz nach damaliger französischer Mode in streng geometrischem Muster angeordnet sind. Die Statue von Cosimo III. aus dem Jahr 1688 wurde von Kardinal Chigi in Auftrag gegeben und von Mazzuoli ausgeführt. Im oberen Abschnitt, der weniger formal angelegt wurde, dominiert eine Linie von Steineichen das Bild. Sie leitet den Besucher zum Rosengarten.

Jeden Sommer trifft sich hier die internationale Kunstszene. Seit mittlerweile 30 Jahren wird eine Ausstellung bildender Kunst veranstaltet, nach der die gezeigten Werke traditionsgemäß in der Stadt verbleiben.

Infos und Adressen

ESSEN UND TRINKEN

Trattoria Al Vecchio Forno. Vielversprechende Spezialitäten wie Artischockensalat stehen hier auf der Karte, darüber hinaus leckere Grill- und Bratengerichte. Nicht umsonst ist dies das Lieblingsrestaurant vieler Einheimischer! Nehmen Sie in gemütlichem Backstein-Ambiente oder draußen im üppigen Garten Platz. Via Piazzola 8, Tel. 0577/89 73 80.

Ristorante Da Ciacco. Kürzlich frisch renoviert, herrscht in dem Lokal eine gemütliche Atmosphäre. Küchenchef Giorgio sorgt stets dafür, dass nur die frischesten Zutaten verwendet werden. Daraus bereitet er traumhafte Gerichte, die noch besser schmecken als auf der Karte beschrieben. Auch die Preise sind nicht unbekömmlich. Via Dante Alighieri 30/A, Tel. 0577/89 73 12.

Vineria Il Tinaio. Direkt im mittelalterlichen Zentrum ist dies die erste Anlaufstelle für alle, die sich dem Genuss von hervorragenden Weinen in Kombination mit auserwählten Köstlichkeiten hingeben wollen. Via Dante Alighieri 45/A, Tel. 0577/89 83 47.

ÜBERNACHTEN

Affittacamere L'Orcia. Günstige und zentral gelegene Unterkunft. Die Zimmer sind schlicht möbliert. Wird gern von Pilgern genutzt, die auf der Via Francigena unterwegs sind. Via Dante Alighieri 49, Tel. 0577/89 76 77.

Casa Lemmi. Charmantes Hotel der mittleren Preisklasse in einem altehrwürdigen Gebäude. Trotz der zentralen Lage gibt es einen kleinen Garten mit Pool. Via Dante Alighieri 29, Tel. 0577/89 90 16.

VERANSTALTUNGEN

Festa del Barbarossa. Am dritten Juni-Wochenende wird des historischen Treffens zwischen Kaiser Friedrich I. Barbarossa und Papst Hadrian IV. mit einem mittelalterlichen Spektakel gedacht. Anlass war Barbarossas Reise nach Rom, bei der er die Kaiserkrone bekommen sollte, auf diesem Weg übernachtete er in San Quirico.
In den Dorfstraßen finden bunte Umzüge mit Fahnenträgern und Gauklern in historischen Kostümen statt.

Forme nel verde. Internationales Skulpturenfestival, das in den Sommermonaten in den Horti Leoni stattfindet. Die Skulpturen werden anschließend im Palazzo Chigi gezeigt.

INFORMATION

Via Dante Alighieri 33/A, Tel. 0577/89 72 11, www.comunesanquirico.it

Blick auf das Val d'Orcia

DIE VIA FRANCIGENA –

pilgern wie vor 1000 Jahren

Die Einheimischen haben sich längst an ihren Anblick gewöhnt: Jedes Jahr sind es mehr moderne Pilger mit Rucksack, Wanderstock, Regencape und Sonnenhut, die sich auf den Weg machen, um auf einer uralten Route, die durch die schönsten Gegenden der Toskana führt, bis nach Rom zu wandern. Die Via Francigena ist ein faszinierendes Stück toskanischer Geschichte – und heute wie damals ein echtes Abenteuer.

Viele Abschnitte des Weges sind inzwischen asphaltiert, die Wanderer müssen sie sich mit Autos und Lastwagen teilen. Doch andernorts biegt die Hauptverkehrsstraße ab, mit ihr verschwindet der Motorenlärm, die Pilger können die Stille der Landschaft in Ruhe genießen – und zu ihren Füßen sind wieder Pflastersteine zu sehen, die bereits vor vielen Hundert Jahren verlegt wurden. Könnten diese Steine sprechen, sie wüssten von unzähligen Gläubigen zu berichten und von den Strapazen, die diese in der Hoffnung auf das Erreichen ihres Ziels auf sich nahmen – aber auch von kleinen Weilern, die der Pilgerstrom zu befestigten Städten anwachsen ließ, und von Raubrittern, die die Wohlhabenden unter den Reisenden skrupellos ausplünderten.

Die ersten Pilger machten sich wohl schon vor über anderthalb Jahrtausenden auf den Weg aus dem Frankenreich in Richtung Rom zu den Gräbern der Apostel Petrus und Paulus. Sie nutzten eine Route, die der Erzbischof von Canterbury im Jahr 990 als »Frankenstraße« beschrieb. Er war selbst auf ihr unterwegs gewesen und hielt seine 1600 Kilometer lange Reise und deren 80 Stationen schriftlich für die Nachwelt fest. So wissen wir heute, dass sein Weg über den Cisa-Pass in die Toskana führte, von wo aus es zunächst nach Lucca und dann über San Miniato und San Gimignano bis nach Siena weiterging. Bagno Vignoni war eine der letzten Stationen, bevor er die Grenze zum heutigen Latium überquerte. Die Route folgte streckenweise den antiken Römerstraßen Via Aurelia und Via Cassia.

Einen regelrechten Boom erlebte die Via Francigena im ersten heiligen Jahr 1300, als der versprochene Sündenablass so viele Gläubige nach Rom lockte wie nie zuvor. Überhaupt war die Frankenstraße in jener Zeit die wichtigste Verbindungsader auf dem Landweg zwischen der Apennin-Halbinsel und dem Rest Europas. Die vielen Reisenden sorgten entlang der Route für steigenden Wohlstand und wachsende Begehrlichkeiten. Siedlungen wuchsen und wurden mit imposanten Mauern befestigt, wie man sie heute beispielsweise in Monteriggioni (s. S. 172 ff.) bestaunen kann. Stattliche Burgen sollten außerdem ihren Besitzern die Kontrolle über strategisch wichtige Abschnitte sichern.

Dass diese oft von zumindest zweifelhaften Motiven geleitet wurden, zeigt die schillernde Figur des Ghino di Tacco. Als Burgherr von Radicófani hatte er es im 13. Jahrhundert auf das Vermögen wohlhabender Pilger abgesehen. Seine Rücksichtslosigkeit verschaffte ihm bereits zu Lebzeiten einen Ruf wie Donnerhall, und sein Name taucht sogar in den Werken Boccaccios und Dantes auf. Im Lauf der Zeit wurde Ghino di Tacco von vielen als skrupelloser Raubritter bezeichnet, andere verherrlichten ihn als eine Art italienischen Robin Hood, der die Reichen bestahl, um die Armen zu beschenken. Bis heute ist er in zahllosen Geschichten und Legenden präsent – nicht nur in Radicófani, sondern in ganz Italien.

Anders als auf dem spanischen Jakobsweg ist das moderne Pilgerwesen auf der Via Francigena seit den 1990er-Jahren trotz stetig steigender Zahlen noch längst kein Massenphänomen. Das mag viele Vorteile haben, bedeutet jedoch auch, dass es nicht überall auf dem Weg ausreichend Pilgerherbergen gibt. Hier ist es vor allem in der Saison wichtig, sich vorab zu informieren und gegebenenfalls zu reservieren. Die früher oft als mangelhaft bezeichnete Wegmarkierung

Die modernen Pilger sind bestens ausgerüstet.

Brücke bei Pontrémoli im Norden der Toskana

gilt dafür inzwischen auf dem italienischen Abschnitt als vorbildlich. Natürlich kann man die Frankenstraße nicht nur klassisch zu Fuß bewältigen – viele pilgern heutzutage mit dem Fahrrad oder auf dem Rücken eines Pferdes, andere haben für ihr Gepäck einen Esel im Schlepptau.

Insgesamt führt die Via Francigena in der Toskana auf etwa 380 Kilometern in 15 Etappen durch 38 Gemeinden. Streckenweise gibt es unterschiedliche Varianten, so kann man beispielsweise zwischen Pontrémoli und Lucca auf einer östlichen Route über die Berge wandern, oder die westliche wählen, die in Richtung Küste nach Carrara führt. Auch von Poggibonsi nach Siena führen verschiedene Wege.

Einzelne Etappen der Via Francigena – etwa der Weg quer durch das malerische Val d'Orcia von San Quirico bis nach Radicófani – eignen sich auch als Tagestouren. Nützliche Informationen und Kartenmaterial hierzu und viele weitere praktische Tipps zu Ausrüstung, Pilgerausweis etc. findet man unter www.viefrancigene.org.

Neben der Via Francigena wird die Toskana noch von einigen weiteren geschichtsträchtigen Fernwanderwegen durchzogen. So startet hier der Franziskusweg, der auf den Spuren des Heiligen von Florenz über La Verna ins umbrische Assisi und von dort bis nach Rom führt. Bei einer Wanderung von Florenz nach Siena durchquert man die schönsten Gebiete der Chianti-Region.

44 Bagno Vignoni

Die Mutter aller Thermen

Auf den ersten Blick überrascht Bagno Vignoni seine Besucher: Mitten auf dem Hauptplatz befindet sich ein riesiges, von Steinmauern eingefasstes Wasserbassin. Dabei handelt es sich um ein historisches Thermalbad, das prächtige Renaissancegebäude umrahmen. Hier versammelte sich jahrhundertelang eine illustre Gesellschaft und pflegte neben dem Körper auch die Geselligkeit.

Mitte: Die Thermalbecken von Bagno Vignoni mitten im Dorf
Unten: Schon die Etrusker und später die aristokratischen Römer erkannten die heilende Wirkung des Wassers von Bagno Vignoni.

Beim Baden kommen die Leute zusammen

»O ihr Najaden, die ihr in jenen heißen Dämpfen wohnt und das immerwährende Feuer zwischen den Wellen entfacht und mit eurem ewigen Fließen die Leidenden vor dem hassenswerten Tod bewahrt, ich grüße euch, und ihr stiftet Wasser in reichen Mengen. Fließt anmutig dahin, ihr guten

GUT ZU WISSEN

DOCH LIEBER AUF EIGENE FAUST?

Die Gelbfärbung des Thermalwassers im Becken von Bagno Vignoni ist wirklich gewöhnungsbedürftig, und als wohlriechend kann man es auch nicht unbedingt bezeichnen! Das neue Becken ein paar Meter weiter unten bietet keine ideale Ausweichmöglichkeit, denn es ist oft überfüllt. Was soll man also tun, um sich den berühmten Badespaß von Bagno Vignoni zu sichern? Es lohnt sich, auf eigene Faust die umliegenden Feldwege und Waldgebiete in Richtung Süden abzufahren, denn dort findet man einige sprudelnde Heilschlammlöcher, in denen man baden kann.

Quellen, und überbringt den Kranken mit eurem Fluss die Gesundheit und bereitet den Gesunden ein höchst wohltuendes Bad.« So formulierte Lattanzio Tolomeo Senese, Literat und 1500–1548 Botschafter Sienas in Rom. Heute findet man diese Botschaft am Loggiato di Santa Caterina eingemeißelt, einem der repräsentativen Renaissancepaläste am Hauptplatz von Bagno Vignoni.

Schon die Etrusker entspannten ihre Glieder im Thermalwasser, doch die Blütezeit setzte erst mit der Herrschaft der Römer ein, die das Thermenwesen institutionalisierten. Selbst im Mittelalter wurde intensiv gekurt, und es kamen nicht nur Pilger, sondern auch hohe Persönlichkeiten wie Kardinäle oder Kaiser. In dem großen Becken von Bagno Vignoni tauschte man sich jahrhundertelang über Politik und Tagesgeschehen aus. Hier verliebten und entliebten sich Menschen, begannen Freundschaften und politische Karrieren, vor allem aber genossen die Badenden die Atmosphäre, mitten am Dorfplatz in dampfend heißem Wasser zu sitzen. Erst in den 1980er-Jahren wurde das öffentliche Bad aus Hygienegründen untersagt, sodass die uralte Badetradition nun hinter den geschlossenen Türen der Kurhotels weitergeführt wird.

Bei den Ruinen am Ortseingang gibt es kleine Kanäle mit Thermalwasser. Diese Konstruktion stammt aus dem 17. Jahrhundert, viele ihrer Bestandteile sind heute im archäologischen Nationalmuseum in Siena zu besichtigen. Zu diesem Zeitpunkt war Bagno Vignoni ein sehr populärer Stopp auf der Frankenstraße (Via Francigena): Kaum ein anderer Ort am Weg hatte eine ähnlich aufregende Attraktion zu bieten, die erholsam und unterhaltsam zugleich war. Denn nach dem Baden ging es weiter in die zahlreichen Gasthäuser, die sich um das Bassin angesiedelt hatten.

Einfach gut!

IN DIE HERZEN DER EINWOHNER

Die »Osteria del Leone« im Herzen des kleinen Bagno Vignoni war bis vor einiger Zeit ein alteingesessenes Lokal und beliebt bei allen Einwohnern. Das änderte sich, als vier junge Menschen aus verschiedenen Teilen der Welt beschlossen, es zu übernehmen. Naserümpfend mieden die Bewohner ihr ehemaliges Stammlokal. Was weiß ein Franzose schon über italienischen Wein, und eine Engländerin kann doch bestimmt nicht kochen – so lauteten die Vorbehalte. Doch kommt Zeit, kommt Hunger, und so verirrten sich die Einheimischen nach und nach wieder in die Osteria – und siehe da: Die beiden toskanischen Köche Andrea Bazzani und Adriano Bonavita konnten die skeptischen Gäste überzeugen wie auch der Barmann Edgar Helle und seine Gattin Rebecca Johns. Somit wurde die »Osteria del Leone« wieder zum Lieblingslokal ausgerufen, was für Gäste bedeutet, dass man unbedingt reservieren sollte, will man hier einen Tisch ergattern.

Osteria del Leone. Piazza del Moretto, Tel. 0577/88 73 00.

Adriano Bonavita und Andrea Bazzani warten auf ihre Gäste.

Oben: Die »Adler Thermae« in einem ehemaligen Travertin-Steinbruch mit eigener Thermalquelle
Mitte: Mittelalterliche Dächer
Unten: Im Thermalwasser spiegelt sich der Dorfplatz von Bagno Vignoni wider.

Das Wasser

Das 52 °C heiße Heilwasser kommt aus etwa 1080 Metern Tiefe und weist einen hohen Gehalt an Mineralien auf. Außerdem enthält es Kalziumkarbonat und -sulfat und hilft vor allem bei Arthritis, Rheuma und Nervenentzündungen. Sagenhafte 36 Quellen von ausgezeichneter Wasserqualität speisen das zentrale Becken. Dessen Temperatur schwankt in Abhängigkeit von den Jahreszeiten: Im Winter ist es naturgemäß etwas weniger heiß.

Magische Kulisse

Wer zum ersten Mal hierherkommt, ist gebannt von den Eindrücken – vor allem in der kalten Jahreszeit ist Bagno Vignoni unvergleichlich. Oft ist es hier menschenleer, und die brodelnden Quellen in dem Becken mit der etwas ungesund wirkenden gelblichen Farbe tun ihr Übriges, um dem Platz eine mystische Stimmung zu verleihen. Die mittelalterlichen Palazzi aus Travertinstein wirken bei Nacht schaurig-schön. Wenn die Sonne untergeht und sich der Mond im Becken spiegelt, scheint er der Wächter über den kleinen Ort mit seinen 1001 Geschichten zu sein. Eine einzigartige Atmosphäre, durch die das kleine Dorf weltberühmt wurde. Der russische Regisseur Andrej Tarkowski fand die stimmungsvolle Kulisse so animierend, dass er das Zentrum als einen der Schauplätze für sein Meisterwerk »Nostalghia« (1983) wählte, der erste Film, den er außerhalb Russlands drehen konnte.

Der überschwemmte Platz

Der zentrale Platz mit dem 49 Meter langen und 24 Meter breiten Thermalbecken wird treffenderweise auch »Piazza allagata« (»überschwemmter Platz«) genannt. Einer der prominentesten Stammgäste, Papst Pius II., der hier regelmäßig seine

Rundgang Bagno Vignoni

A Bassin – Der Zeitpunkt, an dem dieses in Stein gefasste Becken inmitten des Ortes entstanden ist, liegt irgendwo zwischen Römerherrschaft und Mittelalter. Hier badeten schon die Etrusker, die Römer und viele bedeutende Persönlichkeiten wie Papst Pius II. oder Katharina von Siena.

B Loggiato di Santa Caterina – Im Gedenken an eine der berühmtesten Badegäste wurde die Loggia für die Heilige Katharina errichtet.

C Chiesa di San Giovanni – Die alte Pfarrkirche wirkt von außen recht schlicht, im Inneren befindet sich ein Gemälde aus dem 18. Jh., das die Heilige Katharina von Siena zeigt.

D Neue Thermalbecken – Offene Leitungen befördern das heilsame Wasser ein Stück den Berg hinunter. Im grünblauen Wasser kann man gratis baden.

E Parco dei Mulini – Die Mühlen waren zwischen den Sienesern und Florentinern heiß umkämpft, da sie nicht von einem Fluss, sondern von unversiegbaren Quellen in Betrieb gehalten werden.

F Adler Thermae – Ein wunderschönes Thermenresort, das einen Besuch (wenn nicht einen Aufenthalt) wert ist.

Parco dei Mulini

Auf dem Weg zum neuen Thermalbecken passiert man den Parco dei Mulini. Er stellt einen weiteren Grund für die Bedeutung von Bagno Vignoni in früheren Jahrhunderten dar. Das Wasser aus den unterirdischen Quellen versiegte nie und eignete sich somit ideal dazu, die vier mittelalterlichen Mühlen anzutreiben, die auf dem Felsen stehen, der zum Orcia hin abfällt. Sie wurden von adeligen Familien errichtet und mit waagerechtem Mühlrad sehr fortschrittlich gebaut. Wer sich das Thermalwasser sicherte, konnte die Mühlen das ganze Jahr hindurch betreiben, während der Fluss Orcia an manchen Tagen nicht genug Wasser dazuführt. Die Mühlen waren bis in die 1950er-Jahre hinein in Betrieb und wurden vor Kurzem originalgetreu restauriert und im »Mühlenpark« Parco dei Mulini zugänglich gemacht.

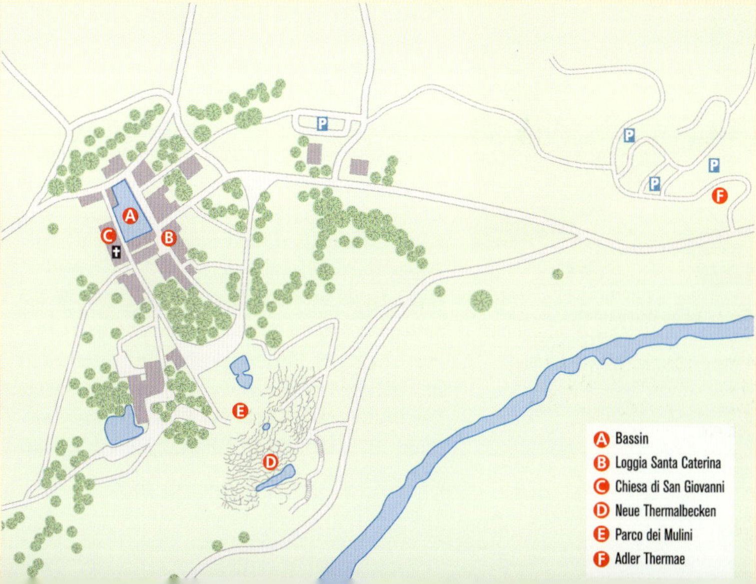

Oben: Bagno Vignoni – Wasser umrahmt von Renaissancegebäuden
Mitte: Magischer Thermenzauber aus den 50 °C heißen Quellen mit Blick auf die sanften Hügel der Toskana
Unten: Schmale Rinnen leiten das Wasser ins Dorf.

Gicht kurierte, sorgte für eine gehörige Aufwertung, indem er 1460 den repräsentativen Palazzo Piccolomini gleich neben dem mit Naturstein eingefassten Becken errichten ließ. Heute befindet sich darin das reizvolle Hotel »Le Terme«, das kürzlich renoviert wurde.

Auf der Schmalseite wird das Becken vom flachen Loggiato di Santa Caterina mit seinem Säulengang begrenzt. Dieser steht seit dem 16. Jahrhundert in Gedenken an die vielen Badeaufenthalte der Heiligen aus Siena. Außerdem findet man hier auch ein den Nymphen geweihtes Tempelchen und einige traditionell-toskanische Gasthäuser. Auch die Chiesa di San Giovanni erhebt sich direkt am zentralen Becken. In ihrem Inneren befindet sich ein bemerkenswertes Gemälde aus dem 18. Jahrhundert, das die Heilige Katharina vor dem Hintergrund von Bagno Vignoni zeigt. Hier beginnt alljährlich am 24. Juni das Fest des Heiligen Johannes des Täufers, das mit einer Prozession um das Bassin begangen wird.

Badefreuden im neuen Becken

In den 1980er-Jahren wurde das zentrale Becken unter Denkmalschutz gestellt und das Baden darin verboten. Das neue Becken am südöstlichen Hang unterhalb des Ortes enthält jedoch das gleiche heilsame Wasser und schimmert dabei nicht gelbtrüb, sondern in frischem Grün-Blau. Das Wasser wird aus dem alten Thermalbecken in schmalen Rinnen *(gorelli)* hinuntergeleitet. Das kostbare Nass plätschert durch den Ort, was vor allem die Einheimischen gern dazu nutzen, sich an den Rand zu setzen, sich miteinander zu unterhalten und dabei ihre Füße im warmen Wasser zu baden. Das neue Becken ist ebenso frei zugänglich, wie es das alte jahrhundertelang war, und sehr beliebt und meist auch sehr voll.

Infos und Adressen

ESSEN UND TRINKEN

Enoteca Ristorante La Terrazza. Das Restaurant des Albergo »Le Terme« serviert traumhafte Gerichte in äußerst gemütlichem Ambiente. Grüne Stühle verleihen ihm einen speziellen Pep. Von der Terrasse sieht man direkt auf das historische Thermalbecken. An traumhaften Weinen herrscht kein Mangel, Lage und Ambiente haben allerdings ihren Preis. Piazza delle Sorgenti 13, Tel. 0577/88 71 50, www.laterrazza-bagnovignoni.it

ÜBERNACHTEN

Albergo Le Terme. In den Zimmern dieser Nobelherberge fühlt man sich sofort wie zu Hause und möchte – wenn möglich – gerne länger bleiben. Der feine toskanische Landhausstil wird Sie in seinen Bann ziehen! Der Bau stammt aus dem 15. Jh. und wurde schon von Papst Pius II. als Sommerresidenz genutzt. Einige der Zimmer ermöglichen einen wunderschönen Blick auf die zum Hotel gehörenden Thermalbecken. Hier können Sie Entspannung und Ruhe finden. Piazza delle Sorgenti 13, Tel. 0577/88 71 50, www.albergoleterme.it

Adler Thermae. Traumhaftes neues Resort, das von einer Südtiroler Familie geführt wird. Die Zimmer sind luxuriös, und die brandneue Thermalanlage bietet viele Bademöglichkeiten. Bagno Vignoni 1, Tel. 0577/88 90 01, www.adler-thermae.com

Hotel Posta Marcucci. In diesem familiären Drei-Sterne-Haus bekommt man einiges für sein Geld. Die Zimmer sind angenehm geräumig, ein großer Swimmingpool mit Thermalwasser direkt aus Bagno Vignoni sorgt für Entspannung. Leider sind die Pools der Thermalanlage schon ein wenig in die Jahre gekommen. Via Ara Urcea 43, Tel. 0577/88 71 12, www.hotelpostamarcucci.it

Locanda del Loggiato. Dieses rustikale Bed & Breakfast hat nur einen Nachteil: Es ist sehr hellhörig. Abgesehen von der Lautstärke ist es wirklich nett, hier für einige Nächte zu bleiben. Die Wirte sind äußerst gastfreundlich und hilfsbereit. Piazza del Moretto 30, Tel. 0577/88 89 25, www.loggiato.it

INFORMATION

www.bagnovignoni.it

Im Resort »Adler Thermae« kann man wundervolle entspannende Stunden verbringen.

45 Castiglione d'Orcia

Magische Bilderbuchlandschaft im Naturpark Orcia

Sieneser Meistern wie Simone Martini, Pietro Lorenzetti, Giovanni di Paolo und Stefano di Giovanni Sassetta haben wir unser Ideal von der typischen toskanischen Landschaft zu verdanken. Geschwungene Bilderbuchhügel mit Zypressenbäumen, drumherum knallroter Mohn … und als wäre das noch nicht genug, strahlt der Himmel auch noch in ewigem Blau. In der Realität findet man diesen Traum in und um Castiglione d'Orcia.

Im malerischen Orcia-Tal hat eindeutig die Natur das Sagen. Ortschaften wie Castiglione d'Orcia sind nur kleine Inseln in dem 66 000 Hektar großen Gebiet mit bis zu 500 Meter hohen Hügeln. Bunte Felder, überall verstreute, romantische Steinhäuser, hier und da eine Eiche, dazwischen Mondlandschaft in lehmigen Tönen, dann ein Dorf mit stattlicher Befestigungsmauer – und wieder diese fast irreale Stille.

Mitte und **unten:** Blühende Landschaften mit üppigen Zypressenalleen und Blumen im Val d'Orcia

Zypressenidylle und Landwirtschaft

Was wäre das Orcia-Tal, was wäre die Toskana, was wäre Italien ohne seine Zypressen, die gruppiert zu romantischen Alleen oder erhaben auf fernen Hügeln immer für das richtige mediterrane Landschaftsbild sorgen? Wenn wir uns an dem vertrauten Anblick ergötzen, vergessen wir oft, dass die Zypressen eigentlich nicht zu Dekorationszwecken da sind, sondern vor allem Häuser, Äcker und Dörfer vor Wind schützen sollen. Noch heute werden im Orcia-Tal wie schon seit Jahrhunderten vor allem Getreide (Weizen), Wein und Oliven kultiviert. Auch Viehzucht und Handwerk haben eine lange Tradition. Darum gilt: Wer an einer Fattoria vorbeikommt und nicht unbedingt im Sightseeingstress ist, sollte anhalten, sich ein bisschen mit den Bauern unterhalten (wenn nötig mit Händen und Füßen) und vielleicht das eine oder andere Souvenir mitnehmen: Egal, ob Wein, Pecorino, Olivenöl oder Salami – alles schmeckt garantiert köstlich!

Parco Artistico Naturale e Culturale della Val d'Orcia

In Eigeninitiative haben sich fünf Gemeinden im Orcia-Tal zu einem Naturpark zusammengeschlossen. Er erfüllt zwar nicht die Ansprüche, die an einen offiziellen Naturpark gestellt werden, dafür ist die Mischung aus Pflege, Naturschutz und Entwicklung der Region bisher gut angekommen, und es scheint, dass Pienza, Castiglione d'Orcia, San Quirico, Radicófani und Montalcino mit ihrer Initiative genau ins Schwarze getroffen haben. So verwundert es nicht, dass die Landschaft des Parks als Filmkulisse dient, zum Beispiel in »Der Englische Patient«. Das Ziel der Gemeinden liegt in der Erhaltung und Entwicklung ihrer Heimat. Dies funktioniert nur, wenn bestimmte Regeln eingehalten werden. Für die Gäste bedeutet dies, dass sie hauptsächlich in Agriturismo-Betrieben urlauben und die Landschaft vor allem erwandern können.

Castiglione d'Orcia

Die typisch toskanische Kleinstadt wurde früher von zwei Festungen bewacht und birgt unglaubliche Kunstschätze. Allen voran die architektonisch interessante Kirche, die Santo Stefano und Santa Degna geweiht ist. Die Anlage ist romanisch, wurde aber erst 1566 fertiggestellt. Ende

Nicht verpassen

SONNTAGS, 11 UHR IN SANT'ANTIMO

Im Kloster Sant'Antimo, mitten im Herzen des Orcia-Tals, wird jeden Sonntag die Elf-Uhr-Messe von den gregorianischen Gesängen der Mönche begleitet. Die spirituellen Melodien in stimmigem Ambiente berühren die Seele und versetzen einen in eine andere Zeit – ein einmaliges Erlebnis! Eine perfektere Kulisse für diesen Gesang könnte es kaum geben. Auch diejenigen, die normalerweise keine Sonntagsmessen besuchen, sollten sich diese Gelegenheit nicht entgehen lassen!

Die Rocca d'Orcia bei Castiglione d'Orcia

Oben: »Daniel in der Löwengrube« – Kapitelldetail aus Sant'Antimo
Mitte: Auf dem Weg zwischen Pienza und Seggiano liegt das Kloster Sant'Antimo.
Unten: Weit über Castiglione d'Orcia hinaus reichte die Macht der Aldobrandeschi.

des 19. Jahrhunderts wurde das Kirchenschiff um zwei Kapellen ergänzt, wodurch ein Mix aus romanischer und neoklassizistischer Architektur entstand.

Die Festung der Aldobrandeschi aus dem 13. Jahrhundert ist nur noch teilweise erhalten. Ihr gegenüber, etwa 300 Meter nördlich, befindet sich die mächtige Burg Tentennaro aus dem 15. Jahrhundert, die weitaus besser erhalten ist und eine berühmte Bewohnerin hatte: Katharina von Siena ließ hier ihre wichtige und sehr kritische Korrespondenz mit dem Pontifex und mächtigen Familien Sienas verfassen. Seit 2001 ist die Festung, in der wechselnde Kunstausstellungen stattfinden, im Rahmen des UNESCO-Programms Friedenssymbol für das Orcia-Tal (Nov.–Ostern 10–13 Uhr, Ostern–Okt. 10–13 und 15–18 Uhr, Mi geschlossen).

Sant'Antimo

16 Kilometer westlich von Castiglione und 10 Kilometer südlich von Montalcino wurde im 8. Jahrhundert an der Kreuzung zweier mittelalterlicher Straßen das Kloster Sant'Antimo erbaut. Die von Karl dem Großen gestiftete Anlage aus ockerfarbenem Travertinstein ist gut erhalten. Die einmalige Lage am Ende eines üppig-grünen Tals verschafft ihr einen Platz in der Hitliste der schönsten toskanischen Klöster. In der einst wohlhabenden Benediktinerabtei, von der außer der Kirche nur noch das Kapitelhaus (teilweise) und das Refektorium erhalten sind, leben heute wieder einige Mönche. Die 781 erbaute karolingische Kapelle rechts neben dem Chorraum ist noch im Originalzustand erhalten. 1118 begann der Bau der dreischiffigen romanischen Kirche, wie sie heute zu sehen ist. Die schlichte Innendekoration besteht aus Alabaster und Travertin und lässt schöne Lichtspiele entstehen (Castelnuovo dell'Abate, Tel. 0577/83 56 59, www.antimo.it).

Infos und Adressen

ESSEN UND TRINKEN

Cisterna nel Borgo. Sehr urig ist dieses Restaurant, das sich nicht nur im mittelalterlichen Teil der Stadt befindet, sondern selbst auch etwas mittelalterlich erscheint. Entsprechend dunkel ist der Innenraum, was jedoch dem vorzüglichen Essen keinen Abbruch tut. Via Borgo Maestro 14, Rocca d'Orcia, Tel. 0577/88 72 80, www.cisternanelborgo.com

ÜBERNACHTEN

Le Case. Nettes Agriturismo inmitten der Landschaft des Orcia-Tals. Das Haus stammt aus dem 18. Jh., ist aber frisch renoviert und gut geführt. Hier kommt man vor allem her, um Ruhe und Natur zu genießen. Strada Provinciale 323, 6 km westlich von Castiglione, Tel. 0577/88 89 83, www.agriturismolecase.com

Agriturismo Sant'Ansano. Drei kleine Wohnungen werden hier zu vernünftigen Preisen vermietet. Die Atmosphäre ist familiär, Entspannung findet man im Pool, der ganz den Gästen vorbehalten ist. Blick auf die toskanischen Hügel natürlich inklusive. Podere Sant'Ansano 12, Gallina (östlich von Castiglione d'Orcia), Tel. 0578/74 84 77, www.santansano.com

VERANSTALTUNGEN

Il Maggio. Am 30. April besucht eine Gruppe von Sängern und Musikanten, die sich *maggiolini* nennen, die ländlichen Betriebe und lässt Dankeslieder für die Rückkehr der guten Jahreszeit erklingen. Von den Fattorien bekommen sie Gaben, die dann beim Dorffest angeboten werden. Die ganze Nacht wird gesungen und gelacht.

Sagra del Fungo e della Castagna. Die Ortsteile Vivo und Campiglia feiern im Oktober die Pilz- und Kastanienernte.

INFORMATION

Via Fiume, Tel. 0577/77 58 11, www.comune.castiglionedorcia.siena.it

Das Val d'Orcia wurde vor Kurzem zum Weltkulturgut der UNESCO erhoben.

Balena Bianca – ein Wasserfall aus strahlend weißen Steinen bei Bagni San Filippo

46 Bagni San Filippo und Radicófani

Bad auf dem Vulkan

Über Jahrhunderte hat sich am Fluss ein gewaltiger Vorhang von Stalagmiten und Stalaktiten aus kalkhaltigem Travertinstein gebildet. Die natürliche Thermalanlage des kleinen Kurortes Bagni San Filippo wird auch als »Balena Bianca« (»Weißer Wal«) bezeichnet. Umgeben vom faszinierenden Naturschauspiel des grünblauen Wassers, das sich in ein großes, von weichen Felsformationen eingefasstes Becken ergießt, kann man in den heißen Bädern allerlei Krankheiten auskurieren. Kultur findet man im nahe gelegenen Radicófani.

Glaubt man der Legende, dann hat ein Mann namens Filippo Banzi die Quellen bei den beeindruckenden Steinformationen entdeckt. Im 13. Jahrhundert versteckte sich der Kardinal, weil er nicht zum Papst gewählt werden wollte, in einer Travertingrotte nordöstlich des Monte Amiata. Dort beschloss er, fortan das Leben eines Eremiten zu führen. Er stellte fest, dass das Wasser in der Grotte heilende Kräfte hatte und vollzog damit einige Heilungen, die als Wunder galten. Schließlich bekam der Vatikan Wind davon, und er wurde posthum heiliggesprochen. Nach ihrem Entdecker wurden die Thermen Bagni San Filippo benannt.

Die Römer begannen damit, das in dieser Gegend an unzähligen Stellen hervortretende lauwarme bis heiße Wasser professionell zu nutzen. Sie bauten Badeanlagen, nützten aber auch die natürlichen Becken, um sich darin zu kurieren. Bis heute kann man es ihnen gleichtun, und man zahlt für das Heilbad in herrlich gelegenen Naturthermen überhaupt nichts.

Strahlend weiße Steine

Mitten in den Buchen- und Kastanienwäldern zwischen Monte Amiata und dem Orcia-Tal liegt auf 520 Metern Höhe die Kalksteinlandschaft, in der das Wasser warmer Quellen mehrere kleine Pools ausgewaschen hat. Durch die strahlend weißen Kalkablagerungen und die Soundkulisse plätschernder Wasserfälle erscheint die Szenerie noch reizvoller. Blickfang ist das Gebilde der 20–30 Meter hohen »Balena Bianca« mit ihrer wunderbar glatten, glänzenden Oberfläche aus Kalkstein. Ihre natürlich gewachsenen säulenartigen Gebilde besitzen eine eigene Ästhetik, die leicht mit den schönsten von Menschenhand gebauten Kunstdenkmälern mithalten kann. Weil der Stein so ungewöhnlich weiß ist, wird die Anlage auch »Fosso Bianco« (»Weißer Graben«) genannt.

Das Wasser

Das Wasser in Bagni San Filippo ist zwischen 35 und 52 °C warm, sehr sulfithaltig und sauerstoffarm, sein pH-Wert liegt bei 6,6–7,5. Außerdem enthält es Kohlendioxid, Kalzium, Schwefel und Bikarbonat. Es soll gegen Hauterkrankungen, Erkrankungen des Bewegungs- und Stützapparates sowie bei Atemproblemen helfen. In der Naturtherme kann man zwischen dem schwefelhaltigen Wasser und den schlammigeren Becken wählen.

Alternative zur wilden Natur

Vom Thermalbad Nuove Terme di Bagni San Filippo (Via San Filippo 23) geht man nur einige Minuten den gut ausgeschilderten Weg zu den öffentlichen Felsbassins inmitten des Kastanienwaldes.

Einfach gut!

FATTORIA LA PALAZZINA

Am Kopfende Ihres Bettes lacht ein freundlicher gemalter Blumenstrauß, vor Ihrem Fenster breitet sich die typische Toskana-Idylle aus, und vom Pool im Garten können Sie die ganze Pracht der hügeligen Landschaft genießen: Diese traumhafte Szene wird Realität in der Fattoria La Palazzina, etwa 4 Kilometer südöstlich von Radicófani. Perfekter geht's nicht: Quasi um die Ecke befinden sich berühmte Thermenorte wie Bagni San Filippo oder Bagno Vignoni, gleich dahinter lädt der Monte Amiata zu einer Wanderung ein, und das nahe Orcia-Tal bietet ein Übriges an schönen Touren an der frischen Luft (Info dazu im Tourismusbüro von Radicófani). Egal, ob Sie Aktivitäten zu Fuß oder mit dem eigenen Rad vorziehen: Ein Frühstücksbuffet mit so viel Auswahl findet man nicht in jedem toskanischen Landhaus. Einfach traumhaft!

Fattoria La Palazzina. Località Le Vigne, Radicófani, Tel. 0578/557 71, www.fattorialapalazzina.net

Das Wasser ist sulfithaltig und sauerstoffarm. Die Sulfitkonzentration nimmt flussabwärts rasch ab, diejenige des Sauerstoffs aber zu.

Oben: Beeindruckende Stalagmiten und Stalaktiten aus kalkhaltigem Travertingestein. Bagni San Filippo liegt am Fuß des Monte Amiata, am Übergang zum Val d'Orcia.
Unten: Die als Museum eingerichtete Festungsruine der Rocca von Radicófani

Im Ort folgt man den Schildern, die mit »Fosso Bianco« beschriftet sind. Zuerst geht es durch dichtes Gehölz, dann kommt man nach einem kurzen Stück Waldweg zur riesigen Kalkwand. Wer zur richtigen Zeit kommt, kann das Bad in den Naturwannen völlig ungestört genießen.

Wer sich in der ungezähmten Natur nicht so wohlfühlt, ist mit den Anlagen der Nuove Terme gut beraten. Hier fließt das gleiche, angenehm warme und schwefelhaltige Wasser in ein großes, schlichtes Steinbecken, und man badet in sauberer, etwas hygienischerer Atmosphäre als in der Naturtherme.

Radicófani

Das zwölf Kilometer südöstlich von Bagni San Filippo gelegene Städtchen Radicófani sorgt für kulturellen Ausgleich: Vor allem die Ruine der Rocca di Radicófani lohnt einen Besuch, denn von ihren Mauern und dem Turm genießt man einen tollen Blick ins Orcia-Tal. Die Festung ging aus dem karolingischen Bau des 11. Jahrhunderts hervor und spielte eine große Rolle im Verteidigungskampf gegen die Truppen Friedrich Barbarossas. Als einer der am meisten umkämpften Stützpunkte in den Auseinandersetzungen zwischen Florenz und Siena ist die Rocca eines der Wahrzeichen der Südtoskana (Parco Città Fortificata, tgl. 10.30 bis 19.30 Uhr, im Winter nur am Wochenende).

Das unterhalb der Rocca gelegene Städtchen mit seinen engen Gassen und blumengeschmückten Häusern eignet sich perfekt für einen Bummel. Im Zentrum der pittoresken Ortschaft stehen die romanischen Kirchen San Pietro und Sant'Agata. Andrea della Robbia zeichnet in beiden für die Altartafeln verantwortlich. Im Palazzo La Posta, einer Poststation aus dem 17. Jahrhundert, stiegen schon viele bekannte Persönlichkeiten ab.

Infos und Adressen

ESSEN UND TRINKEN

Osteria Lo Spugnone. Im gemütlichen Keller werden traditionelle toskanische Gerichte von der *mamma* zubereitet. Den Service bestreiten ihre Söhne, die alle sehr gastfreundlich sind. Via Delle Terme 4, Bagni San Filippo, Tel. 0577/87 20 30, www.lospugnone.it

Ristorante La Grotta. Wenn es das Wetter zulässt, sollte man draußen sitzen. Die Köstlichkeiten, die hier auf den Tisch kommen, bleiben im Gedächtnis: Vor allem die selbst gemachten Nachspeisen sind ein absolutes Highlight! Wer nicht weiß, welchen Wein er nehmen soll, begnügt sich am besten mit dem schmackhaften *vino della casa.* Via Della Fortezza 4, Radicófani, Tel. 0578/558 66.

ÜBERNACHTEN

Hotel Terme San Filippo. Einst herrschaftlicher Landsitz, heute perfekt restauriertes und liebevoll ausgestattetes Kurhotel. Via San Filippo 23, Bagni San Filippo, Tel. 0577/87 29 82, www.termesanfilippo.com

EINKAUFEN

Forno a legna. Vor dieser kleinen Bäckerei im Herzen von Radicófani stehen die Einheimischen Schlange. Kein Wunder, denn hier gibt es nicht nur frisches Brot, sondern auch knusprige Holzofenpizza zum Mitnehmen und verführerische *dolci.* Die offene Backstube direkt hinter der Verkaufstheke lässt Erinnerungen an vergangene Zeiten wach werden. Via dei Forni 17.

INFORMATION

Radicófani. Via R. Magi 31, Tel. 0478/55 68, www.comune.radicófani.siena.it

Im Hotel »Terme San Filippo« (unten), mittelalterliche Gasse in Radicófani (oben).

47 Chianciano Terme

Vier Quellen und zwei Herzen

Vier Heilquellen gegen allerlei Beschwerden haben Chianciano Terme in der ganzen Welt berühmt gemacht. Doch nicht nur die breiten Alleen und Hotelkomplexe der verschiedensten Kategorien bestimmen das Erscheinungsbild der aus zwei Teilen bestehenden Kleinstadt. Neben dem Thermenbereich hält die historische Altstadt einige Leckerbissen für Kunstbegeisterte bereit.

Acqua Santa, di Sillene, di Fucoli und di Sant'Elena – so heißen die vier Quellen von Chianciano Terme, die schon seit Jahrhunderten, nein, Jahrtausenden bekannt und beliebt sind. Heute nehmen erstaunliche zwei Millionen Gäste pro Jahr die heilenden Gewässer aus der Tiefe in Anspruch – die meisten kommen Jahr für Jahr hierher. Zahlreiche Grünflächen, schöne Gärten und mehrere Teiche erfreuen das Gemüt, einige Sportanlagen wie Bowlingbahn, Rollschuhbahn, Minigolf und Tennisplätze sorgen für Abwechslung. Im Fucoli-Park befindet sich eine große Konzerthalle, die als Lesesaal, aber auch für Aufführungen und Konferenzen verwendet wird.

Größter Kurort der Südtoskana

Chianciano Terme ist nicht nur der größte Kurort der Südtoskana, sondern auch eine der bekanntesten italienischen Thermen. Vor allem, weil er sich so perfekt in die zauberhafte Landschaft der toskanischen Hügel einfügt und bequem von Siena, Arezzo oder auch Perugia zu erreichen ist, hat er sich seit Anfang des 20. Jahrhunderts zu einem der Top-Erholungszentren des Landes entwickelt.

Mitte: Berühmte Heilquellen
Unten: Das auf 550 m Höhe gelegene Chianciano Terme zählt zu den größten Thermalbädern der Toskana und wird vor allem zur Behandlung von Lebererkrankungen empfohlen – hier das Becken der Therme Stabilimento Acqua Santa.

Chianciano Terme

Man wohnt in einem der zahlreichen komfortablen Hotels und geht zum Baden in eines der berühmten Badehäuser.

Stabilimento Acqua Santa (Piazza Martiri Perugini, Tel. 0578/394 30, April–Okt.): Diese Quelle wurde nach der Heiligen Agnes aus Montepulciano benannt, die den Ort 1317 besuchte. Das Wasser hat 32 °C und ist reich an Kohlensäure und Sulfat. Langjährige Analysen haben gezeigt, dass es besonders gegen Leber- und Gallenbeschwerden, aber auch gegen Hepatitis und Entzündungen nach Operationen wirkt.

Parco Fucoli (Piazza Martiri Perugini, Tel. 0578/394 30, April–Okt.): Das Wasser der Fucoli-Quelle wirkt besonders harntreibend und wird daher vor allem bei Krankheiten des Verdauungssystems eingesetzt. Die Quelle ist schon seit der Antike bekannt.

Relaxation Center Sillene (Piazza G. Marconi, Tel. 0578/684 20, ganzjährig): Das Acqua di Sillene ist besonders empfehlenswert für Menschen mit Herz-Kreislauf-Beschwerden oder Blutdruckproblemen. Doch auch Arthritis und Arthrose werden hier therapiert. Die Therme wurde erst kürzlich renoviert und vergrößert, zudem liegt sie höher als die anderen Thermen und bietet daher einen schönen Ausblick.

Terme Sant'Elena (Viale della Libertà 112, Tel. 0578/311 41, April–Okt.): Die Quelle Sant'Elena entspringt in der Nähe der alten St.-Helena-Kapelle. Sie liegt mitten in einem Park mit zahlreichen Freizeiteinrichtungen. Von hier aus hat man einen schönen Blick auf die Berge und auf den Trasimener See. Ebenfalls schon lange bekannt, wird das Wasser besonders bei der Behandlung von Erkrankungen der Atemwege eingesetzt.

Einfach gut!

URLAUB BEI FREUNDEN

In der »Azienda Terra d'Arcoiris,« 2 km südöstlich von Chianciano, hat man das Gefühl, voll und ganz willkommen zu sein – als würde man gute Freunde besuchen. Paola Leonardi und Walter Loesch führen diesen Biohof mit viel Enthusiasmus und bereiten ihren Gästen auf diese Weise einen unvergesslichen Aufenthalt, fernab von Luxus oder Eleganz. Von der Unterkunft in einem der fünf unterschiedlich großen Zimmer bis zur Verpflegung ist hier alles bodenständig und ehrlich: Jedes Frühstück im Freien wird zu einem kleinen Fest, und wer gut gestärkt mit biologischen Lebensmitteln in den Tag startet, wird sicherlich einen perfekten Urlaubstag verleben. Wer nicht hier übernachtet, der sollte zumindest kurz im Hofladen vorbeischauen. Der Biowein der Azienda wurde schon mehrmals ausgezeichnet, auch die Säfte und das Olivenöl sind unbedingt zu empfehlen.

Azienda Agricola Biologica Terra d'Arcoiris. Via della Maglianella 5, Tel. 0578/602 70, www.terradarcoiris.com

Bummel durch den Kurort

Oben: Der elegante Uhrenturm in Chianciano Alto
Unten: Chianciano Terme liegt auf einem der östlichen Ausläufer des Apennin in Richtung Val di Chiana.

Die Altstadt

Nordöstlich der Thermen gibt es noch ein ganz anderes Chianciano: In der von den Etruskern gegründeten Altstadt entdeckt man noch gut erhaltene mittelalterliche Stadtmauern. Die beliebten Quellen haben die Entwicklung des Ortes stets beeinflusst, und so ist durch die Jahrhunderte eine ansehnliche Stadt mit etwa 7300 Einwohnern herangewachsen, die sich durch die Zeitalter der Etrusker, Römer und die sienesische Herrschaft behauptet hat. Zur Freude heutiger Besucher hat jede dieser Mächte ihre Spuren hinterlassen. So modern der Kurort wirkt, so mittelalterlich geht es im alten Teil von Chianciano zu, der auf seiner Anhöhe ein bisschen so wirkt, als würde er auf den jüngeren Bruder herabblicken.

Man betritt die Altstadt durch die mittelalterliche Porta Rivellini in der Via Dante. Dort kann man mit etwas Glück das Auto parken, ansonsten steht in der Via Risorgimento ein großer Parkplatz zur Verfügung. Die 1072 erbaute Burg des Grafen Manenti in der Via Casini ist bis heute gut erhalten. Wegen der Stille, die sie stets umgeben hat, wird sie auch »das Kloster« genannt. Der elegante Uhrturm im Viale Casini mit seiner schlichten Struktur wurde anscheinend in jeder Periode ein wenig nachgebessert: Seine Marmorfassade mit dem Wappen der Medici wurde eindeutig nach dem Mittelalter hinzugefügt.

An der Piazza Matteotti, auf der sich ein Marmorbrunnen aus dem 18. Jahrhundert befindet, erhebt sich der Palazzo del Podestà. Freunde sakraler Kunst werden in der Kirche Madonna della Misericordia fündig, einem strengen Bau der Spätrenaissance im Viale Giuseppe di Vittorio. Als Altarbild dient ein Fresko, das wahrscheinlich der Renaissancemaler Luca Signorelli fertigte, darauf ist eine Madonna mit Jesuskind zu sehen.

Infos und Adressen

ESSEN UND TRINKEN

Ristorante Patry. Hier begibt man sich auf eine Zeitreise: 50er? 60er? So genau ist das nicht einzuschätzen. Allerdings zeigt die offensichtliche Verweigerungshaltung gegenüber moderner Einrichtung, dass hier vor allem eines im Vordergrund steht: Pici, Gnocchi und Tortellini, allesamt handgemacht und in bester toskanischer Manier in großen Portionen serviert. Ideal zum Mittagessen für Gäste der benachbarten Therme Sant'Elena. Viale G. di Vittorio 80, Tel. 0578/636 80.

Hostaria il Buco. Nettes Restaurant in Chianciano Alto, in dem sehr gute Pizza serviert wird. Wer es gern deftig mag, sollte sich die *bistecca fiorentina* nicht entgehen lassen! Da abends oft alle Tische besetzt sind, ist eine Reservierung zu empfehlen. Mittwoch ist Ruhetag.
Via della Pace 39, Tel. 0578/302 30.

ÜBERNACHTEN

Hotel Alexander Palme. Schmuckes Viersternehotel im Belle-Époque-Stil. In angenehmen Ambiente bewohnt man relativ kleine, aber komfortable Zimmer mit frisch renovierten Badezimmern. Via Bruno Buozzi 76,
Tel. 0578/640 10, www.alexanderpalme.it

Albergo Astoria. Farbenfroh eingerichtete Zimmer und ein ausgezeichneter Service machen dieses Drei-Sterne-Haus zu einer der beliebtesten Unterkünfte in Chianciano Terme. Nicht zuletzt liegt es auch in günstiger Entfernung zu den Thermen. Perfekt für kleinere Reisebudgets!
Via Ronacci 15, Tel. 0578/613 24,
www.albergoastoria.net

INFORMATION

Piazza Italia 67, Tel. 0578/67 11 22-23,
www.termechianciano.it

Hotel »Alexander Palme« direkt im Zentrum von Chianciano Terme

Mitte: Das sehenswerte Museo Archeologico Nazionale in Chiusi wurde in Form eines Tempels erbaut.
Unten: Aus dem Totenkult der Etrusker stammender Sarkophag im Museo Archeologico Nazionale

48 Chiusi

Wo die Etrusker ruhen

Vor langer Zeit gehörte die Kleinstadt im Valdichiana zu den zwölf mächtigsten Etrusker-Siedlungen. Das Archäologische Nationalmuseum zieht Altertumskenner aus allen Ländern an, und unter dem Dom verläuft ein etruskisches Labyrinth. Im hügeligen Umland findet man zahlreiche etruskische Grabstätten, von denen einige gut erhalten sind.

Machtzentrum Chiusi

Seine Blüte erreichte Chiusi im 7. und 6. Jahrhundert v. Chr., als es zu den zwölf Mitgliedern des etruskischen Städtebundes gehörte. In der christlichen Ära hatten die Bewohner Chiusis nichts zu lachen: Der Niedergang wurde mit der Versumpfung besiegelt. Erst die Herrscher aus dem Haus Habsburg-Lothringen brachten wieder bessere Zeiten. Sie legten die Sümpfe trocken und gaben Chiusi durch intensive Landwirtschaft die gewichtige Rolle im Valdichiana zurück.

Auf den Spuren der Etrusker

Beim Rundgang durch das herausgeputzte Städtchen begegnet man auf Schritt und Tritt den Zeugen der Vergangenheit. Überreste der ehemaligen Befestigungsanlagen sind überall verteilt. Im Museo Nazionale Archeologico, das in einem tempelartigen Palast aus dem 19. Jahrhundert untergebracht ist, kann man ganz in das Leben und die Bräuche von Etruskern, Griechen und Römern eintauchen (Via Porsenna 93, Tel. 0578/201 77, tgl. 9–20 Uhr). Im Rahmen geführter Touren, die beim Archäologischen Museum starten, kann man etrus-

Zwischen Chiusi und dem Lago Trasimeno

kische Gräber besuchen. Ebenfalls nur mit einer geführten Tour sind die zwei Kilometer außerhalb von Chiusi gelegenen Katakomben zu besichtigen.

Dom

Der Domplatz nördlich des Archäologischen Museums stellt das Zentrum des 8800 Einwohner zählenden Städtchens dar. Der dreischiffige romanische Dom San Secondiano aus dem 6. Jahrhundert wurde im 19. Jahrhundert renoviert. Sein Glockenturm ragt über einer römischen Zisterne empor. Das Mosaik unter dem Hochaltar und die 18 stützenden Säulen gehen auf die Römerzeit zurück.

Spannender als der Dom selbst ist das Museo della Cattedrale, das hauptsächlich Plastiken von römischen, langobardischen und mittelalterlichen Künstlern präsentiert. Auch eine Reihe von aufwendig verzierten Gesangbüchern ist in seinem Besitz (Piazza Duomo, Juni–Mitte Okt. 9.30–12.45 und 16.30–19 Uhr, Mitte Okt.–Mai Mo–Sa 9.20–12.45 Uhr, So 10–12.45 und 16.30–19 Uhr).

Einen Besuch wert ist auch das Labirinto di Porsenna, das sich unter der Piazza del Duomo befindet. Hier besichtigt man ein verwirrendes System von unterirdischen Gängen, das wahrscheinlich im 1. Jahrhundert n. Chr. angelegt wurde und zu einer Zisterne führt.

Infos und Adressen

ESSEN UND TRINKEN

La Solita Zuppa. Durch sein modernes Inventar wirkt das Restaurant sympathisch, die persönliche Begrüßung durch den Wirt ist ein Erlebnis. Auch das Essen ist fantastisch.
Via Porsenna, Tel. 0578/21006,
www.lasolitazuppa.it

ÜBERNACHTEN

La Sfinge. Die schlicht eingerichteten Zimmer bieten nicht viel mehr als ein Bett mit Eisengestell. Von einigen hat man eine tolle Aussicht, am besten erkundigt man sich an der Rezeption danach. Freundlicher Service. Via Marconi 2,
Tel. 0578/20157,
www.albergolasfinge.it

VERANSTALTUNGEN

Weinfest. Das letzte Septemberwochenende ist für das beliebte Weinfest reserviert, bei dem man jede Menge köstliche Weinspezialitäten durchkosten kann.

INFORMATION

Piazza Carlo Baldini,
Tel. 0578/227667,
www.prolocochiusi.it

49 Quellen von Satúrnia

Geselliges Bad in den Kalkterrassen

Das kleine Dorf Satúrnia verfügt über eine einzigartige Attraktion, bei der es sich um ein Geschenk der Natur handelt. Die Sinterterrassen Cascate del Molino formten sich mithilfe der schwefelhaltigen Quellen aus den Tiefen der Erde zu einer bizzarren Steinlandschaft. Im körperwarmen glasklaren Wasser darf jeder kostenlos baden, und die Italiener treffen sich hier, um die letzten Neuigkeiten auszutauschen. Einziger Nachteil dieses Naturphänomens: der Schwefelgeruch!

Zu den Terrassen gelangt man vom 500-Seelen-Dorf Satúrnia aus. Man nimmt die Landstraße nach Süden und kommt nach wenigen Kilometern zur ausgeschilderten Kreuzung nach Satúrnia Ter-

Mitte: Die Kaskaden von Satúrnia
Unten: Der Eintritt in die Freiluftthermen von Satúrnia ist frei.

GUT ZU WISSEN

GEWAPPNET FÜR DAS SCHWEFELBAD

Das schwefelhaltige Wasser von Satúrnia sorgt für Wohlbefinden und hilft bei allerlei Beschwerden – doch wer sich in die warmen Becken begibt, sollte vorbereitet sein. Aus der Kleidung verflüchtigt sich der strenge Geruch nur langsam, deshalb sind alte Badeklamotten hier die erste Wahl. Badeschuhe helfen außerdem auf dem rutschigen und felsigen Weg ins entspannende Nass. Experten raten dazu, den Aufenthalt im Wasser nicht zu lange auszudehnen – Kreislaufprobleme könnten die Folge sein. Wer vergessen hat, seinen Schmuck abzulegen, muss mit Verfärbungen rechnen, die jedoch normalerweise wieder vergehen. Alles klar? Na dann: *Buon bagno!*

me. Hier biegt man in die schmale, etwas erhöht verlaufende Nebenstraße ein und folgt dem Bach, der in 100 Metern Entfernung parallel zur Straße fließt, bis man am Straßenrand mehrere geparkte Autos sieht. Dort stellt man das Auto ab und folgt dem kurzen Trampelpfad – schon ist man angekommen und kann sich vom 37,5 Grad warmen Wasser den Nacken massieren lassen. Seine Hauptbestandteile Schwefelwasserstoff und Kohlendioxid sind förderlich für Haut und Organismus. Etwa 2,5 Kilometer südlich gibt es einige Hotelanlagen sowie eine natürliche Therme.

Stufen zum Thermalhimmel

Abgesehen von dem üblen Geruch nach faulen Eiern, den man nach längerem Aufenthalt nicht mehr so leicht aus der Nase bringt, ist das Bad in den heißen Quellen bei Satúrnia das reine Vergnügen.

Ein Tag bei den Cascate del Molino gleicht einer Aufführung des italienischen Volkstheaters: Am frühen Morgen, gegen 7 Uhr, betreten die ersten Darsteller die Bühne. Es sind Vertreter der älteren Generation, die frühmorgens die milchig-weißen Stufen bevölkern und über gesellige Themen wie Fußball, Politik oder auch allerlei Wehwehchen diskutieren. Die Quellen von Satúrnia sollen besonders gut gegen Gastritis, Rheuma, Bronchitis und Übergewicht wirken.

Um die Mittagszeit kommen die Familien. Und Schwimmreifen und Luftmatratzen sind mit von der Partie – schließlich soll ja auch der Nachwuchs in den kleinen Kalkbecken Spaß haben. Etwa um dieselbe Zeit kommt auch der Konsum ins Spiel: Souvenirhändler bauen ihre kunterbunten Stände auf, Eis wird angeboten; und wer

Geheimtipp

MADONNA MIT LOCH

In der Chiesa di San Giorgio im nahe gelegenen Montemerano kann man ein wahrlich besonderes Kunstwerk besichtigen. Die im 15. Jahrhundert von einem anonymen Meister geschaffene »Madonna della Gattaiola« ist wohl das einzige Gemälde, das je mit einer Katzentür versehen wurde! Dazu kam es, weil man das Bild in späterer Zeit dafür genutzt hat, den Zugang zu einem Getreidespeicher zu verschließen – in dem die Katzen ungehindert auf Mäusejagd gehen sollten. Auch abgesehen von dieser Kuriosität ist Montemerano mit seinem wunderbar erhaltenen mittelalterlichen Kern und einer wuchtigen Burg sehr sehenswert. 2014 wurde der 500-Seelen-Ort sogar in die illustre Gemeinschaft der »Schönsten Dörfer Italiens« aufgenommen.

Cascata del Mulino in der Dämmerung

Oben: Heilwasser im Fels: moderne Thermenanlage des Hotels »Tombolo« in Castiglione di Marina
Mitte: Idyllisch gelegen, bei Tag und Nacht frei zugänglich
Unten: Nicht nur Thermen laden zum Entspannen ein: Park in Montecatini Terme.

Hunger nach etwas Deftigem hat, wird in der etwa 100 Meter entfernten Freibad-Therme garantiert fündig, wo es verführerisch nach Pizza duftet. Am Nachmittag erreicht die Naturtherme dann endgültig den Hochbetrieb: In fast keiner der Wannen ist auch nur mehr ein Platz frei, und von Händlern werden inzwischen auch Sonnencreme sowie Erfrischungsgetränke angeboten. Natürlich könnte man auch im Luxus-Tempel, dem Hotel »Terme di Satúrnia« (s. S. 267), absteigen und dort im selben Wasser baden, allerdings ist das Flair der natürlichen Therme unübertroffen – und dabei auch noch entschieden preiswerter.

Die Ortschaft

Laut Plinius dem Älteren ist Satúrnia einer der ältesten Orte Italiens. Einst soll der Gott Saturn hier einen Blitz auf die Erde geschleudert haben, weil ihn die Menschen mit ihren andauernden Kriegen und Streitereien erzürnten. Das warme Wasser, das daraufhin aus dem Felsen quoll, besänftigte die Gemüter und schenkt angeblich bis heute denjenigen, die darin baden, Ruhe und Frieden. Schon vor den Etruskern war die Region besiedelt, wie Reste einer Stadtmauer beweisen. Auch Relikte von etruskischen und römischen Befestigungen sind hier auszumachen. Die Sieneser zerstörten den Ort im Jahr 1229, und Satúrnia verwandelte sich daraufhin in eine Geisterstadt. Mit den Thermalquellen kam es zu einem neuen Aufschwung, der Tourismus setzte ein, Menschen siedelten sich wieder hier an und machten das kleine Dorf zu einer Sehenswürdigkeit. Allerdings hat Satúrnia selbst nicht viel mehr zu bieten als etruskische Mauerreste wie die Porta Romana, einen mittelalterlichen Torbogen und nette kleine Häuser aus weißem Travertin, von denen einige ein paar Restaurants beherbergen.

Infos und Adressen

ESSEN UND TRINKEN

Complesso il Gorello. Unter den Hotels rund um Satúrnia bietet das »Gorello« ein wirklich besonderes Restaurant! In sehr traditionellem Ambiente kommt die Küche der Maremma auf den Tisch. Dabei werden nur auserwählte Produkte aus der Region verarbeitet, die Nudeln werden täglich frisch hergestellt. Via delle Terme 5, Ortsteil Bagno, Tel. 0564/60 12 56, www.ilgorello.it

ÜBERNACHTEN

Hotel Terme di Satúrnia. Schöner und teurer kann man in der näheren Umgebung nicht absteigen: Die Anlage, die Speisen, die Zimmer, alles ist einfach perfekt! Im Spa-Bereich gehören Hydrotherapie, Schönheitsbehandlungen und Stressmanagement zum Angebot. Der Tageseintritt kostet für Nicht-Hotelgäste 25 €. Tel. 0564/60 01 11, www.termedisaturnia.it

Hotel Villa Clodia. Wer ein wenig Kitsch ertragen kann, ist mit diesem Hotel gut beraten. In jedem Zimmer dieses Drei-Sterne-Hauses taucht garantiert ein Blümchenmuster auf, über den Betten sind gewöhnungsbedürftige Fenster aufgemalt. Der schöne Garten, der Pool und die relativ niedrigen Preise sind Pluspunkte. Via Italia 43, Tel. 0564/60 12 12, www.hotelvillaclodia.com

Hotel Bagno Santo. Ein kleines bisschen erinnern die drei Pools des Hotels an die natürlichen Thermalquellen von Satúrnia. Hier herrscht selbstverständlich weniger Rummel. Die Zimmer wirken mit dem Fliesenboden und den Steinmauern zwar etwas kalt, allerdings auch angenehm ursprünglich. Traumhafte Küche, vor allem die Nachspeisen lassen keine Wünsche offen. Loc. Pian Cataverna, Tel. 0564/60 13 20.

AUSFLÜGE

Wer bei einem ausgiebigen Thermenaufenthalt auch Besichtigungen unternehmen möchte, sollte ins nur 12 km südlich gelegene Manciano fahren. Dort locken die Ruinen der sienesischen Befestigungsanlage Cassero Aldobrandeschi Senese samt ihrem Turm. Einst war die Festung hart umkämpft, heute nagt schon der Zahn der Zeit an ihr. Das tut dem herrlichen Blick auf den Monte Amiata und zur Insel Giglio aber keinen Abbruch. 3 km nördlich vom Thermenort kann man die etruskische Nekropole Sede di Carlo besichtigen. Was hier gefunden wurde, steht heute im Archäologischen Museum in Florenz, die Überreste der Grabstätten aus dem 9. Jh. v. Chr. sind allerdings noch zu sehen.

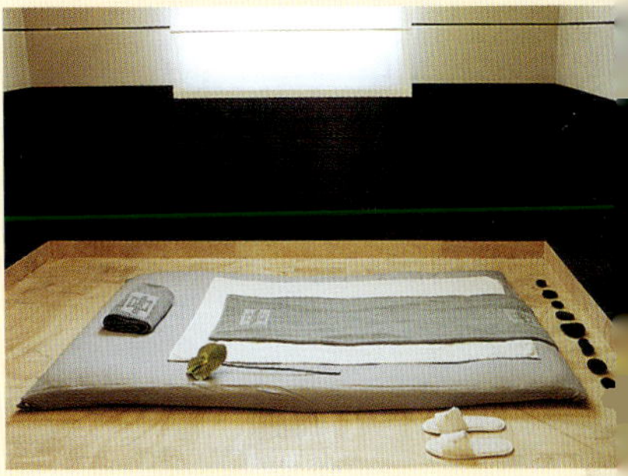

Meditations- und Massageraum sowie ein Gästezimmer des Hotels »Terme di Satúrnia«

INFORMATION

Piazzale Benvenuto di Giovanni, Tel. 0564/60 12 80, www.termedisaturnia.it

50 Pitigliano

Klein Jerusalem

Spektakulär auf einem Plateau aus Tuffstein erbaut, bietet die mittelalterliche Kleinstadt Pitigliano neben einer stattlichen Festung und einem beeindruckenden Aquädukt noch etwas ganz Besonderes: Piccola Gerusalemme (»Klein Jerusalem«), das ehemalige jüdische Ghetto. Obwohl im 20. Jahrhundert der Großteil der Bewohner flüchten musste, zahlt sich ein Streifzug durch das Viertel aus, denn Bäckerei, Fleischerei und Weinkeller sind heute wieder in Betrieb.

Mitte: Pitiglianos Untergrund: Tuffstein
Unten: Nur von sehr kleinen Autos befahrbar.

Pitigliano ist nicht allzu groß: Hier leben nur etwa 4400 Menschen, aber es gibt einiges zu entdecken. Allein schon der Anblick aus der Ferne ist beeindruckend. Die Stadt scheint wie natürlich aus der gelblich-roten Felsformation aus Tuffstein herausgewachsen zu sein und thront majestätisch über der umliegenden Landschaft. Die Etrusker hinterließen Spuren, die man, wenn man weit genug entfernt steht, sogar für die Fenster von Häusern halten könnte: Sie legten ihre Grabkammern in den Felsen an. Darüber hinaus höhlten sie ein unterirdisches Labyrinth aus dem Tuff aus, das noch in Zeiten der Weltkriege als Unterschlupf diente. Heute werden die Gänge fast ausschließlich als Abstellraum oder Weinkeller genutzt.

La Piccola Gerusalemme

In der Via Zuccarelli folgt man den Hinweisschildern nach »La Piccola Gerusalemme«. Durch ein Tor, das für viele Mitteleuropäer eindeutig zu klein ausgefallen ist, kommt man in das ehemalige jüdische Ghetto. Am südlichen Zipfel der Toskana gelegen, grenzte Pitigliano früher an den Kirchenstaat, der den Juden im Mittelalter das Leben schwer machte. Darum zogen viele hierher, wo ihnen Cosimo I. de' Medici 1570 volle Bewegungsfreiheit zugestand. So wuchs und gedieh die jüdische Gemeinde, die zeitweise sogar einige Hundert Mitglieder zählte. Im 18. Jahrhundert verfügte Cosimo II., dass die Juden von nun an in einem eigenen Viertel leben mussten, das nur durch ein kleines Tor betreten werden konnte. Daran erinnert noch heute das Gebäck »Sfratto dei Goym« (*sfratto* heißt Räumungsbefehl, als *goym* werden die Nichtjuden bezeichnet), das man in der Bäckerei Panificio del Ghetto bekommt (Via Zuccarelli 167, gleich neben dem Eingangstor). Ungeachtet des komplizierten Namens schmeckt das mit Honig, Nüssen und Orangenschalen gefüllte Gebäck ausgesprochen lecker. Doch selbst im Ghetto durften die Juden nicht bleiben. Als die Faschisten 1938 Rassengesetze erließen, waren die meisten schon geflohen, nur etwa 80 blieben zurück. 22 von ihnen entkamen dem Regime nicht und starben in Konzentrationslagern, einige allerdings wurden von christlichen Nachbarn versteckt.

Das Viertel stand lange Zeit leer, und die Häuser verfielen nach und nach. Erst eine Initiative im Jahr 1995 machte es möglich, dass alles renoviert wurde und man heute ein recht authentisches Bild der jüdischen Lebensweise bekommt. Mittlerweile leben wieder vereinzelt Juden in dieser Region, vor allem zu großen jüdischen Feiertagen kommen sie in der historischen Synagoge von Pitigliano zusammen, die sehr aufwendig geschmückt ist (Winter 10–12 und 15–17 Uhr, Sommer 10–13 und 14.30–18 Uhr, Sa geschlossen). Beim Metzger gibt's koscheres Fleisch, im Weinkeller koscheren Wein, und ein kleines Museum gibt einen Einblick in die jüdische Kultur.

Nicht verpassen

SORANO UND SOVANA

Wer Pitigliano besucht, sollte sich auch Sorano und Sovana, die beiden anderen »Tuffsteinorte« in der direkten Nachbarschaft, unbedingt ansehen. Die Kleinstadt Sorano wurde wie der etwas größere Nachbar auf alten Höhlensystemen und Nekropolen der Etrusker errichtet. Der mittelalterliche Ortskern wurde schön restauriert, sehenswert sind auch hier der alte jüdische Bezirk mit der Via del Ghetto sowie die Kirche Collegiata di San Niccolò. In Sovana leben heute nur noch etwa 400 Menschen. Von seiner einstigen Bedeutung als Bischofssitz zeugen die Ruine der Rocca Aldobrandesca und der romanisch-gotische Dom. Unweit davon liegt das Haus, in dem um 1020 Hildebrand von Savona, der spätere Papst Gregor VII. geboren wurde. Nach ihm wurde die spektakulärste Sehenswürdigkeit des Ortes benannt, das etruskische Tempelgrab »Tomba Ildebranda« aus dem 3.–2. Jahrhundert v. Chr.

Mittelalterliche Bogengänge im ehemaligen Ghetto von Pitigliano

Oben: Kleine Treppen – wohin das Auge reicht
Mitte: Diese in die Felsen geschlagene Serpentinenstraße nutzten schon die Etrusker.
Unten: Gässchenlabyrinth
Seite 272/273: Die Rocca von Castiglione d'Orcia

Piazza Garibaldi

Aus jeder Blickrichtung sieht man den Campanile, der zum Dom an der Piazza Gregorio VII. gehört und seit dem Mittelalter die Stadtsilhouette überragt. Einige der wichtigsten Sehenswürdigkeiten Pitiglianos gruppieren sich rund um die zentrale Piazza Garibaldi. So auch der Palazzo (oder Fortezza) Orsini: Im Mittelalter herrschten hier die Grafen Aldobrandeschi und ließen ein mächtiges Kastell errichten, das im 16. Jahrhundert von der Familie Orsini ausgebaut wurde. Der Palazzo Orsini beeindruckt mit seinen Zinnen und dem reich verzierten Balkon sowie der Renaissance-Loggia beim Eingang. Im Innenhof, bei dem mit dem Orsini-Wappen verzierten Brunnen, befindet sich der Eingang zum Museum, in dem man 18 Zimmer besichtigen kann, die eine sehr vielseitige Sammlung sakraler Kunst zeigen (Piazza Garibaldi/ Piazza Petruccioli, Tel. 0564/61 44 19, April–Sept. Di–So 10–13 und 15–19 Uhr, Aug. tgl. 10–20 Uhr, Okt.–März Di–So 10–13 und 15–17 Uhr, 10. Jan. bis 14. März geschlossen).

Kaum hatte der erste Orsini in Pitigliano das Sagen, wurde Anordnung gegeben, die Stadt mit einem weiteren Bauwerk zu verschönern, und sie erhielt ihr wichtigstes Gebäude: die mit drei Rundtürmen errichtete Residenz, die Antonio da Sangallo der Jüngere (anscheinend der Lieblingsarchitekt der Orsini) gestaltet hat. Später wurde die Festung zu einer fünfeckigen Anlage ergänzt und mit einer Bastion ausgestattet. Ebenfalls im Auftrag der Familie Orsini errichtete Antonio da Sangallo 1543 den imposanten Aquädukt südöstlich der Piazza Garibaldi. Er wurde nach römischem Vorbild gebaut und erstreckt sich über beeindruckende 15 Bögen. Dadurch sicherten sich die Auftraggeber nicht nur die Wasserversorgung ihres Palazzos, sondern sie fügten dem Stadtbild ein weiteres Architektur-Highlight hinzu.

Infos und Adressen

ESSEN UND TRINKEN

Locanda del Pozzo Antico. Das Lokal mitten in der Altstadt ist ein beliebter Jugendtreff. Als solcher zeichnet er sich besonders durch günstige Preise und ein lockeres Ambiente aus. Empfehlenswert sind die Pizzen, doch auch etwas ausgefallenere Gerichte werden hier schmackhaft zubereitet. Via Generale Orsini 21, Tel. 0564/61 44 05.

Osteria Il Tufo Allegro. In einer Nebenstraße gleich hinter der Via Zuccarelli gelegen, ist diese Osteria ein wahrer Geheimtipp. In der höhlenartigen Gaststube kostet man sich durch die Nuancen der toskanischen Küche. Allein schon der Duft, der aus der Küche dringt, lässt einem das Wasser im Mund zusammenlaufen. Vico della Costituzione 2, Tel. 0564/61 61 92, www.iltufoallegro.com

ÜBERNACHTEN

Hotel Valle Orientina. Etwa 3 km östlich der Stadt liegt dieses reizende Landgut mit eigenen Thermalbecken, die schon seit dem 7. Jh. genützt werden. Die Zimmer sind komfortabel, aber auf das Nötigste reduziert. Ortsteil Valle Orientina, Tel. 0564/61 66 11, www.valleorientina.it

Agriturismo San Michele. Hier kann man zwischen einem eigenen Haus und mehreren Wohnungen wählen. Angesichts des günstigen Preises lässt sich die schlichte und teilweise etwas altmodische Einrichtung leicht verschmerzen. Via F. Rossi 29, Tel. 0564/61 57 20, www.agriturismosanmichele.eu

INFORMATION

Piazza Garibaldi, Tel. 0564/61 71 11, www.comuno.pitigliano.gr.it

Innenhof des Renaissance-Palazzo Orsini

REISEINFOS

Anreise mit dem Auto

Autofahrer gelangen auf zwei unterschiedlichen Wegen ans Ziel, je nachdem, ob sie in das »Herz der Toskana« oder lieber an die Küste fahren möchten. Nach Florenz kommt man am schnellsten über die gebührenpflichtige A1, auch »Autostrada del Sole« genannt. Für die Strecke zwischen Bologna und Florenz sollte man die neue Trasse »Direttissima« wählen. Möchte man allerdings an die Westküste fahren, ist es um einiges geschickter, die A11 oder die A12 zu nehmen. Alle Autobahnen in Italien sind gebührenpflichtig. Man bezahlt die Maut nach gefahrener Strecke entweder bar am Schalter, mit Kreditkarte oder mit der sogenannten Viacard, die man sich vor der Reise besorgen kann. Viacards im Wert von 25 und 50 € bekommt man bei den Verkehrsclubs im Heimatland.

Anreise mit dem Zug

Der Bahnhof von Florenz ist eine der wichtigsten Drehscheiben des nationalen Bahnverkehrs. Fast alle Züge nach Rom, Neapel oder Sizilien verkehren über Florenz. Möchte man also in die Toskana reisen, nimmt man am besten einen der Schnellzüge, die via Basel, Venedig oder München nach Florenz fahren. Dort kann man in einen der Regionalzüge umsteigen. Um ans Meer zu gelangen, ist es am günstigsten, man nimmt die zweite wichtige Eisenbahnlinie, die Genua und Norditalien mit Rom verbindet: Diese verläuft direkt an der ligurischen und tyrrhenischen Küste und passiert zum Beispiel Carrara, Pisa und Viaréggio.

Juweliere auf dem Ponte Vecchio

Anreise mit dem Flugzeug

Der Hauptflughafen der Toskana ist nicht Florenz. Der 12 Kilometer vom Zentrum entfernte Aeroporto Vespucci ist nur der zweitgrößte Flughafen der Region (www.aeroporto.firenze.it, Bustransfer ins Zentrum durch ATAF 5.30–23 Uhr, www.ataf.it). Größer ist der Flughafen Galileo Galilei in Pisa, hier landen die meisten nationalen und internationalen Fluglinien, darunter auch einige Billigflieger. Der Flughafen Pisa ist etwa 80 Kilometer von Florenz entfernt, und es gibt direkt am Flughafen einen Bahnhof, von dem aus täglich acht Züge direkt in die Hauptstadt der Toskana fahren. Ins Stadtzentrum (nur 1 Kilometer entfernt) gelangt man schnell mit dem Bus oder Zug direkt vom Flughafen (www.pisa-airport.com).

Ausrüstung und Kleidung

Vor allem sollte man gutes Schuhwerk mitnehmen. Viele der toskanischen

Der Ponte Vecchio ist die berühmteste Brücke von Florenz

Städte sind auf Hügeln gebaut, und so kommt man nicht umhin, viel bergauf oder bergab zu gehen. Bei der Besichtigung von Kirchen darf man nicht vergessen, seine Schultern zu bedecken, auch sollte man beim Kirchenbesuch keine Shorts, sondern lange Hosen tragen. Ähnliches gilt für Restaurantbesuche, die Einheimischen wissen auch hier ein bisschen Eleganz zu schätzen. Keinesfalls vergessen sollte man einen Sonnenhut und Sonnencreme mit hohem Lichtschutzfaktor – nicht nur beim Strandurlaub! Wer im Winter kommt, wird froh sein, wenn er warme, wetterfeste Kleidung im Gepäck hat. Im Gebirge und auf dem Monte Amiata kann man übrigens sogar Skifahren!

Einkaufen/Shopping

Vor allem rund um Florenz gibt es einige tolle Outlets, doch leider sind diese nicht immer so günstig, wie man es vielleicht erwartet. Vor allem Designerwaren haben auch im Fabrikverkauf ihren Preis, obwohl sie mitunter mit bis zu 70 Prozent Abschlag angeboten werden. Florenz und Siena bieten eine tolle Auswahl an edlen Designerboutiquen. In fast allen Städten findet man an Samstagen und Sonntagen Märkte, auf denen man billige Lederwaren (keine Markenware), Schmuck oder Obst und Gemüse kaufen kann.

The Mall. Via Europa 8, Leccio, Tel. 055/865 77 75. 35 Kilometer von Florenz entfernt liegt dieses Outlet mit einer enorm großen Auswahl.

Barberino Designer Outlet. A1 Florenz bis Bologna, Ausfahrt Barberino di Mugello, www.mcarthurglen.com, Tel. 055/84 21 61. Hier sind eher Sportausrüster wie Adidas, Puma und Nike vertreten.

Elektrizität/Elektronik

Die Netzspannung in Italien beträgt 220 V, 50 Hz. Viele Steckdosen sind drei-

Das Grand Hotel »La Pace« in Montecatini

polig, sodass für mitgebrachte Geräte ein Adapter erforderlich ist.

Essen und Trinken

Vor jedem Lokal in der Toskana hängt normalerweise die Speisekarte aus, so kann man vorab das Angebot und die Preise begutachten. Touristenfallen erkennt man einfach: Ist die Karte in mehrere Sprachen übersetzt, bebildert, oder mit einem *menù turistico* versehen, sollte man ein anderes Lokal wählen. Zum Beispiel eine nette kleine Trattoria, in der man vom Kellner persönlich über die Spezialitäten des Tages aufgeklärt wird. Hier kann man sicher sein, dass die Küche authentisch und die Qualität zufriedenstellend ist.

Die bekanntesten italienischen Biere sind spritzig-leicht und nach Pilsener Brauart hergestellt. Sie sind meist günstiger als Import-Biere, werden aber teilweise auch unter Verwendung von Roggen und Mais hergestellt. Bedenkenlos kann man in der Toskana das Leitungswasser trinken.

Eine Wissenschaft ist das Bestellen von Kaffee, und allzu schnell outet man sich als Unkundiger, wenn man den falschen Kaffee zur richtigen Tageszeit zu sich nimmt. Eines vorweg: Der »Espresso« existiert in Italien nicht. Möchte man den kleinen Starken genießen, bestellt man *un caffè*, den man praktisch zu jeder Tages- und Nachtzeit einnehmen kann. Dagegen werden *caffè latte* (oder *latte macchiato*) sowie *cappuccino* nur vor dem Mittagessen getrunken. Am Nachmittag trinkt man allenfalls einen *caffè macchiato* (Espresso mit einem kleinen Häubchen Milchschaum).

Fremdenverkehrsämter

Das Staatliche Italienische Fremdenverkehrsamt (ENIT) mit Vertretungen in Deutschland und Österreich bietet Infos über die Toskana. Die Broschüren kann man entweder telefonisch bestellen oder im Internet herunterladen.

ENIT Deutschland/Schweiz
Neue Mainzer Str. 26,
D-60311 Frankfurt/Main,
Tel. (0 69) 23 74 34,
Mo–Fr 9.15–13 Uhr,
www.enit.de

ENIT Österreich
Kärntner Ring 4, A-1010 Wien,
Tel. (01) 505 16 39
Di–Do 9–12.30 Uhr,
www.enit.at

In der Toskana gibt es vor allem in den Provinzhauptstädten wie Siena, Florenz oder Grosseto örtliche Fremdenverkehrsämter, doch auch kleinere Orte haben meist ein Auskunftsbüro. Sie werden oft mit dem Namen »Pro Loco« bezeichnet.

Geld

Der Euro ist in Italien offizielles Zahlungsmittel. Günstig und schnell bekommt man Bargeld am Geldautomaten. Diese sind relativ dicht gesät, nur wenn man sich weitab von größeren Siedlungen aufhält, wird es schwierig. Die Gebühren sind immer gleich hoch, daher empfiehlt es sich, jeweils die Maximalmenge (400 €) abzuheben. Achtung: Oft funktioniert die Technik nicht richtig, und ausländische Karten werden partout nicht angenommen. In solchen Fällen einfach auf einen anderen Automaten ausweichen oder am nächsten Tag wieder probieren. In vielen Geschäften und Restaurants werden auch Kreditkarten akzeptiert.

Gesundheit

Notarzt und Krankenwagen: Tel. 118
Polizei: Tel. 113
Pannenhilfe: Tel. 116

Zwar wird man in den Arztpraxen behandelt, auch wenn man keine Reisekrankenversicherung hat, allerdings muss man dann bar zahlen und bekommt das Geld zu Hause in den seltensten Fällen voll erstattet. Für gesetzlich Versicherte empfiehlt sich die Mitnahme der EHIC-Karte (Auslandskrankenschein). Medikamente bekommt man in den Apotheken (*farmacia*), deren Netz in Italien sehr dicht ist. Sie sind mit einem grünen Kreuz gekennzeichnet.

Kapitolinische Wölfin mit Romulus und Remus am Dom zu Pisa

Klima und Reisezeit

In der Toskana herrscht weitgehend mediterranes Klima mit trockenen, heißen Sommern und regenreichen, eher milden Wintern. Die vielen Sonnenstunden sorgen übers Jahr für eine Durchschnittstemperatur von 15 °C. Im Hinterland und in höheren Lagen kann es im Winter allerdings empfindlich kalt werden und sogar schneien.

Die Hauptreisezeit liegt zwischen Mai und September, in der Regel ist das Wetter dann besonders gut. Allerdings kann es im August vor allem in Städten sehr heiß werden. Kenner reisen daher vor allem im Frühling und Spätherbst, wenn das Farbenspiel der Natur am beeindruckendsten ist. Städtereisen in die Toskana können auch im Winter sehr angenehm sein, wobei man sich unbedingt im Vorfeld versichern sollte, dass die gewählte Unterkunft über eine gut funktionierende Heizung verfügt.

Öffnungszeiten

Geschäfte sind in der Regel von Montag bis Freitag von 9 bis 13 Uhr und von 15.30 bis 19.30 Uhr geöffnet, in größeren Städten oft auch ganztags. Restaurants bieten warme Küche zwischen 12 und 14.30 sowie 19.30 und 22 Uhr an.

Telefonieren

Auch Italiener können sich inzwischen ein Leben ohne Handy gar nicht mehr vorstellen, darum verschwinden immer

FEBRUAR

Carnevale. Besonders bunt ist der Karnevalsumzug in Viaréggio an den vier Wochenenden vor Aschermittwoch.

MÄRZ/APRIL

Settimana Santa. In der Karwoche finden vielerorts stimmungsvolle Prozessionen statt. Besonders beeindruckend ist die nächtliche Prozession in historischen Gewändern am Karfreitag in San Gimignano.

Scoppio del Carro. Am Ostersonntag im Dom von Florenz. Ein grandioses Osterspektakel!

L'Ostensione del Sacro Cingolo. Feierliche Präsentation des Mariengürtels an der Außenkanzel des Doms von Prato. Der Mariengürtel wird auch am 1. Mai, 15. Aug., 8. Sept. und 25. Dez. gezeigt.

MAI/JUNI

Balestro del Girifalco. Immer am vierten Sonntag im Mai und am zweiten Sonntag im August findet in Massa Marittima ein historisches Armbrust-Wettschießen statt.

Giostra dell'Archidado in Cortona. Am Sonntag nach Christi Himmelfahrt treten in Cortona Bogenschützen in historischen Gewändern gegeneinander an.

Luminaria di San Ranieri. Am 16. Juni wird in Pisa das Flussufer des Arno mit Kerzen erleuchtet. Tags darauf startet die historische Regatta.

Festa del Barbarossa. Am 18. Juni wird in San Quirico d'Orcia mit einem mehrtägigen Fest daran erinnert, dass der Kaiser im Jahr 1155 auf seinem Weg nach Rom hier Station machte.

Giostra del Saracino. Am dritten Samstag im Juni und am ersten Sonntag im September findet in Arezzo ein Lanzenstechen statt.

Calcio Storico in Florenz. Zum Fest des Stadtheiligen San Giovanni am 24. Juni wird auf der Piazza Santa Croce das Finale des historischen Rugby-Vorläufers ausgetragen.

Gioco del Ponte. Am letzten Samstag im Juni wird in Pisa das »Brückenspiel« abgehalten.

JULI/AUGUST

Palio. Am 2. Juli und am 16. August findet in Siena der Palio statt.

Estate Sangimignanese. Über einen Monat lang finden in San Gimignano Theateraufführungen, Opern und Konzerte unter freiem Himmel statt.

Estate Fiesolana. Musik-, Theater-, Tanz- und Filmfestival, das in Fiesole bis in den August dauert.

Jazz & Wine Festival. Mitte Juli ein Woche lang in Montalcino.

Feste Medievali. In Monteriggioni findet an zwei Wochenenden ein großes Mittelalterfest statt.

Mercantia. In Certaldo präsentieren Schauspieler und Artisten eine Woche lang ihr Können unter freiem Himmel.

Lucca Summer Festival. Es treten italienische und internationale Rock- und Popstars auf.

Giostra dell'Orso. Am 25. Juli wird in Pistoia ein historisches Pferderennen zu Ehren des Heiligen Jakobus veranstaltet. Gleichzeitig findet in der Stadt das größte Blues- und Rockfestival Italiens statt.

Festa dell'Unicorno in Vinci. An einem Juliwochenende strömen Elfen, Gaukler und Barbaren zum größten Fantasy-Festival Italiens.

Effetto Venezia. Letztes Juliwochenende in Livorno: stimmungsvolles Lichterfest in den Kanälen.

Torneo dei Butteri. Am letzten Sonntag im Juli treffen sich die »Maremma-Cowboys« in Tolfa in der Maremma.

JULI/AUGUST

Teatro Povero. Ein weiteres Higlight des toskanischen Kultursommers in Monticchiello bei Pienza.

Cantiere Internazionale d'Arte. Von Ende Juli bis Mitte August findet in Montepulciano dieses Theater- und Musikfestival mit Workshops statt.

Siena Jazz. Von Ende Juli bis Anfang August kommen Musikfreunde auf ihre Kosten.

AUGUST

Palio Marinaro. Ruderwettkampf zum Fest des Heiligen Lorenzo am 10. August in Giglio Porto.

Ferragosto. Am 15. August bekommt man vielerorts Prozessionen und Feuerwerke zu sehen. In Porto Santo Stéfano findet außerdem der Palio Marinaro statt.

Bravio delle Botti. Letzter Sonntag im August: Historisches Fässerrollen in Montepulciano.

SEPTEMBER

Fiera del Cacio. Am ersten Sonntag im September dreht sich in Pienza alles um den weltberühmten Pecorino.

Festa dell'Uva. Am letzten Sonntag im September feiert Impruneta das größte Weinfest im Chianti.

OKTOBER

Sagra del Fungo e della Castagna. Mitte Okt. feiert man in Castiglione d'Orcia eine Woche lang zu Ehren der Pilze und Kastanien.

Lucca Comics & Games Festival. In den Tagen um Allerheiligen versammeln sich in Lucca Fans von Comics, Games und Cosplay zum größten Festival dieser Art in Europa.

NOVEMBER

Sagra del Tartufo. An mehreren Wochenenden im November dreht sich in San Miniato alles um Trüffel.

Zypresseninsel bei San Quirico d'Orcia

mehr öffentliche Telefonzellen. Für die noch erhaltenen kann man in den *tabacchi* Telefonwertkarten kaufen (*scheda telefonica*). Wer längere Zeit im Land bleibt, sollte sich eine Prepaid-SIM-Karte von einem der italienischen Anbieter kaufen: TIM, Wind, Vodafone. Die Landesvorwahl für Italien lautet 0039.

Toskana im Internet

Vorfreude ist die schönste Freude: Eine Einstimmung und nützliche Informationen bieten zum Beispiel die folgenden Websites:
www.toskanafraktion.de – Ein Berliner Journalist hat sich die Zeit genommen, eine ganz persönliche Seite über das Leben in der Toskana ins Netz zu stellen.
www.toscanaviva.com – Hier findet man viele praktische Infos und Tipps.
www.toskana.net – Von der Geschichte über die kleine Weinkunde bis zu den typischen berühmten Sehenswürdigkeiten gibt diese Seite einen guten Überblick.
www.turismo.intoscana.it – Das ist die offizielle Seite des Tourismusverbandes. Hier findet man sich schnell zurecht und erhält allerlei Tipps und viele Hintergrundinformationen.

Trinkgeld

In den meisten Restaurants sind 15% Servicekosten schon bei der Rechnung mit eingerechnet, dennoch freut sich der Kellner über ein Trinkgeld. Angemessen sind etwa 10%.

Übernachtung

Generell gilt in der Toskana, dass man tiefer in die Tasche greifen muss als in anderen Urlaubsregionen Italiens. In der Hochsaison im Juli und August sollte man möglichst früh buchen, denn obwohl zu dieser Zeit auch die Preise ihren Höchststand erreichen, sind die meisten Hotels – vor allem am Meer – ausgebucht. Auch Camping kann teuer werden, da quasi alles extra berechnet wird – Erwachsene, Kinder, Wohnmobile, Motorräder, Hunde ... Wildes Zelten ist in ganz Italien verboten.

In Jugendherbergen kann man billig nächtigen: Schon ab 15 € pro Nacht bekommt man ein Bett. Allerdings ist es ratsam, sich einen Ausweis vom internationalen Herbergsverband zu holen: Associazione Italiana Alberghi per la Gioventù, Tel. 06/487 11 52, www.aighostels.it

Die Toskana bietet eine breite Auswahl an Hotels aller Kategorien: Einsternhotels bieten meist nur Gemeinschaftsbäder außerhalb der Zimmer. Zwei Sterne stehen für einen etwas höheren Standard mit eigenem Waschbecken und meist auch Toilette und/oder Dusche im Zimmer. Dreisternehäuser sind stilvoller und haben in der Regel einen Fernseher, Telefon und kostenloses WLAN. Die Vier- bzw. Fünfsternehotels gehören oft zu großen Ketten. Sie haben naturgemäß den höchsten Preis, bieten aber Luxus und größten Komfort und tolle Küche.

Verkehrsmittel

Die günstigsten Mietwagen verleihen Avis (199 100 133, www.avis.com) und Europcar (199 307 030, www.europcar.com).

Höchstgeschwindigkeit auf den Autobahnen ist 130 km/h, bei Regen 110 km/h, in Städten 50 km/h. Das Fahren mit Abblendlicht ist auch tagsüber vorgeschrieben.

Wer sich mit öffentlichen Verkehrsmitteln von Stadt zu Stadt bewegen möchte, nimmt am besten den Zug (Trenitalia, Tel. 800 89 20 21, www.trenitalia.com), zwischen kleineren Ortschaften verkehren Busse. Busfahrkarten sind in den *tabacchi* erhältlich, Informationen in den örtlichen Tourismusbüros. Radfahren zählt zu den beliebtesten Fortbewegungsmethoden, deswegen kann man Räder auch an fast jeder Ecke ausborgen.

In der Via San Giovanni in San Gimignano kann man gemütlich einen Kaffee trinken.

TOSKANA

für Kinder und Familien

Keine Angst vor Langeweile! Mit flachen Sandstränden, hohen und manchmal sogar schiefen Türmen sowie aufregenden Freizeitparks ist die Toskana perfekt geeignet für einen abwechslungsreichen Urlaub mit der ganzen Familie. Und dank der typisch italienischen Kinderfreundlichkeit geht man auch in den meisten Hotels, Restaurants und Museen gern auf die Bedürfnisse der kleinen Gäste ein.

Strände

Die toskanische Küste fällt an den meisten Abschnitten sanft ab, die Wasserqualität ist in der Regel hervorragend, vielerorts trifft man auf familienfreundliche Infrastruktur. Vor allem die Eltern kleinerer Kinder werden die Wickelräume, das zum Ausleihen bereitliegende Spielzeug und das hilfsbereite Personal in einem gepflegten *bagno* zu schätzen wissen. Die Bar, das Beachvolleyball-Feld oder ein Tretboot sorgen bei den Größeren für gute Stimmung.

Vor allem an der Riviera della Versília zwischen Carrara und Viaréggio ist die Auswahl an entsprechenden Anlagen groß – wobei man mit schmalem Geldbeutel einen Bogen um das mondäne Forte dei Marmi machen sollte. Auch die Hotels an der Riviera sind auf Familien eingestellt – schließlich kommen im August viele Italiener zum alljährlichen Strandurlaub hierher.

Ebenfalls ideal für Kinder geeignet ist der Strand von Marina di Bibbona an der Riviera degli Etruschi, wo man zwar mit weniger Rundumversorgung, dafür aber mit entspannter Badeatmosphäre rechnen kann. Ähnlich sieht es weiter im Süden, bei Castiglione della Pescáia und Marina di Grosseto, aus. Hier trifft man überwiegend auf italienische Familien.

Unterkunft

Wer nicht ins Hotel möchte, der wird entlang der Küste auch problemlos mit Zelt oder Wohnmobil unterkommen. Bei Vada erstreckt sich ein kilometerlanger, breiter Sandstrand mit einer Reihe von

Oben: Entspannung pur
Linke Seite: Hier kommt keine Langeweile auf!

Campingplätzen. Auch weiter südlich in Marina di Cécina, Marina di Bibbona und Marina di Castagneto findet man familienfreundliche Stell- und Zeltplätze. Etwas exklusiver und abgelegener campt es sich rund um das Kap von Punta Ala.

Im Hinterland, wo jahrhundertealte Mauern und beeindruckende Burgen längst vergangene Epochen aufleben lassen, sind die zahlreichen *agriturismi* meist auf Kinder eingestellt. Viele verfügen über Spielgelegenheiten im Grünen und einen Swimmingpool – und mancherorts sorgen Tiergehege und spannende Einblicke ins bäuerlich-toskanische Leben für einen kurzweiligen Aufenthalt. Alternativ werden auf dem Land auch viele Ferienhäuser mit Garten vermietet.

Ausflug nach Florenz

Mit Kindern nach Florenz? Keine Sorge, ein Trip in die toskanische Hauptstadt

Florenz für die ganze Familie

lässt sich für Klein und Groß spannend gestalten. So kann man im »Leonardo da Vinci Museum« (Via de' Servi 66/r) Nachbauten von Erfindungen des genialen Künstlers ausprobieren oder eine Flussfahrt auf dem Arno im traditionellen »Borchetto« unternehmen. Die Tour im Ruderboot ist zwar nicht billig, doch immerhin sind Kinder zum halben Preis dabei. Und dann sind da ja noch die »klassischen« Florentiner Sehenswürdigkeiten, von denen einige – wie die Boboli-Gärten oder der Aufstieg zum Campanile oder zur Spitze der Domkuppel – auch den abenteuerlustigen Nachwuchs begeistern dürften. Ein Abstecher in eine der vielen verlockenden *gelaterie* muss natürlich außerdem sein!

Lucca, Pisa & Co.

Und die anderen toskanischen Städte? Nun, wem der Rundgang zu Fuß auf der Stadtmauer von Lucca zu lange dauert, der leiht sich ein »Viererrad«, auf dem er bequem die ganze Familie unterbringt. In Pisa fasziniert der Schiefe Turm bestimmt auch die Kleinen – hinauf darf man allerdings erst ab 8 Jahren. Aber ganz in der Nähe liegt ja noch der Vergnügungspark »Piccolo Mondo« – mit der höchsten Rutsche der Toskana!

In der Kunstsammlung von Santa Maria della Scala in Siena wurde sogar eine Dauerausstellung extra für Kinder von 3–11 Jahren eingerichtet, das »Museo d'arte per bambini«. Von Siena aus startet auch der historische Zug »Treno Natura« zu seinen Touren durch das Val

Ein Paradies für Tierfreunde: die Maremma

d'Orcia und die Crete Senesi (www.terresiena.it/trenonatura).

Thermen und Wasserparks

Auch abseits der Küste muss übrigens auf Badespaß nicht verzichtet werden – schließlich sind da ja noch die dampfenden Thermalquellen in Satúrnia, Bagno Vignioni oder Bagni San Filippo. Große, moderne Erlebnisbäder unter freiem Himmel mit schwindelerregenden Rutschen und buntem Rahmenprogramm gibt es in Cécina und Follonica.

Themenparks

An Vergnügungs- und Themenparks ist die Toskana nicht arm. Der größte mit dem Namen »Cavallino Matto« liegt bei Marina di Donoratico südlich von Livorno. Auf dem etwa 60 000 Quadratmeter großen Areal befinden sich neben Schiffsschaukel, Quad-Rennbahn und Pferde-Reitareal auch fünf Achterbahnen für Kinder und die ganze Familie.

Mit dem »Fantasialandia« lockt etwas weiter im Norden, bei Marina di Pisa, ein weiterer Park, der vor allem für jüngere Kinder geeignet ist. Nahe Collodi lohnt sich außerdem ein Gang durch den liebevoll gestalteten Pinocchio-Park, der sicherlich auch die Eltern begeistert.

Für Tierfreunde

Für Tierfreunde ist ebenfalls gesorgt: Ob Delfine beobachten in den Gewässern um die Insel Giannutri, reiten in der Maremma, ein Besuch im Aquarium von Livorno oder im größten Schildkrötendorf Europas, dem »Carapax« bei Massa Marittima – die Auswahl ist riesig!

Impressum

Verantwortlich: Ulrich Jahn, Alina Gillen,
Lektorat: Beate Martin
Layout: Elke Mader
Korrektorat: Anke Höhne
Repro: Repro Ludwig
Kartografie: Kartografie Huber, Heike Block
Herstellung: Bettina Schippel
Printed in Slovenia by Florjancic

★★★★★

Sind Sie mit diesem Titel zufrieden? Dann würden wir uns über Ihre Weiterempfehlung freuen.

Erzählen Sie es im Freundeskreis, berichten Sie Ihrem Buchhändler, oder bewerten Sie bei Onlinekauf.

Und wenn Sie Kritik, Korrekturen oder Aktualisierungen haben, freuen wir uns über Ihre Nachricht an
Bruckmann Verlag, Postfach 40 02 09, D-80702 München oder per E-Mail an lektorat@verlagshaus.de.

Unser komplettes Programm finden Sie unter

www.bruckmann.de

Alle Angaben dieses Werkes wurden von den Autoren sorgfältig recherchiert und auf den neuesten Stand gebracht sowie vom Verlag geprüft. Für die Richtigkeit der Angaben kann jedoch keine Haftung übernommen werden.

Julia Lorenzer und Fabian Marcher haben den Inhalt dieses Buches komplett überarbeitet, sowie folgende Seiten: 8/9, 10/11, 23, 50/51, 52/53, 76/77, 124/125, 126/127, 192/193, 240/241, 242/243 ergänzt.

Bildnachweis:
Alle Aufnahmen stammen vom Fotografen Udo Bernhart, außer: Bernhard Irlinger: S. 262 o., 263; Bildagentur Huber/G. Simeone: S. 78; Bildagentur Huber/Johanna Huber: S. 80 m./u., 82 o.; Campomalo/pixelio: S. 173; Christian Fleps/pixelio: S. 75; Dirk Pollzien/pixelio; S. 135 Ehud/wikipedia: S. 98 o.; Ernst Wrba: S. 110 u., 102 o., 103 r., 136 o., 140 o./m., 207, 208 m., 265, 252 u., 268 m., 272/273, 276; G. Dürselen/wikipedia: S. 98 u.; Hubert Stadtler: S. 2/3, 74 m., 100 o., 102 m./u., 150 o.,151, 170; Jens Hasler/pixelio: S. 22; Maria Bosin/pixelio: S. 88 o.; Matthias Brinker/pixelio: S. 68/69, 223; Mirko Milovanovic, München: 38 o., 40, 43, 100 u., 101, 102 o., 103 l., 104 u., 105, 106 o./u., 107, 134 o., 138, 139, 140 u., 141, 168, 169, 170 u., 171, 206, 208 o./u., 212, S. 264 u., 266 m./u., 252, 253, 268 u., 269, 270, 271, 280; Picture Alliance: S. 96; Schmitz Duisburg/ pixelio: S. 85; Thomas Max Müller/pixelio: S. 224 u., 230 m./u., 232 r./m./u.; Shutterstock: S. 11 (Lucky Team Studio), S. 12/13 o. (Alena Illiustratova), 50 (AS Food studio), 51 (Quanthem), 52 (Yulia-Bogdanova), 53 (Quanthem), 99 (Volker Rauch), 128 (Jaroslaw Pawlak), 129 (RikkieBel), 130 m. (Maciej Czekajewski), 130 o. (Bruce Amos), 157 (Aleks49), 154 (Sorin Colac), 155 (osafus), 164 (Christian Mueller), 192 (StevanZZ), 231 (volkova natalia), 240 (Canadastock), 264 o. und u. (Lucky Team Studio), S. 257 o. (pql85), 284 (Alliance), 282 (Pavel L Photo and Video), 283 (Gorillaimages); Mauritius Images: S. 208 o. (mauritius images/ Odyssey-Images/Alamy), S. 236 u. (mauritius images/Rene Mattes), S. 242 (© Realy Easy Star/Roberta Ferraris/Alamy), 243 (mauritius images/StellaPhotography/Alamy,© StellaPhotography/Alamy); Julia Lorenzer: S. 252 m, S. 232 o. (Daniel Schoenen/Lookphotos).

Umschlagvorderseite:
Portät: Kaffeezubereitung in einem Coffeeshop (Shutterstock/lightwavemedia)
Detailbild: Rote Mohnblumen in der Toskana (Shutterstock/Bildagentur Zoonar GmbH)
Hauptmotiv: Landschaft bei San Quirico d'Orceia, im Vordergrund Belvedere (Clemens Zahn/laif)
Das sollten Sie sich nicht entgehen lassen: Das Contrada Grottarossa Weingut bietet schmackhaften Käse an

Umschlagrückseite:
Links: Eine Frau besucht ein italienisches Museum
Rechts: Auf einer Radtour von Volterra nach San Gimignano

Die Deutsche Nationalbibliothek verzeichnet diese Publikation in der Deutschen Nationalbibliografie; detaillierte bibliografische Daten sind im Internet über http://dnb.d-nb.de abrufbar.

4. Aktualisierte Nachauflage

ISBN 978-3-7343-2406-2